Этапы развития души

Годовой цикл становления человека

Этапы развития души
Годовой цикл становления человека

Laitman Kabbalah Publishers, 2022

ISBN 9781772281286

Copyright [c] 2022 by
Laitman Kabbalah Publishers
1057 Steeles Avenue West, Suite 532
Toronto, ON M2R 3X1, Canada

All rights reserved

Оглавление

Рош а-Шана (Новый Год) — 8
- Грех Древа Познания — 9
- Вы сделали Меня — 10
- Я – Возлюбленному моему, а Возлюбленный – мне — 11
- Мнение обывателей противоположно мнению Торы — 13
- Рош а-Шана (Новый Год) — 14
- Суд, когда судят мир — 15
- Построение малхут — 16
- Одно целое — 18
- Праздник, который относится к категории «суда» — 21
- Царства 'малхуёт', воспоминания 'зихронот' и шофары — 22
- Доброй записи и подписи — 23
- Чтобы мы были во главе, а не в хвосте — 28
- Полны заповедей, как гранат — 31

Йом Кипур (Судный День) — 35
- Дни просьбы о прощении и искупления грехов — 36
- Грехи и прегрешения — 39
- Молитва — 44
- Возвращение — 47
- Нет у нас царя, кроме Тебя — 50
- Врата слез — 52
- Тфилат Неила – заключительная молитва — 56

Суккот — 58
- Сукка - это «покрытие» 'схах' — 59
- Стены сукки — 62
- Суккот – это временное жилище — 63
- Четыре вида — 65

  Ушпизин (гости)   68
    • Ушпизин Авраам - сфира Хесед   69
    • Ушпизин Ицхак - сфира Гвура   75
    • Ушпизин Яаков - сфира Тифэрет   80
    • Ушпизин Моше - сфира Нецах   87
    • Ушпизин Аарон - сфира Ход   99
    • Ушпизин Йосеф - сфира Есод   108
    • Ушпизин Давид - сфира Малхут   117
      · Давид – это свойство малхут   117
      · Давид шел путями Торы   120
      · Я пробуждаю рассвет, а не рассвет пробуждает меня   121
      · Молитва за Давида   123
      · Царь Давид – это совокупность Израиля   126
      · Милосердный, Он поднимет нам падающую сукку Давида   128
      · Избранные псалмы   131

Ханука   135
  По поводу Хануки   136
  «Греки собрались на меня тогда, в дни хасмонеев»   138
  «И пробили стену моих башен»   140
  Ханукальная свеча   143
  Чудо Хануки   146
  Кувшин масла   150
  «Оплот спасения моего, Тебя подобает восхвалять»   152
  Чудо Хануки и чудо Пурима   154

Ту би-Шват   156

Пурим   160
  Свет Пурима   161

Путь Мордехая	162
Путь Амана	164
Света Амана в келим Мордехая	165
Пока не сможет различить	169
Мегилат Эстер (Свиток Эстер)	171
Есть один народ	172
С начала месяца адар мы преумножаем радость	172
Гмар Тикун - Окончательное Исправление	174

Песах — 175

- Нисхождение в Египет — 176
  - Вопрос Авраама - «Как я узнаю, что унаследую ее?» — 176
  - Йосеф и его братья - «Братьев своих я ищу» — 183
- Египетское изгнание — 184
  - Египетское изгнание — 184
  - Египетская клипа — 192
  - Еврей и египтянин — 194
  - Фараон царь Египта — 196
    - Фараон — 196
    - И встал новый царь над Египтом — 199
    - Пойдем к фараону — 201
    - И Фараон приблизил — 210
    - Кто ожесточил свое сердце — 214
    - Вопросы «кто и что?» — 216
  - Несчастные города Питом и Раамсес — 221
    - Несчастные города — 221
    - Подневольный труд — 225
    - Мужское ремесло - для женщин — 227
    - Глина и кирпичи — 228
    - От нетерпения и тяжелой работы — 231
  - Египетское рабство — 237
    - И помни, что рабом был ты на земле Египта — 237
    - От изгнания к освобождению — 240

- Всякого новорожденного мальчика бросайте в Нил ... 250
- Моше ... 253
  - Я вытащила его 'мешетиу' из воды ... 253
  - Верный пастырь ... 253
  - Моше обращается к народу ... 257
  - Претензии народа к Моше ... 259
  - Претензии Моше к Творцу ... 262
  - Сильной рукой Он отпустит их ... 265
  - Моше поражает египтянина ... 268
  - Горящий терновник ... 269
  - Знамения и чудеса ... 271
  - Посох и Змей ... 272

Выход из Египта ... 276
- По поводу выхода из Египта ... 276
- Чудо выхода из Египта ... 278
- И умер царь египетский ... 280
- И застонали от работы ... 284
- И возопили, и вознесся вопль их ... 287
- Заимствование келим египтян ... 294
- Вышли с большим достоянием ... 298
- Пасхальное жертвоприношение ... 299
- Пропуск и перескакивание ... 300
- Поспешно ... 302
- Я, а не посланец ... 304
- Ни одного копыта не останется ... 308
- Большой сброд: боящиеся Творца, работники фараона ... 309
- Прыжок Нахшона ... 313
- Рассечение Конечного моря ... 314
- Казни египетские ... 317
  - Чем Творец поражает, тем излечивает ... 317
  - Десять казней египетских ... 322

Лаг ба-Омер	339
День Иерусалима	347
Шавуот	355
Праздник Шавуот	356
Как один человек с одним сердцем	358
И стали они у подножия горы	361
Взаимное поручительство	363
Сделаем и услышим	367
Подготовка к получению Торы	371
Дарование Торы	374
Девятое ава	377
Разбиение келим	378
Исправление разбиения	383
Страдания Шхины	391
Поднять Шхину из праха	400
Меж теснин	407
Ту бе-Ав (15-го ава)	418
Ту бе-ав (15-го ава): день любви	419
Четыре степени любви	425
Книга Зоар о любви	427

Рош а-Шана
(Новый Год)

- Рош а-Шана (Новый Год) -

Грех Древа Познания

1. Рабаш. Статья 2 (1990). Что такое «сбой» в духовной работе

Следует верить, что в мире есть Правитель, и Он управляет как Добрый и Творящий добро. И когда у человека нет такой веры, это приводит его ко всем грехам, которые человек совершает. Ведь из первого греха Адама Ришона вытекает, что человек находится в состоянии эгоистической любви. И он, разумеется, не способен принять на себя ярмо веры.

Выходит, что все вытекает из первого сбоя, когда Адам Ришон упал в состояние эгоистической любви. И это привело к тому, что у следующих за ним поколений уже есть работа в свойстве веры в простоте. Ведь когда человек находится в эгоистической любви, на него действует сокращение и скрытие, т.е. высший свет не может светить ему. И потому человек не может верить в Творца, иначе как выше знания.

2. Рабаш. Статья 2 (1990). Что такое «сбой» в духовной работе

Неудача, постигшая Адама Ришона в грехе Древа Познания, привела нас к тому, что у нас нет веры. От этого мы автоматически приходим ко всем грехам. Поэтому нет другого совета, кроме как удостоиться свойства веры, чтобы у человека возникло ощущение божественности в частном виде. Чтобы он не нуждался во всем обществе для того, чтобы у него возникла вера в отношении всего Исраэля в целом. Ведь человек должен совершить возвращение в мере, называемой «до Творца Всесильного твоего», что означает, что он почувствует, что Творец является «Всесильным твоим» в частном виде. И тогда будет исправлен порок греха Древа Познания.

Вы сделали Меня

3. Рабаш. Письмо 76

Известно, что «полна земля славой Его». И так должен каждый человек верить, как сказано: «Небо и землю Я наполняю». Но Творец делает скрытие, чтобы не могли это видеть, – для того, чтобы был выбор, и тогда есть место вере – верить, что Творец «наполняет все миры и управляет всеми мирами». И после того, как человек занимается Торой и заповедями и выполняет заповедь выбора, тогда раскрывает Творец Себя человеку и тогда он видит, что Творец властвует над миром.

Получается, что тогда человек делает Царя, чтобы властвовал над ним. Это значит, что человек ощущает Творца, что Он правит всем миром. И это называется, что человек ставит Творца Царем над собой.

4. Рабаш. 940. Точка в сердце

Когда был разрушен Храм, сказано: «И сделают Мне Храм, и буду Я пребывать в них». Имеется в виду точка в сердце, т.е. должно быть место Храма, чтобы свет Творца пребывал в нем, как сказано: «И буду Я пребывать в них». Поэтому человек должен стараться построить свое здание святости.

И здание это должно быть пригодным к тому, чтобы в него вошло высшее благо, которое называется благом, передаваемым от Дающего к получающим. Однако, как известно, согласно правилу, должно быть подобие по форме между Дающим и получающим, т.е. и получающий тоже должен в намерении ради отдачи, подобно Дающему.

И это называется состоянием действия, как сказано: «И сделают Мне Храм», где действие возлагается на кли, а не на свет. Ибо свет относится к Творцу, и только действие относится к творениям.

Я – Возлюбленному моему, а Возлюбленный – мне

5. Бааль Сулам. Шамати, 42. На что аббревиатура Элуль: «Я – Возлюбленному моему, а Возлюбленный – мне», указывает в работе

Сказано: «Отмени свое желание перед Его желанием». Т.е. [нужно] отменить желание получать, которое есть в тебе, перед желанием Творца. Другими словами, [нужно] чтобы человек отменил любовь к себе перед любовью к Творцу, что и называется, что он отменит себя перед Творцом, что называется свойством слияния. А затем Творец может светить в твое желание получать, поскольку оно уже исправлено в свойстве получения ради отдачи.

И потому сказано: «Чтобы Он отменил Свое желание перед твоим желанием». Что означает, что Творец отменяет Свое желание, – т.е. [это] понятие сокращения, которое произошло из-за различия по форме. Поэтому теперь есть распространение света в желание нижнего, которое получило исправление ради отдачи, ведь в этом состоит цель творения – насладить Свои создания, и сейчас это может быть реализовано на практике.

6. Бааль Сулам. Шамати, 42. На что аббревиатура Элуль: «Я – Возлюбленному моему, а Возлюбленный – мне», указывает в работе

Сказано: «Я Возлюбленному моему», т.е. тем, что «я» отменяет мое желание получать перед Творцом в свойстве «целиком на отдачу», оно удостаивается [состояния] «а Возлюбленный – мне», т.е. «а Возлюбленный», или Творец, – «мне», т.е. Он дает мне благо и наслаждение, заключенные в замысле творения. Другими словами, то, что было до этого свойством скрытия и сокращения, стало сейчас свойством раскрытия лика, т.е. сейчас раскрылась цель творения, состоящая в том, чтобы насладить Свои создания.

Мнение обывателей противоположно мнению Торы

7. Рабаш. Письмо 65

В месяц элуль принято в мире, что даже простые люди, то есть обычные люди, у которых обывательское знание, также задумываются о возвращении.

А в чем разница между обывателями и сыновьями Торы? Разница заключается в том, что обывателем называется тот, кто хочет чувствовать себя хозяином в мире, т.е. что его реальность в мире растет, иными словами, что он сам заслужит долголетия, а также его имущество увеличится и умножится, – известная практика существования. И есть сыновья Торы, которые занимаются только отменой действительности. Он сам хочет отменить себя перед Творцом и всё его право на существование в мире только потому, что так хочет Творец, а он со своей стороны хочет отменить себя, и все его приобретения он также хочет пожертвовать Творцу. А то, что он занимается приобретением имущества, – это также по причине, что таково желание Творца.

И это означает, что «мнение обывателей противоположно мнению Торы». Мнение Торы – это отмена реальности, а представление обывателей – это поддержка существования.

Рош а-Шана (Новый Год)

8. Рабаш. Письмо 34

Рош а-Шана (Новый Год) – это новое начало, то есть человек начинает строить здание заново, как сказали мудрецы: «Всегда должен видеть себя человек наполовину виновным – наполовину оправданным. Выполнивший одну заповедь, счастлив, что склонил себя и весь мир на чашу заслуг. Совершивший одно прегрешение – горе ему, потому что склонил себя и весь мир на чашу вины».

9. Рабаш, 882. Рош а-Шана

Рош а-Шана (Новый Год) означает начало создания человека, то есть, как сказали мудрецы провозглашают над каплей – умный, глупый и т.д. (Нида 16). «Дожди», то есть его материальные силы, означает, будет ли у него маленький мозг или большой, сердце маленькое или большое, желание маленькое или большое и тому подобное.

И если человек идет добрым путем, то, когда он вырастает, добавить ему невозможно, то есть сделать мозг или желание бо́льшими, потому что это уже определено при его сотворении, а чтобы весь свой разум и энергию использовал только в месте святости и необходимости. И этого ему уже достаточно, чтобы достичь ступени, где сможет удостоиться раскрытия света Творца, и действительно прилепиться к Нему, и получить свою долю в будущем мире.

- Рош а-Шана (Новый Год) -

Суд, когда судят мир

10. Рабаш. Письмо 29

Рош а-Шана – это время суда, когда мир судится к добру или, страшно сказать, наоборот. А «рош» (голова) называется корнем, из которого исходят ветви, а ветви всегда следуют сути корня, ведь из корня апельсина не вырастут ветви яблони. Согласно корню и голове, которые человек строит для себя в начале, продолжится и весь порядок его жизни. Корень – это тот фундамент, на котором строится всё здание. А суд, на котором судят человека в Рош а-Шана, означает, что человек – сам себе судья и сам исполнитель приговора. Ибо человек – он и судья, и обвинитель, и свидетель. И это, как сказали наши мудрецы: «Есть суд внизу, нет суда наверху».

11. Рабаш. Письмо 49

Человек – сам судья, и он должен решить, где справедливость. То есть злое начало утверждает, что все – мое, что все тело принадлежит мне, и что человек должен заботиться и выполнять действия только на благо злого начала. А доброе начало утверждает, что все – его, что все тело принадлежит ему, что человек должен заботиться и выполнять действия только на благо доброго начала.

И когда человек хочет вершить суд и выбрать добро, то задается вопрос: почему он хочет выбрать добро и сказать, что справедливость на стороне доброго начала? И нельзя сказать, что для того, чтобы получить вознаграждение в будущем мире, ведь сказано: «Не будьте как те работники, которые служат раву ради получения вознаграждения». Человек должен выбрать добро по причине величия Творца [...]

Из этого следует, что когда человек вершит суд, то он должен заниматься возвышением Творца. Получается, что благодаря суду возвышается Творец. И тогда после того, как человек уже выбрал добро – не по причине вознаграждения, Творец уже может дать ему все свои подарки, и у него не будет ощущения хлеба стыда, и тогда Творец установит свою святость, то есть даст уже почувствовать святость.

Построение малхут

12. Рабаш. Статья 45 (1990). Что значит: «Скрытое – Творцу нашему Всесильному» в духовной работе

Рош а-Шана (Новый год) называется «грозными днями», как сказал великий Ари, что Рош а-Шана – это понятие строения малхут, которая называется мерой суда. Малхут означает, что весь мир идет согласно ее свойству, поскольку малхут называется собранием Исраэля, в которое включены все шестьсот тысяч душ Исраэля. И вся работа начала года – это принятие ярма малхут. Поэтому мы молимся – «властвуй над всем миром славой Своей».

Иными словами, что малхут, которую мы должны принять и поставить над собой Малхут Творца, чтобы она пребывала не в форме Шхины во прахе, а в виде Славы. Поэтому мы молимся в Рош а-Шана «и дай славу Своему народу». То есть, мы просим, чтобы Творец дал нам ощутить Славу небес, поскольку Рош а-Шана – это свойство высшей малхут, свойство Шхины во прахе. Поэтому Рош а-Шана – это время, когда мы должны просить Творца, чтобы мы почувствовали славу небес, то есть чтобы высшая малхут была в почете у нас.

13. Рабаш. Статья 45 (1990), Что значит: «Скрытое – Творцу нашему Всесильному» в духовной работе

Когда мы хотим просить высшую малхут, чтобы она была раскрыта всему миру, то есть, чтобы «наполнилась вся земля славой Его», во всем мире ощущается, как сказано: «И все придут, чтобы служить Тебе». И эта молитва работает как для всего общества, так и для отдельного человека. Т.е., поскольку «человек есть маленький мир», он включает в себя весь мир. И тогда мы просим, чтобы в нашем теле не осталось ни одного желания работать ради собственной выгоды. Так же и со всем миром в целом, т.е. чтобы была «полна земля знанием Творца». И аналогично со всеми молитвами Рош а-Шана, и также с общими молитвами.

14. Рабаш. Статья 1 (1985). Сделай себе учителя и приобрети себе товарища - 1

Мы говорим в молитве на Рош а-шана: «Дай славу Творца народу Твоему». На первый взгляд, очень трудно понять, как можно молиться о славе. Ведь сказали мудрецы: «Всячески смиряй свой дух». Почему же мы молимся о том, чтобы Творец дал нам славу?

Объясняется это так: мы молимся о том, чтобы Творец дал славу Творца Своему народу, потому что у нас нет Его славы. Напротив, «город Творца низведен на самое дно», и это называется: «Шхина во прахе». Мы не сознаём истинной важности принципа «сделай себе учителя», и потому на Рош а-шана, когда наступает время принять на себя Высшее управление, мы просим Творца дать Свою славу его народу, чтобы «народ Исраэля» ощутил славу Творца. И тогда мы сможем полностью выполнять принципы отдачи.

Поэтому следует просить: «Дай славу Творца народу Твоему» – чтобы Он дал Свою славу народу Исраэля. Смысл не в том, чтобы Он дал народу славу Исраэля, а именно в том, чтобы дал народу славу Творца. Ведь лишь этого нам недостает, чтобы осознать важность и величие слияния с Ним.

Одно целое

15. Коль симха (Глас радости). Письма

Человек должен пробудить свое сердце именно к возвращению и смирить себя перед своим Создателем, принять ярмо Его малхут с великой любовью и благодаря этому мы пробудим высшую любовь к Нему, как сказано: «Издалека Творец явился мне», и это в Рош а-Шана, когда высший далек от Исраэля со стороны суда, а человек далек со стороны разделения. Но человек не может сам противостоять этому в дни суда, а только вместе со всем обществом Исраэля, когда включается в общество. Потому что это является привилегией Исраэля – перед ним является Творец по правилу «любовью вечною Я возлюбил вас и потому простер к вам милость». Но отдельный человек, который не включается в общество Исраэля, не получает свыше от общей любви. И об этом сказано: «Возлюби ближнего как самого себя» – на самом деле так же, как любовь Исраэль получает, благодаря воздействию света любви Творца к Исраэлю, в особенности в дни суда. И если не включит себя в общество Исраэля, то может оказаться, страшно сказать, в опасности. И об этом сказала Шунамит: «Среди народа Своего Я обитаю», как объясняется в книге Зоар – это было в тот день Рош а-Шана.

16. Рабаш. Письмо 34

Говорят в молитве Рош а-Шана (Нового Года): «И стали все одним целым», – тогда будет легче «выполнить Твое желание всем сердцем». Потому что когда нет единого союза, трудно работать всем сердцем, и часть сердца остается для своей пользы, а не ради пользы Творца. Как сказано в Мидраш Танхума: «Вы предстаете сегодня – что сегодня светит дважды и затемняется дважды, так же вам тьма в будущем будет светить светом вечным, как сказано: «И будет тебе Творец светом вечным». Когда? Когда станете единым союзом. Как сказано: «Живы все сегодня. Как водится в мире, если человек берет несколько веток вместе – разве может их сразу сломать? А когда берется одна ветка, то даже ребенок может ее сломать. И отсюда выходит, что не будет освобожден Израиль, пока не станут единым союзом. Как сказано: «В эти дни в это время сказал Творец – придут сыны Израиля и сыны Йеуды вместе и т.д. А когда соединятся, то будут приняты Шхиной». И привел я высказывание Мидраша, дабы не думали, что понятия группы и любви товарищей – это вопрос хасидизма. Это требование мудрецов, которые видели, насколько необходимо объединение сердец, чтобы стали единой группой – быть принятыми Шхиной.

17. Маор ва-Шемеш. Глава Ки Теце

Был установлен Судный день в (месяц) тишрей, будучи днём желаний, которым Творец умилостивил Моше. И то самое желание пробуждается в нас в это время из года в год. Вместе с этим, это также время суда и необходимо пробудиться к полнейшему возвращению, с каждым годом всё больше.

И главное в возвращении – объединиться с каждым с любовью в одном сердце, служить Творцу всем вместе (плечом к плечу). И благодаря этому пробудится мир возвращения, милосердия и мир желания. И об этом сказано: «И все оцениваются вместе», это означает, что необходимо слиться и объединиться друг с другом, чтобы сомкнуться друг в друге в сердце каждого. И на это указывает слово Один, чтобы стать нам единым союзом и служить Творцу всем сердцем.

18. Маор ва-Шемеш. Глава Дварим

Главное - это объединение в истинной любви и теплых отношениях между товарищами, которые приносят спасение и смягчают суды. И когда соберетесь вместе в любви, братстве и дружбе, благодаря этому аннулируются все суды и смягчатся милосердием, и в мире раскроется совершенное милосердие и открытая милость, благодаря объединению.

19. Коль симха (Глас радости). Письма

Прежде чем трубить в шофар с великим плачем и криком сердца, все должны быть объединены. И сказал: «Поднялся Творец при звуках трубных», когда мера суда приподнимается над ними и не затрагивает Исраэль. Каким образом? - С помощью трубных звуков. Если бы весь Исраэль пребывал дружно в единой группе, то суды бы в их корнях подсластились.

Праздник, который относится к категории «суда»

20. Рабаш. Письмо 23

Рош а-Шана и Йом Кипур называются праздником, несмотря на то, что относится к категории «суда». А главный смысл суда в том, что в это время раскрывается совершенство, и есть опасение, чтобы внешние не пришли к получению ради себя в моха (разуме) и в либа (сердце). Поэтому необходимо приумножить побуждение к возвращению.

А смысл возвращения – это возвращение желания получать к желанию отдавать, посредством чего возвращаются и прилепляются к своему Высшему источнику, и удостаиваются вечного слияния. И тогда могут получить совершенство, раскрывающееся в «грозные дни», так как пропитание каждого отмеряется в Рош а-Шана, то есть, когда раскрывается свет хохма, совершенство и ясность.

Это значит, что нужно подготовить келим, которые будут пригодны для получения, т.е. притянуть свет хасадим. И в этом суть возвращения и пробуждения милосердия, что означает «как Он милосерден, так и ты будь милосерден», и тогда мы сможем получить всю полноту и совершенство со стороны чистоты. И потому это называется «хорошим днем» (праздником), по причине раскрытия совершенства.

Царства 'малхуёт', воспоминания 'зихронот' и шофары

21. Рабаш. Письмо 11

По поводу «царств 'малхуёт', воспоминаний 'зихронот', шофаров» наши мудрецы объясняют: «царства» – чтобы вы поставили Меня царить над собой, «воспоминания» – чтобы поднялись воспоминания ваши предо Мной. Каким образом? Посредством шофара [...] «Царства, то есть, чтобы вы поставили Меня царить над собой», то есть действия, которые впечатлят нас, т.е. мы примем на себя бремя Высшей Малхут. Однако мы видим, что сразу после этого принятия мы забываем о принятии. И тут нам дают совет: «Чтобы поднялись воспоминания ваши предо Мной», то есть пред Творцом. Т.е., вся память, которая есть у нас, должна действовать только для того, чтобы помнить Творца. А, следовательно, и воспоминания подобны царствам, то есть нам нужно впечатлиться.

«Каким образом? Посредством шофара» – вам, безусловно, известно, что Ари объясняет, что «шофар» – это «красота матери» 'шуфра де-има', красота бины. «Шуфра» означает «красота», а красота, как объясняет мой отец и учитель, есть свойство хохмы, происходящее от бины, вновь ставшей хохмой. Ведь благодаря тому, что человек верит, что вся красота и важность есть свойство хохмы, в которое включены все наслаждения, и не хватает лишь исправлений, о чем-то хорошем человек хочет помнить.

Доброй записи и подписи

22. Рабаш, 879. Доброй записи и подписи

В работе Творца «записью» называется [написанное] черным по белому, т.е. то, что человек занимается Торой и заповедями называется, что он пишет на скрижали своего сердца, другими словами, те действия, которые человек производит, записываются. И мы желаем, чтобы запись была «на благо», т.е. добрые дела. А «подпись» есть намерение, свидетельствующее о сути письма, т.е. намерение свидетельствует о том, чьи заповеди я исполняю. Т.е. направлено ли его намерение в исполнении заповедей ради небес, или, страшно сказать, нет. Получается, что запись, – т.е. заповеди и добрые дела называются хорошей записью, т.е. может быть и наоборот: что он, страшно подумать, совершает плохие действия. Выходит, что сначала должны быть добрые дела, т.е. исполнение Торы и заповедей, в самом простом виде. А потом возникает вопрос намерения, что называется: направлять, чтобы всё было ради небес. Ведь если не обращать внимания, человек еще не знает ради кого и для чьей надобности он исполняет Тору и заповеди. Может быть, всё его намерение – не ради небес. Поэтому говорят: «Хорошей записи и подписи», т.е. сначала должно быть действие, называемое «телом», а потом – намерение, называемое «душой».

23. Бааль Сулам. Шамати, 42. На что аббревиатура Элуль: «Я – Возлюбленному моему, а Возлюбленный – мне», указывает в работе

Человек сам должен сказать, в какую книгу он хочет, чтобы записали его имя – в книгу ли праведников, т.е. он хочет, чтобы ему дали желание отдавать, или нет. Ведь у человека есть много ощущений, связанных с желанием отдавать. Другими словами, иногда человек говорит: «Верно, что я хочу, чтобы мне дали желание отдавать, но не совсем отменяя желание получать». А он желает для себя два мира, т.е. желание отдавать он тоже хочет для собственного наслаждения.

Однако в книгу праведников записываются только те, чье желание – изменить все свои получающие келим, чтобы они были только в свойстве отдачи, не получая для себя ничего. И это – чтобы у него не было возможности сказать: «Если бы я знал, что желание получать должно отмениться, я бы не молился об этом» (чтобы не говорил об этом потом: «Если бы я знал это, я бы не клялся»). Поэтому он должен ясно сказать, каково его намерение, в том, чтобы его записали в книгу праведников.

24. Бааль Сулам. Шамати, 42. На что аббревиатура Элуль: «Я – Возлюбленному моему, а Возлюбленный – мне», указывает в работе

Следует знать, что на пути [духовной] работы «книга праведников» и «книга грешников» имеет место в одном человеке. Другими словами, человек сам должен совершить выбор и с полной ясностью знать, чего он хочет. Ибо понятия «грешники» и «праведники» – имеется в виду в одном теле.

Поэтому человек должен сказать, хочет ли он, чтобы его записали в книгу праведников, чтобы «немедленно быть [записанным] на жизнь», т.е. быть соединенным с Источником Жизни, так как он хочет делать всё ради Творца.

Аналогично, когда он приходит записываться в книгу грешников, куда записываются все те, кто хочет быть получающими ради собственной выгоды, он говорит, чтобы его записали «немедленно на смерть», т.е. чтобы желание получать для себя отменилось у него и было бы у него как мертвое.

25. Бааль Сулам. Шамати, 42. На что аббревиатура Элуль: «Я – Возлюбленному моему, а Возлюбленный – мне», указывает в работе

Иногда человек сомневается, другими словами, человек не хочет, чтобы за один раз у него сейчас же отменилось желание получать. Иначе говоря, ему тяжело решить за один раз, чтобы все искры его получения были бы [записаны] «немедленно на смерть». Т.е. он не согласен, чтобы все желания получать отменились у него за один раз. А он хочет, чтобы искры получения отменялись постепенно, а не сразу за один раз, т.е. чтобы частично действовали получающие келим, а частично – отдающие.

Получается, что у этого человека нет твердого и ясного мнения. А твердое мнение – когда, с одной стороны, он утверждает: «Всё моё», т.е. всё – для желания получать, а, с другой стороны, он утверждает: «Всё для Творца». Это называется твердым мнением.

Но что человек может сделать, если тело не согласно с его мнением – то, что он хочет, чтобы всё было для Творца? Тогда можно сказать, что человек делает всё, что в его возможностях, чтобы всё было для Творца. Т.е. он молится Творцу, чтобы Он помог ему, чтобы он смог практически осуществить, чтобы все его желания были на практике целиком [направлены] на Творца. И об этом мы молимся: «Помни нас ради жизни... и запиши нас в книгу жизни».

26. Бааль Сулам. Шамати, 122. Понять, что выясняется в «Шульхан Арух»

[Следует] понять, что выясняется в «Шульхан Арух». Ведь закон гласит, что человек должен многократно изучать молитвы «страшных дней», чтобы, когда придет время молитвы, он уже был бы опытным и привычным к молитве.

А дело в том, что молитва должна быть в сердце, что означает работу в сердце. Т.е. чтобы сердце согласилось с тем, что человек говорит устами (а если нет, это называется обманом, т.е. уста его и сердце не согласны между собой). Поэтому во время месяца элуль человек должен приучить себя к огромной работе. А главное, чтобы он смог сказать: «Запиши нас для жизни». Т.е. когда он говорит: «Запиши нас для жизни», чтобы и сердце тоже было согласно (чтобы не лицемерить), чтобы уста его и сердце его были в согласии, «ибо человек смотрит на глаза, а Творец смотрит на сердце».

27. Бааль Сулам. Шамати, 122. Понять, что выясняется в «Шульхан Арух»

Когда человек кричит: «Запиши нас для жизни», – где «жизнь» означает прилепиться к Источнику Жизни, что происходит именно благодаря тому, что человек хочет работать целиком на отдачу, а все его мысли о самонаслаждении будут полностью отменены...

И тогда, когда он чувствует, что́ он говорит, сердце его может испугаться того, что, чего доброго, его молитва может быть принята. Т.е. что у него не будет ни одного желания для себя. А по поводу самонаслаждения ему рисуется состояние, как будто он оставляет все наслаждения этого мира вместе со всеми людьми, и товарищами, и домочадцами, и всеми его обретениями и собственностью. И удаляется в пустыню, в которой нет ничего, кроме диких зверей. И никто не будет знать о нем и о его существовании. И кажется ему, как будто он в одно мгновение теряет весь свой мир, и он чувствует, что теряет мир, полный радости жизни, и принимает на себя уход из этого мира, и чувствует, что он сейчас кончает с собой, когда он чувствует эту картину. А иногда бывает, что Ситра Ахра помогает ему нарисовать его ситуацию черными красками, и тогда тело отвергает эту молитву. И получается, что его молитва не может быть принятой из-за того, что он сам не хочет, чтобы его молитва была принята.

Поэтому должна быть подготовка к молитве, чтобы он приучил себя к молитве, как если бы уста его и сердце были в согласии. И это может наступить, когда сердце согласится благодаря привычке, когда поймет, что состояние получения называется разделением, а главное есть слияние с Источником Жизни, который есть отдача.

- Рош а-Шана (Новый Год) -

Чтобы мы были во главе, а не в хвосте

28. Рабаш. Письмо 67

Мы просим у Творца и делаем знак в ночь на Рош а-Шана, говоря: «Да будет желание, чтобы мы были во главе, а не в хвосте». То есть свойство Исраэль в нас будет головой, а грешники – хвостом. И тогда удостоимся долгой жизни и благ, как предполагалось замыслом творения, который заключается в том, чтобы насладить творения.

29. Рабаш. Статья 1 (1990). Что означает: «Чтобы были мы головой, а не хвостом» в духовной работе

Сказано: "Будь хвостом львов и не будь головой лисиц". Т.е. в то время, когда тело приходит с вопросами «кто и что», не отвечай ему в свойстве головы, т.е. в разуме или внутри знания, а скажи ему: «Будь хвостом львов». Потому что львом называется свойство милосердия, т.к. в высшей колеснице есть лев и бык, и это милосердие и сила, и орел – это свойство великолепия. И он говорит лисицам, что вопросы, которые они задают, относятся к свойству разума. А лиса определяется как хитрая, и поэтому они называются лисицами.

И человек должен ответить, что я не отвечаю вам головой, т.е. разумом, но я устремляюсь за львами как хвост, который тянется за головой, а у меня нет своей головы, но я устремляюсь за свойством милосердия, и это – покрытые хасадим. Т.е. несмотря на то, что он не видит, что это хасадим, т.е. что это скрыто от него, все-таки он верит выше знания, что это хасадим, милосердие.

30. Рабаш. Статья 1 (1990). Что означает: «Чтобы были мы головой, а не хвостом» в духовной работе

И «будь хвостом для львов». Объяснение того, что он говорит - я стремлюсь за свойством милосердия – это только отдача. И человек должен сказать, поскольку он верит выше знания, что Творец управляет миром в свойстве Добрый и Несущий добро, поэтому он верит, что и то, что он видит скрытие управления, то есть, согласно тому, что видят глаза человека, должно быть иначе, – все же он верит, что Творец хочет, чтобы так было лучше на благо человеку, если будет возможность у человека принять все верой выше знания, поскольку благодаря этому у человека будет место выйти из любви к себе и работать ради пользы Творца.

31. Рабаш. Статья 1 (1990). Что означает: «Чтобы были мы головой, а не хвостом» в духовной работе

Мы говорим, да будет желание, чтобы мы были во главе, а не в хвосте. Потому что известно, что есть порядок цели творения, и есть порядок исправления творения. Поэтому в порядке исправления творения, когда необходимо достичь отдающих келим, иначе невозможно принять благо и наслаждение, тогда порядок – «будь хвостом для львов», и здесь всё выше знания.

А затем, когда он удостаивается с их помощью отдающих келим, тогда удостаиваемся быть главой для святости, называемой «знанием святости», как сказано в Зоаре, «что знание наполняет внутренние и внешние покои», то есть знание святости удостоившегося человека называется свойством рош – головы. Поэтому, когда мы просим у Творца и говорим «да будет желание», тогда мы просим прийти к цели творения, которое является свойством знания и головы. И это означает, «чтобы быть нам в голове, а не в хвосте», то есть, чтобы не оставались в качестве хвоста ситры ахра, то есть, когда нет у них никакого знания, как сказано: «другой бог оскопится и не даст плодов». Но чтобы мы чтобы удостоились свойства знания, это свойство – плоды, которые мы постигаем после работы по обретению отдающих келим. И это келим, способные принять благо и наслаждение, которые есть в Его желании насладить Свои творения.

32. Рабаш. Статья 1 (1990). Что означает: «Чтобы были мы головой, а не хвостом» в духовной работе

Мы должны идти выше знания, нет места вопросам, то есть, нельзя быть главой у лисиц, другими словами, нельзя оправдывать сомнения со свойством «голова», то есть со знанием и разумом относительно вопросов «кто и что», а нужно быть хвостом у львов. Это значит, необходимо сказать, что разум поступает как велит ему тело, но мы должны идти выше него, выше знания. И благодаря этому удостаиваемся потом свойства знания святости, оно же свойство «быть во главе, а не в хвосте», это означает, что мы удостоились быть во главе святости.

Полны заповедей, как гранат

33. Бааль Сулам. Шамати, 13. По поводу граната

Сказали наши мудрецы: «Даже пустые в тебе [т.е. в Исраэле] полны заповедей, как гранат».

…«Гранат» 'римон' происходит от «величия» 'ромемут', что означает «выше знания». И это означает, что «пустые в тебе полны заповедей». А мера наполнения – насколько он может идти выше знания, и это называется величием. Ведь пустота может быть только в том месте, где нет присутствия (то, что называется «подвесил Землю ни на чем»).

Получается, какова мера наполнения пустого места? Ответ: согласно тому, насколько он поднимает себя выше знания. Другими словами, пустоту нужно наполнять величием, т.е. свойством «выше знания». И пусть попросит у Творца, чтобы Он дал ему эту силу. И это следует понимать так, что пустота не была создана, т.е. не возникает у человека, чтобы он ощущал себя таким пустым, а [это сделано] только лишь для того, чтобы он наполнил это величием Творца, т.е. чтобы он принимал всё выше знания.

И это, как сказано: «Творец сделал так, чтобы боялись Его». Т.е. то, что к человеку приходят эти мысли о пустоте, сделано, чтобы у человека была потребность принять на себя веру выше знания.

А для этого нужна помощь Творца. Т.е. человек обязан тогда просить у Творца, чтобы Он дал ему такую силу, чтобы он мог верить выше знания.

34. Рабаш. Статья 33 (1985). Преступники Исраэля

«Даже пустые в тебе полны действий на отдачу, подобно гранату». Смысл в том, что даже те, кто «полон действий на отдачу», чувствуют себя пустыми, так как видят, что они подобны гранату (רמון), как сказано: «Звал я друзей своих – они обманули меня (רמוני)». Обман в том, вся их работа по реализации принципов отдачи велась лишь для собственной пользы, а не для пользы Творца.

Что же привело человека к этому знанию? Сказано: именно то, что он полон действий по самоисправлению. Это и позволило ему увидеть, что не следует впадать в иллюзию, полагая, что он может достичь категории «Исраэль». Напротив, теперь он видит, что относится к преступникам Исраэля.

Таким образом, достичь истинного знания о своей духовной ступени можно только после того, как человек наполнится действиями на отдачу. Тогда он видит, что до сих пор пребывал в обмане и находится сейчас на ступени «преступников Исраэля». И напротив, без действий на отдачу – значит «без света», и тогда человек не может видеть истину – видеть, что он нуждается в помощи Творца, чтобы стать категорией Исраэль.

35. Рабаш. Статья 7 (1991). Что такое человек и что такое животное в духовной работе

Именно те, кто хочет идти в свойстве отдачи, ощущают свою пустоту и нуждаются в величии Творца. И они могут наполнить эту пустоту именно возвышенностью, что называется «быть полными заповедей» в той мере, в которой они просят, чтобы Творец дал им силы, чтобы они могли идти выше знания, и это называется возвышенностью. То есть, они просят, чтобы Творец дал им силы в возвышенности, которая выше знания – в величии и важности Творца. И они не хотят, чтобы Творец дал им это постичь, поскольку они желают смирить себя смирением без условий и только просят помощи у Творца. В этой мере они могут наполнить место пустоты заповедями. Как сказано: «Полны заповедями, как гранат».

36. Бааль Сулам. Шамати, 238. Счастлив муж, который не забывает Тебя, и человек, который вкладывает силы в Тебя

«Счастлив муж, который не забывает Тебя, и человек, который вкладывает силы в Тебя». Когда человек работает в свойстве «белого», всегда нужно помнить, что всё, чего он удостоился, вызвано тем, что он принял на себя свойство «черноты». И нужно прилагать усилия именно в свойстве «в Тебя». Как сказано: «И все верят, что Он – Всесильный веры», хотя сейчас он и не видит никакого места, где он должен был бы работать в свойстве веры, поскольку всё открыто перед ним – и, тем не менее, он должен верить в свойстве «выше знания», что есть еще место верить в свойстве веры.

И в этом смысл слов: «И узрел Исраэль великую руку… и поверили они в Него», т.е. несмотря на то, что они удостоились свойства «И узрел», что означает ви́дение, тем не менее, у них была сила еще верить в свойстве веры.

И для этого требуются особые усилия, иначе они падают со своей ступени. Подобно «Ливни и Шими». Другими словами, в противном случае, получается, что, именно когда есть «белизна», он может слушать Тору и заповеди, т.е. это как условие. А нужно слушать без условий. Поэтому во время «белизны» следует быть осторожными, чтобы не навредить свойству «черноты».

Йом Кипур
(Судный День)

- Йом Кипур (Судный День) -

Дни просьбы о прощении и искупления грехов

1. Рабаш. Письмо 34

Десять дней возвращения называются днями просьбы о прощении и искупления грехов. И все это для того, чтобы у человека была возможность снова войти в работу Творца, несмотря на то, что он был настолько далек от этой работы.

И главная работа – в молитве, потому что только благодаря молитве человек способен выйти из-под власти многих и войти во власть Единого. Потому что по поводу молитвы маленький и большой равны. И наоборот, – тот, кто больше чувствует свою малость, катнут, больше способен воздать истинную молитву из глубины сердца. Потому что он знает сам, что он не способен с помощью своих самостоятельных действий спастись от плохого состояния.

2. Рабаш. Письмо 23

Рош а-Шана и Йом Кипур – почему называются праздником, несмотря на то, что это суд. Ведь главное в суде относится к совершенству, которое раскрывается в эти времена, и есть опасение относительно внешних, т.е. чтобы человек не пришел к получению в себя в разуме и в сердце. Поэтому следует умножать побуждение к возвращению. А возвращением называется возврат желания получать к желанию отдавать, благодаря этому мы снова прилепляемся к своему Высшему источнику и удостаиваемся вечного слияния.

3. Рабаш. Статья 13 (1990). Что означает, что благодаря единению Творца и Его Шхины искупятся все грехи, в духовной работе

Все грехи исходят только от желания получать ради себя. Получается, что Малхут пребывает в свойстве суда. Поэтому необходимо совершить возвращение, чтобы Малхут приблизилась к свойству Зеир Анпина, и это называется «уподобление по форме» и свойством «слияния».

То есть также, как Зеир Анпин – отдающий, так же и малхут получит исправление благодаря тому, что приходят к раскаянию, говоря, что отныне и далее все действия будут ради отдачи, что называется «милосердием», как и Зеир Анпин. Следовательно, раскаяние приводит к тому, что Малхут, которая называется «мерой суда» до исправления, превращается в милосердие после исправления, подобно Зеир Анпину.

И этим можно объяснить сказанное «Вернись, Исраэль». То есть возвращение (а также раскаяние), которое человек должен совершить, обязано исходить из малхут, называемой «Творца твоего» (Элокеха), которая является мерой суда, оно должно перейти в свойство Творца ה' (а-Шем), которое является свойством милосердия. С помощью этого соединения исправляются все пороки, вызванные грехами вследствии отдаления Творца от Его Шхины, и теперь это исправляется. Из этого следует, что благодаря объединению прощаются все прегрешения.

4. Рабаш. Статья 36 (1986). Подготовка к просьбе о прощении

Прежде, чем человек собирается просить прощения, он должен произвести в своей душе расчет: в чем же его главный грех. А затем он может взглянуть на все прегрешения, вызванные этим главным грехом. Человек должен знать, что основный грех, наносящий ущерб и из которого исходят все остальные грехи, – в том, что человек не старается, чтобы его вера была постоянной, а удовлетворяется частичной верой.

И об этом сказано в «Предисловие к ТЭС» (п.14), что если бы была у человека постоянная вера, она не дала бы ему согрешить.

Это означает, что если человек просит прощение у Творца, значит, он видит истинную причину всех грехов, и это – отсутствие у него постоянной веры. И посему он просит, чтобы Творец дал ему силу и возможность обрести и утвердить неизменную веру в его сердце. Ведь тогда он не будет грешить и ущемлять достоинство Творца.

5. Рабаш. Статья 36 (1986). Подготовка к просьбе о прощении

Поскольку у него отсутствует ощущения Его величия, и он не знает, как оценить достоинства Творца, не ущемляя их, потому он просит прощение у Творца, чтобы помог ему и дал силу самому принять на себя власть Творца верой выше знания. То есть, он просит силу преодоления, чтобы укрепить веру в Творца.

6. Рабаш. Статья 36 (1986). Подготовка к просьбе о прощении

Готов ли он выполнять действия только лишь на благо Творца, а не для собственной пользы. Или же только в наименьшей степени он готов совершать действия ради Творца? Чтобы, не дай бог, не навредить своему эгоизму, а иначе он не в силах будет ничего сделать.

Из этого следует, что тогда и появляется возможность увидеть правду, истинную меру своей веры в Творца. Из этого он способен распознать все свои грехи, совершаемые только по этой причине. И благодаря этому человек проходит подготовку и опыт, когда идёт просить прощение у Творца, чтобы Он простил за его грехи. Тогда он может оценить истинную величину своего изъяна, чем именно он ущемляет величие Творца, зная теперь о чём просить и о каких совершённых грехах сожалеть. И их он должен исправлять, чтобы не согрешить снова.

Грехи и прегрешения

7. Рабаш, 890. Страдания Шхины - 2

«За грех, который мы совершили пред Тобой во злом начале».

И следует спросить: но ведь все прегрешения приходят из-за злого начала? И следует объяснить, что грех состоит в том, что он говорит, что есть злое начало. Ведь «нет никого кроме Него». Ибо если человек недостоин, его сбрасывают сверху. И это происходит посредством облачения в желание получать, называемое злым началом.

Как сказано: «Ведь желание сердца человеческого зло с юности его», другими словами, Творец создал его таким, ибо желание получать есть главное кли, однако нужно исправить его.

8. Вавилонский Талмуд. Трактат Йома 85:2

Раби Элазар бен Азария объяснял (Ваикра, 16:30): «Ото всех грехов ваших пред Творцом вы очиститесь". Прегрешения между человеком и Творцом Йом Кипур искупает, но прегрешения человека против своего товарища – не искупает Йом Кипур, пока он не удовлетворит желания товарища.

9. Рабаш. Статья 2 (1990). Что такое неудача в духовной работе

Нужно верить, что есть Управляющий в мире, и Он управляет, как Добрый и Творящий добро. И когда нет у человека такой веры, это приводит его ко всем грехам, которые совершает человек. Потому что из-за первого греха Адама Ришона пребывает человек в любви к себе. И так или иначе, он не способен принять на себя бремя веры. Выходит, что все идет от первой неудачи, когда Адам Ришон упал в свойство любви к себе.

10. Рабаш. Статья 2 (1990). Что такое неудача в духовной работе

Когда человек находится в любви к себе, действует над ним сокращение и скрытие, и не может высший свет светить ему. И из-за этого человек не может верить в Творца, а лишь выше знания, потому что желание получать приводит его к отрицанию. Выходит, что неудача, которая была у Адам Ришона в грехе древа познания, привела нас к тому, что у нас нет веры. И от этого так или иначе приходят ко всем грехам. Поэтому нет иного совета, кроме как удостоиться веры, чтобы было у человека ощущение Творца частным образом. И он не нуждался в обществе, чтобы была у него вера от общности Исраэля. Но человек должен совершить возвращение в такой мере, чтобы вернулся он «до Всесильного, Творца твоего», что означает, что он ощутит лично, что Творец – Он его Творец. И тогда исправится изъян греха древа познания.

11. Рабаш. Статья 13 (1990). Что означает, что благодаря единению Творца и Его Шхины искупятся все грехи, в духовной работе

Человек своими грехами приводит к падению святости в клипот.

Следовательно, этим самым ведёт к разделению между корнем его души и Творцом вместе с Его Шхиной. То есть Малхут не находится в подобии свойств с Зеир Анпином. Зеир Анпин называется «отдающим», свойством Творца, а Малхут – получающая, противоположная отдаче. То есть все прегрешения исходят только от того, что человек хочет наполнить свое желание получать ради себя. Получается, что он вызывает разделение наверху в корне своей души, в Малхут.

12. Рабаш. Статья 4 (1988). Что означает «молитва о помощи и о прощении» в духовной работе

Грех человека в том, что не просил помощи у Творца. Потому что если бы попросил помощи, то наверняка получил бы ее от Творца. Но если человек говорит, что просил помощи, а Творец не дал ему, то на это ответ таков: человек должен верить, что Творец слышит молитвы. Как сказано: «Ибо Ты слышишь молитвы всех уст». И если бы действительно верил, то его молитва была бы совершенна. И Творец слышит совершенную молитву, то есть, что человек стремится всем сердцем, чтобы Творец помог ему.

13. Рабаш, 664. Ощущение греха увеличивает свет

«Если бы Исраэль не согрешили, им была бы дана только Тора», что означает, что благодаря тому, что чувствовали, что грешат, тогда «возопили к Творцу», чтобы спас их. А всё спасение – от света Торы. Получается, что все грехи, которые они ощущали и просили помощи, всегда к ним добавлялся сверху свет Торы. В результате, это свечение увеличивалось для них, поскольку чувствовали грехи, которые есть в них. Однако, тот, кто не ощущает греха, не нуждается в помощи Творца, ведь так или иначе, нет у него никаких плодов от Торы, так как не нуждается в Торе, чтобы помогла ему.

14. Рабаш. Статья 2 (1991). Что означает: «Вернись, Исраэль, до Творца твоего Всесильного» в духовной работе

Сказано (Псалмы, 147): "Целитель для сокрушенных сердцем". И нужно понять, что значит, что Творец исцеляет сокрушенных сердцем? Дело в том, что главное у человека – это сердце, как сказано мудрецами "Милосердный желает сердце". А сердце (лев) – это сосуд, получающий святость сверху. И это, как мы учим из разбиения келим, что вопрос в том, что когда кли разбито, то все, что в него попадает, уходит наружу. А также, если сердце разбито, то есть желание получать властвует над сердцем, получается, что не может в него войти свет, по причине того, что все, что желание получать получает – все уходит к клипот. И это называется «разбиением сердца».

15. Рабаш. Статья 4 (1988). Что означает «молитва о помощи и о прощении» в духовной работе

Если молитва не исходит из его уст, это означает, что нет у него истинной веры, что Творец поможет ему, что Творец слышит всех, кто просит у Него, и перед Ним малый и великий равны, то есть, что отвечает всем. Выходит, что молитва не совершенна, поэтому он должен просить прощения за свои грехи, – что не просил должной помощи у Творца.

Есть также другие объяснения простого смысла, но в работе, когда человек хочет идти путем отдачи, а не получения, основной грех в том, что человек не просит у Творца, чтобы помог победить злое начало. За это он просит прощения. И в дальнейшем он уже просит помощи.

- Йом Кипур (Судный День) -

Молитва

16. Рабаш. Статья 26 (1990). Что означает: «Нет святого, как Творец, ибо нет никого, кроме Тебя» в духовной работе

То, что Творец известил его о молитве, – означает, что Творец дал ему силы молиться. И это значит, что если Творец не даст силы для молитвы, человек не будет способен молиться.

Из этого следует, что когда человек молится Творцу, чтобы простил ему грехи, то и это приходит от Творца, дающего ему силы и желание молиться. Получается, что всё совершается Творцом. То есть даже то, что человек молится Творцу об отпущении грехов, разъясняется сказанным выше – «Нет святого, как Творец», так как «Нет иного, кроме Тебя», кто бы дал силы святости. А всё исходит от Творца.

17. Рабаш. Письмо 65

Поскольку сверху не дают половины, поэтому человек должен молиться Творцу, чтобы дал всю помощь. Означает, что во время молитвы человек наводит порядок в своем сердце, поскольку молитва – это работа в сердце. Человек должен решить сам, что он хочет, чтобы Творец дал ему желание отказаться от всего, то есть, чтобы не оставалось в его власти никакого желания, а все его желания были бы направлены на возвеличивание Творца.

А когда решился в своем сердце на полную отмену, то просит Творца о помощи реализовать всё с уровня силы

– в действие, силой. Это означает, что и на уровне силы мысли и желания он видит, что тело не согласно на это, чтобы он отказался от всех желаний ради Творца, и не ради себя. И тогда он должен молиться Творцу, чтобы помог ему, чтобы захотел отменить перед Ним все желания и не оставить себе никакого желания. И это называется совершенной молитвой.

18. Бааль Сулам. Шамати, 209. Три условия молитвы

Существует три условия молитвы:

1. Верить, что Творец может спасти его, несмотря на то, что его условия – самые плохие из всех его современников, всё же, разве рука Творца коротка, чтобы спасти его? Ведь, в противном случае, получается, страшно сказать, что «[даже] Хозяин не может спасти свое имущество 'келим'«.

2. Когда у него уже нет никакого совета, ибо то, что было в его силах сделать, он уже сделал, но излечения его ранам не наступило.

3. Если не поможет Он ему, лучше смерть, чем такая жизнь.

И молитва – это потеря в сердце. Т.е. насколько он потерян, такова величина его молитвы. Ведь нет сомнения, что нельзя сравнить того, кому недостает излишеств, и того, кому вынесен смертный приговор, и осталось только привести его в исполнение. И он уже закован в железные кандалы, и стоит, и умоляет, прося за жизнь свою. Ведь нет сомнений, что он не заснет и не задремлет, и не отвлечется ни на мгновение от молитвы за жизнь свою.

19. Рабаш. Статья 5 (1991). Что означает, что добрые дела праведников являются их порождением, в духовной работе

Мы просим, чтобы Творец дал нам силы совершать все наши действия ради Тебя, т.е. ради Творца. Если нет, т.е. если Ты не поможешь нам, то все наши поступки будут только ради собственной выгоды. И это означает «если нет», т.е. если Ты не поможешь нам, то будут все наши действия только ради себя, ради нашей пользы, потому что нет у нас силы преодоления нашего желания получать. Поэтому помоги нам, чтобы мы могли работать ради Тебя. Поэтому Ты обязан помочь нам. И это называется «сделай ради Тебя», т.е. чтобы Ты сделал это действие, чтобы Ты дал нам силу желания отдавать. Иначе, т.е. «если нет», мы пропали. Это означает, что мы останемся в желании получать ради собственной выгоды.

20. Рабаш. Статья 31 (1985). Человек не причисляет себя к грешникам

Человек не в состоянии выйти из созданной Творцом природы, поскольку она создана самим Творцом. И все, что человеку остается – это просить Творца дать ему вторую, иную природу – желание отдавать. Выбор, стоящий перед человеком, ограничивается молитвой, в которой человек просил бы Творца, чтобы Он помог ему и дал вторую природу.

Поэтому, когда человек хочет вернуться к Творцу, все, что он должен сделать – это просить Творца, чтобы Он помог ему выйти из любви к себе в любовь к ближнему. Поэтому в молитве мы обращаемся к Творцу с просьбой: «Обрати нас, Отец наш ...»

- Йом Кипур (Судный День) -

Возвращение

21. Рабаш, 244. Возвращение

Вначале Адам а-Ришон находился в слиянии с Творцом, а затем отдалился вследствие грехопадения. И теперь каждый вследствие того, что он частичка общей души, должен вернуться вновь в прошлое состояние и приблизиться к духовному.

22. Рабаш. Статья 33 (1991). Что значит, что Творец обращает лик, в духовной работе

Что означает возвращение? Значит ли это, что человек должен ответить так, что «возвращение» означает обязанность вернуть то, что он получил? Дело в том, что поскольку человек рожден с природой желания получать ради собственной выгоды, то он хочет работать только ради своего блага, желая, чтобы Творец наполнял его получающие келим. И в этом человек должен раскаиваться (возвратить), то есть совершать всё во имя Творца. Иными словами, всё, что он получает, он не хочет получать ради себя, а получает он всё это, чтобы доставить наслаждение Творцу, поскольку Творец желает, чтобы человек получал, согласно сказанному: «Его желание – насладить Свои творения».

23. Книга Шла а-Кадош. Толдот Адам, 24

'Тшува' (возвращение) – это возвращение и восстановление всего, согласно его корню и источнику, указывающие на сфиру Бина, которая называется «возвращением, раскаянием», в нее включены десять сфирот, которые называются «Десять дней раскаяния», они являются корнем и источником, из которых снизошел год. А год, из года в год, включая все дни, повторяется и возвращается к своему корню в тайне Бины. И поэтому в эти десять дней между Рош а-Шана и Йом Кипуром человек может исправить всё, в чём ошибался весь год. И по истечении десяти дней раскаяния, десятый день – это день, который вбирает и включает в себя все дни года с девятью днями покаяния, которые к нему относятся. Это и есть Йом Кипур, сама Бина, включающая в себя девять сфирот раскаяния, и под ней подразумевается Йом Кипур, который является печатью и источником всего года, это день субботнего отдыха и покоя. И потому каждый человек до того, как достигнет великого корня и предстанет перед владыческими силами Творца, должен исправить в течение десяти дней раскаяния и возвращение всё то, что искажал. А если не исправит, в любом случае, будет исправлять в Йом Кипур, так как этот день – печать всему и источник всех источников.

24. Рабаш. Статья 13 (1990). Что означает, что благодаря единению Творца и Его Шхины искупятся все грехи, в духовной работе

Когда человек совершает возвращение, что это значит? То, что он принимает на себя, что с сегодняшнего дня и далее он будет все делать ради небес, а не для своей выгоды, то есть все его действия будут ради отдачи, что означает подобие свойств. Выходит, что благодаря раскаянию, возвращению, он способствует тому, что в корне его души, в малхут, будет только отдача. Как, например, Зеир Анпин является отдающим, что означает свойство Творца. И это означает единство Творца и Шхины. То есть, как Творец – отдающий, так и малхут, называемая Шхиной, действует ради отдачи. И тогда Творец может отдавать Малхут. И тогда благо притягивается вниз. Получается, что грех привел к изъяну наверху, что привело к разделению. А теперь при помощи возвращения исправлено разделение, что привело к единению. И это означает, что благодаря соединению прошли, прощены грехи, то есть благодаря его действиям исправлены изъяны, к которым он привел.

25. Рабаш. Статья 2 (1988). Какова должна быть мера возвращения

Сказано: «Возвращайся, Исраэль, до твоего Творца Всесильного», это сказано, чтобы человек не обманывал себя, мол, я не вижу в себе никакого греха. Но он может понять, возможно, с сомнением, что есть у него грехи, на которые нужно дать возвращение. Поэтому говорит нам Писание: «Возвращайся, Исраэль». И если ты спросишь, до какого уровня возвращение, чтобы я знал наверняка, что я должен сделать возвращение. На это приходит Писание и говорит нам: «Возвращайся, Исраэль, до Творца твоего». Если он видит, что пока есть у него два владения, т.е., что он хочет чтобы Творец дал ему благо и удовольствие во владение человека, называемое «желание получать для себя», то он знает, конечно, что он удален от Творца, что он сделался отделенной от «всё» частью, и нужно сделать все, что в его силах, чтобы вернуться к его источнику и корню. То есть, пусть вернется на свое место, которое называется «Творец Всесильный твой».

Имеется в виду, что нет более одной власти, и это власть Творца, и об этом сказано: «В тот день будет Творец один и имя Его одно», т.е. одна власть.

26. Рабаш. Письмо 14

«Сказал Раба: человек знает в душе, законченный ли он праведник». Возвращение означает, что человек должен вернуться к своему Источнику.

Иными словами, поскольку основная часть создания под названием «человек» – это желание получать, а Творец является Дающим, постольку, когда человек возвращается к своему Источнику, это называется «возвращением».

Что же такое возвращение? Как сказал Рамбам: «Пока не засвидетельствует о нем Знающий тайны, что не вернется больше к глупости своей». И свидетельство это раскрывается в человеке лишь после того как он совершил возвращение – тогда он достигает Высшей прелести. Иными словами, Творец преисполняет его Своей Шхиной. И если человек возвращается, то удостаивается слияния.

О нем сказано: «Человек знает в душе». Иными словами, тот, кто хочет знать, совершил ли он уже возвращение, производит анализ: достиг ли он доброты Творца – это признак того, что он уже в отдаче.

Нет у нас царя, кроме Тебя

27. Рабаш. Статья 1 (1991). Что означает: «Нет у нас царя, кроме Тебя», в духовной работе

Сказано: «Нет у нас иного Царя, кроме Тебя». Потому что нет в нас сил преодоления, чтобы мы могли принять на себя. И что Ты будешь у нас Царем. И мы будем служить Тебе только по причине важности Царя. И для нас не будет никакого иного действия, только чтобы произросло наслаждение Тебе. Только Ты можешь дать нам эту силу, т.е. вторую природу, а это – желание отдавать.

28. Рабаш. Статья 1 (1991). Что означает: «Нет у нас царя, кроме Тебя», в духовной работе

Сначала говорят: «Отец наш, Царь наш, согрешили мы перед Тобой". Т.е человек не может сказать иначе, как только «Нет у нас иного Царя, кроме Тебя», что только Творец может дать эту силу. А откуда человек знает, что это не в его силах и возможностях? Поэтому сначала человек должен проделать все, что только может, как написано: «Все, что ты можешь сделать и все, что в твоих силах сделать – делай». И тогда человек приходит к состоянию, когда он чувствует, как он далек от Творца. Т.е. что не может сделать ничего ради Творца. И тогда человек чувствует, что несмотря на то, что он выполняет Тору и заповеди, в любом случае он называется грешником, потому что он видит, что не работает ради Творца. Поэтому человек должен сказать сначала: «Отец наш, Царь наш, согрешили мы перед Тобой» несмотря на то, что он выполняет Тору и заповеди. И все-таки он чувствует, что грешит тем, что не делает ничего ради Творца. После этого он говорит с полным правом «Отец наш, Царь наш, нет у нас иного Царя, кроме Тебя». Т.е. только Творец может помочь, чтобы у нас был Царь, и чтобы мы могли работать, потому что он служит Царю. И в этом его награда. Когда у него есть право служить Царю.

29. Рабаш. Статья 1 (1991). Что означает: «Нет у нас царя, кроме Тебя», в духовной работе

Если Творец не даст ему эту силу (отдачи), когда он почувствовал бы что у нас есть великий Царь, у него нет сил делать что-то ради небес. Потому что тело предъявляет претензии: "Что тебе будет за то, что ты будешь отдавать Творцу?". Т.е. когда желание получать властвует, нет для человека никакого совета. Когда он задается вопросом, т.е. когда говорит, что сейчас он видит, что работал впустую и не заработал ничего от того, что прилагал усилия. И сейчас он действительно видит, что все его усилия были впустую.

Поэтому, когда Творец помогает ему и дает ему желание отдавать, и он чувствует, что у него есть великий Царь – то это может дать только Творец. И об этом сказано: «Отец, Царь наш, нет у нас иного Царя, кроме Тебя». Только ты можешь дать нам почувствовать, что у нас есть великий Царь, чтобы работать ради Него, доставлять Ему наслаждение.

Врата слез

30. Рабаш. Статья 3 (1989). Чем отличаются врата слез от всех остальных ворот

Сказано, «что врата молитвы закрылись, врата слез не закрыты». А объяснение следующее. Когда врата слез не закрыты? Когда человек уже прошел все ворота и видит, что все они закрыты перед ним. Тогда, в этом состоянии, у человека вырывается [плач] из глубины сердца. И этот

Йом Кипур (Судный День)

плач, и слезы, которые раскрылись в человеке после того, как он видел, что все ворота закрыты, и у него нет никакой надежды достичь приближения к Творцу, эти слезы действуют так, что врата слез не закрываются.

В то же время просто слезы – до того, как человек увидел, что все ворота закрыты, не могут быть приняты во вратах слез. Поэтому перед таким человеком врата слез действительно закрыты, ведь у него пока еще нет настоящего хисарона, чтобы он захотел, чтобы Творец приблизил его. Потому что он думает, что и собственными силами сможет приблизиться к святости. В таком случае, молитва его не полная, [а полной она будет,] когда он действительно будет нуждаться в помощи Творца.

31. Бааль Сулам. Шамати, 18. Что значит «втайне будет плакать душа моя» в работе - 1

Когда скрытие возобладало над человеком, и он дошел до состояния, когда он не чувствует никакого вкуса в работе, и он не способен представить себе и почувствовать любовь и трепет никоим образом, и он не способен ничего сделать в святости – тогда у него нет никакого совета, кроме как плакать перед Творцом, чтобы Он сжалился над ним и убрал завесу с глаз его и с сердца его.

32. Рабаш. Статья 3 (1989). Чем отличаются врата слез от всех остальных ворот

Когда человек уже знает, что он – грешник в смысле «грешники при жизни своей называются мертвыми», т.е. он уже осознал, что находится под властью желания получать, и поэтому отделен от источника жизни, и потому он стучится сейчас и хочет вернуться, т.е. он хочет, чтобы свыше ему оказали помощь, чтобы он стал способен выйти из эгоистической любви, и у него была бы возможность любить Творца «всем сердцем своим и т.д.» Получается, что он чувствует, что он – грешник, ведь вместо того, чтобы любить Творца он любит себя самого. Выходит, что тем, что он стучится [в ворота], как мы понимаем, он делает всё, что в его возможностях, чтобы Творец приблизил его и вытащил из-под власти его собственного зла. Это и называется истинными слезами. И это, как мы выяснили выше, смысл слов: «Раскрой нам врата в момент закрытия врат», – т.е. когда он видит, что все ворота закрыты, тогда он начинает стучать.

33. Рабаш. Статья 2 (1991). Что означает: «Вернись, Исраэль, до Творца твоего Всесильного» в духовной работе

Когда человек молится Творцу и говорит: «Ты обязан мне помочь, потому что я хуже всех, потому что я чувствую, что желание получать властвует в моем сердце, и поэтому нет ничего в святости, что может войти в мое сердце. И я не хочу никаких излишков, а просто, чтобы я мог сделать что-то ради небес. И у меня нет никакой возможности для этого. Поэтому только Ты можешь спасти меня». И этим можно объяснить написанное (Псалмы 34): «Близок Творец к сокрушенным сердцем». Объяснение: эти люди просят Творца, чтобы помог им, чтобы их сердце не было разбитым, а чтобы стало целым. И это возможно только если человек удостоился желания отдавать. Поэтому он просит Творца, чтобы дал ему желание отдавать. Потому что видит, что у него нет недостатка ни в чем в мире, но только чтобы была у него возможность совершать действия ради Творца. Получается, что он просит только близости Творца. И есть правило: "Мера за меру". Поэтому Творец приближает его. И это то, о чем написано: «Близок Творец к сокрушенным сердцем».

34. Бааль Сулам. Шамати, 18. Что значит «втайне будет плакать душа моя» в работе - 1

Состояние плача – это очень важное и большое состояние. И это как сказали наши мудрецы: «Все врата заперты, кроме врат слез». И об этом обычно спрашивают: если врата слез не заперты, зачем же вообще нужны ворота?

И он [т.е. Бааль Сулам] сказал, что это подобно человеку, который просит у товарища, какой-то необходимый ему предмет. И предмет этот приводит его в сильное волнение, и он просит и умоляет своего товарища всеми возможными молитвами и просьбами. А товарищ не обращает на всё это никакого внимания. А когда он видит, что нет уже больше места для молитвы и просьбы, человек возвышает свой голос в плаче, и об этом говорится: «Все врата заперты, кроме врат слез». Другими словами, когда врата слез не заперты? Именно тогда, когда все ворота заперты, тогда есть место для ворот слез, и тогда мы видим, что они не заперты.

35. Рабаш. Письмо 14

«Врата слез не заперты». «Врата» – от слова «бури» (схожие корни), что означает преодоление. «Слезы» – от слова «воображать», т.е. происходит примешивание других желаний, и лишь в гуще этих желаний на краткое мгновение возникает желание к преодолению ради любви и трепета пред небесами. «Не заперты» – значит, мгновение это присоединяется к общему счету, а когда счет завершается, тогда человек и начинает ощущать духовное облачение.

И в этом заключается важность слез: даже когда человек находится на самом дне своего состояния, т.е. исполнен низменных желаний – в любом случае, по ходу дела возникает сила преодоления, которая из точки его сердца томится желанием к Творцу. Сила эта очень важна.

Тфилат Неила – заключительная молитва

36. Рабаш. Статья 3 (1991). Что означает «грешник приготовит, а праведник оденет» в духовной работе

Написано (в тфилат Неила – заключительной молитве): «И желаешь Ты возвращения грешников, и не хочешь Ты их смерти... Не желаю Я смерти грешника, но чтобы возвратился грешник с пути своего, и был жив». Смысл в том, что в то время, когда человек совершает добрые дела, т.е. хочет достичь слияния с Творцом – тогда раскрывают ему свыше то зло, которое есть в нем; и он достигает ступени грешника, как сказано выше. Тогда человек хочет убежать от этой борьбы и говорит, что работа эта не для него, потому что человек видит каждый раз истину: как желание получать естественным образом не в состоянии согласиться, чтобы человек отбросил его, и принял вместо него желание отдавать.

И кто раскрыл ему это состояние – что он грешник? Разве не Творец раскрыл ему это? И задается вопрос: ради чего раскрыл ему Творец? Для того, чтобы умер грешник. Но ведь Творец не желает смерти грешника.

Йом Кипур (Судный День)

Так для чего раскрыл ему, что он грешник? Только для того, чтобы он «возвратился». Об этом сказано: «чтобы возвратился грешник с пути своего, и был жив».

Суккот

- Суккот -

Сукка - это «покрытие» 'схах'

1. Рабаш, 284. Есть у Меня заповедь, лёгкая для исполнения, имя ей – сукка

«Сукка» происходит от слова «покрытие» 'схах', которое покрывает разум, ведь верой называется именно [состояние] выше знания.

2. Рабаш. Письмо 36

'Схах' (покрытие) называется тенью веры, то есть верой выше знания, являющейся противоположностью знанию. Знание приводит его к отходам гумна и винодельни.

То есть со стороны разума, как и в материальных вещах, мы видим, что есть место для отходов гумна и винодельни. И из этого он сам делает тень и сидит под ней. То есть делает для себя место из всех самых низких и негодных вещей, и выполняет с помощью отходов заповедь сукки.

Главное, что у него есть радость от этой заповеди, потому что вера выше знания называется «радостью заповеди». Получается, что все сложности и вопросы, существующие в действительности в мире, исправляются в сукке, то есть без них невозможно создать свойство 'схах' (покрытие).

3. Рабаш. Письмо 36

'Схах' (покрытие), называемый тенью, делается именно из отходов гумна и винодельни. И об этом мы произносим молитву в сукке: «И укрыться от потоков и дождя», то есть вера спасает человека от всех вредителей. Так как вредители означают чуждые мысли и чуждые мнения, а вера строится именно на отходах, и только так он укрывается от потоков и дождя, а иначе человек несётся с потоком мира.

4. Рабаш. Письмо 36

Дождь – это то, что оживляет землю, потому что люди, которые находятся в свойстве неживого уровня, питаются одним лишь знанием, и только знание их оживит. А там, где нет контакта со знанием, они не способны устоять. И это знание оставляет этих людей в свойстве неживого уровня.

А тому, кто хочет пребывать на растительном уровне, нельзя опираться на знание. Потому что этот дождь не воздействует на того, кто хочет идти путем истины. И если человек потерпел неудачу и принял от этого знания какую-то поддержку, он немедленно получает спуск и падение на самое дно.

Однако неживой уровень способен всё выполнять, и нет там никаких падений, поэтому они всегда ищут свойство знания, чтобы опереться на него в своей работе. А чтобы не потерпеть неудачу в этом знании, называемом дождь, существует чудодейственное средство – 'схах' (покрытие), как мы говорим: «И укрыться от потоков и дождя».

5. Рабаш. Письмо 12-2

Сукка, то есть 'схах', покрытие – это «отходы гумна и винодельни». И схах (покрытие) называется «тенью». А тень называется скрытием лика. И чтобы не было «хлеба стыда», у нас есть место для работы, то есть мы можем заниматься Торой и заповедями несмотря на то, что не ощущаем никакого вкуса и жизненной силы, но все же мы можем потом получить жизненную силу и не испортить подарок. То есть что подарку не будет нанесен ущерб из-за стыда, который ощущает получающий.

6. Рабаш. Письмо 36

Сукка – это «тень веры», и со стороны суда должно быть «тени больше, чем солнца». И известно, что солнце указывает на свойство знания, а луна – на веру. И как сказали мудрецы «Израиль исчисляет по луне, а народы мира – по солнцу». То есть, что каждый раз, когда видим проявление солнца, и что его больше, чем тени, то надо сильнее покрыть, чтобы тени стало больше.

7. Рабаш. Письмо 36

Если человек удостаивается и не добавляет от себя свойство тени, то свыше проявляют к нему милосердие и скрывают от него солнце. И тогда человек злится, ведь ему кажется иначе. Согласно человеческому разуму, если у него много солнца, то он хочет, чтобы ему еще добавили солнца. Но «Мои мысли - не ваши мысли». И добавляют ему свойство тени.

А если человек превозмогает тень, то ему дают свойство солнца. И тогда человек должен добавить свойство тени. А если он не добавляет, то ему добавляют свойство тени свыше, и всё повторяется заново. Пока не удостоится вечного слияния.

8. Рабаш. Письмо 36

Необходимо прилагать большие усилия, чтобы получить тень, и сказать, что это тень святости, что вся эта тень приходит свыше, а не от ситры ахры, и что ему дали это, чтобы у него было место принять на себя веру, и тогда это называется «тень веры», и это свято. И это означает «Прямы пути Творца, праведники пойдут по ним, а грешники потерпят неудачу».

9. Бааль Сулам. Шамати. 97. «Об отходах гумна и винодельни»

Суккот есть состояние радости, и это свойство гвурот, приносящих радость, что означает возвращение из любви, когда злодеяния становятся для него как заслуги.

Стены сукки

10. Рабаш, 892. Статья к празднику Суккот

Сукка делается из четырех стен и крыши (схах). Но место для сукки - готово, и человек может поставить свою сукку (шалаш) на землю, которая является глиной, и этой глине придается форма, то есть форма сукки. И надо понимать вопрос стен и крыши (схах), которые являются отходами гумна и винодельни.

Известно правило, что есть 4 стороны, верх и низ, называемые ХАГАТ и Малхут, НЕЦАХ наверху и ХОД внизу. [...] Почва, дно - это земля, и если человек делает пригодный шалаш - то он в свойстве «ХОД», называется «красивый шалаш», а если, страшно сказать, нет, то «ХОД» превращается в тусклый (выцветший). То есть на место земли не нужны никакие намеки. А то, что он протягивает и направляет на все пять свойств – так в этой форме выглядит на земле, что он человек – продолжение из корня Малхут. То есть у нее самой ничего нет, а только намерения (надежды), то есть это зависит от формы сукки.

Суккот – это временное жилище

11. Бааль Сулам. Шамати, 96. Что означают «отходы гумна и винодельни» в работе

Шалаши 'суккот' – это временное жилище, т.е. тот, кто уже удостоился постоянного жилища, и ему уже нечего делать, как сказано выше по поводу «первого при счете грехов», что совет тогда – выйти во временное жилище. Как это было, когда он шел по пути, ведущему к дому Творца, до того, как пришел к постоянному жилищу. И тогда у него всякий раз была потребность прийти в чертог Творца. И у него были гости 'ушпизин', т.е. когда его работа была в свойстве «временного гостя».

А сейчас он может привлечь [радость] из времени работы, которую он уже прошел, – ведь тогда он постоянно благодарил и восхвалял Творца за то, что Творец всякий раз приближал его, и от этого у него была радость. Радость, которая была у него тогда, он может привлечь сейчас, в Суккот. И указание на это – временное жилище. Поэтому сказано: «Выйди из постоянного жилища и поселись во временном жилище».

12. Бааль Сулам. Письмо 51

Заповедь «выйди из постоянного жилища и сядь во временное жилище». Т.е. чтобы знал ты, что лишь временное жилище это, и, страшно сказать, не будет отвергнут от Него отверженный... Как сказали мудрецы: «Даже если весь мир целиком говорит тебе: 'Праведник ты!', будь в глазах своих как грешник». И это тайна сказанного: «И будешь только радоваться».... И потому называется праздник урожая [т.е. Суккот] временем нашей радости, чтобы научить тебя, что человек должен сидеть в тени сукки в великой радости, совершенно такой же как в царском дворце, и «сидели первыми в царстве (малхут)», «сидите» как будто «живите», совершенно без какой-либо разницы.

И вместе с тем, чтобы знал он, что сидит в тени сукки, т.е. отходов гумна и винодельни, однако «в тени его сидела я и наслаждалась», поскольку слышит он слово Его: «Выйди из постоянного жилища и сядь во временное жилище». И, и то и другое слова живого Творца. И тогда выход его – наслаждение Ему.

13. Бааль Сулам. Письмо 51

Смысл заповеди «Сидите» – как «живите». Объяснение: как просил царь Давид: «чтобы пребывать мне в доме Творца все дни жизни моей, созерцать милость Творца». Ибо дом Творца, – это святая Шхина, как известно [...] И когда удостаиваются всемерно, тогда станет ему как дом, постоянно, навеки. Желанием Творца было сказать рабам Своим: «Выйди из постоянного жилища и поселись во временном». Иными словами, только лишь в Его тени, что называется легкой заповедью, заповедью о шалаше, – человек сидит в тени отходов гумна и винодельни, и это поистине тень Творца. И хотя тут кроются две противоположности, поскольку материальными глазами и материальными руками мы видим и нащупываем, что тень приходит от силы отходов, – на самом деле это сам Творец. Однако для получающего обязательно, чтобы запечатлелись в нем эти две противоположные формы.

Четыре вида

14. Рабаш, 893. Плод цитрусового дерева

Плод цитрусового дерева. Среди этих четырех видов [растений] есть такое, у которого есть вкус и запах, как у этрога (цитрона), и он соответствует праввдникам, в которых есть дух Торы и вкус добрых дел. У дерева, на котором растет лулав (пальмовая ветвь) есть вкус, но нет запаха, и ему соответствуют средние в Исраэле, у которых есть вкус заповедей, но нет духа Торы. У мирта есть запах, но нет вкуса, и он соответствует тем, у кого есть дух Торы, но нет заповедей. А у ивы нет ни вкуса, ни запаха, и ей соответствуют простолюдины, у которых нет ни духа Торы, ни вкуса заповедей. И мы собираем все четыре [вида растений] вместе, что указывает на то, что Творец не доволен Исраэлем, пока все они не соберутся в одно целое.

15. Бааль Сулам. Шамати, 85. Что означает «плод дерева великолепного» в работе

Сказано: «И возьмите себе в первый день плод дерева великолепного, листья пальмовые и отростки дерева густолиственного, и ив речных». И следует объяснить [следующее]. [...]

«Листья» 'капот' означает «принуждение» 'кфия', т.е. человек принимает высшую малхут по принуждению, другими словами, даже и знание несогласно. А он идет выше знания, и это называется: «Зивуги по принуждению».

«Пальмовые» 'тмарим' от слова «ужас» 'мора', что является свойством трепета (и это – свойство «Творец сделал так, чтобы трепетали пред Ним»).

И поэтому называется «лулав», т.е. до того, как человек удостоился, у него есть два сердца 'либот', и это называется «ло лев» 'не сердце' – т.е. сердце его еще не было объединено с Творцом. А когда он удостаивается свойства «ло» 'ему', что означает «Творцу – сердце», это «лулав».

А также человек должен сказать: «Когда достигнут дела мои дел отцов моих?», благодаря чему мы удостаиваемся быть в свойстве «ветви святых праотцев», что означает «и отростки дерева густолиственного», и это три миртовых ветви.

И вместе с этим должно быть также и свойство «ив речных», у которых нет ни вкуса, ни запаха. И нужно пребывать в радости от этой работы, несмотря на то что у него нет ни вкуса, ни запаха в этой работе. И тогда работа эта называется «буквы имени Твоего единого», и благодаря этому мы удостаиваемся единения Творца во всем совершенстве.

16. Бааль Сулам. Шамати, 19. Что значит, что Творец ненавидит тела, в работе

Мы видим в этроге, что великолепие присутствует в нем как раз до того, как он пригоден для еды. Однако, когда он пригоден для еды, в нем уже нет великолепия. И это призвано указать нам на работу в свойстве «первый при подсчете грехов», как сказано выше. Другими словами, именно во время работы в свойстве «И возьмите себе», – т.е. в работе во время приема на себя ярма высшей малхут, когда тело сопротивляется этой работе, – тогда есть место для радости украшения 'идур'. Т.е. во время этой работы становится видно «украшение». Иначе говоря, если у него есть радость от этой работы, это из-за того, что эта работа относится для него к свойству украшения, а не пренебрежения.

17. Рабаш. Статья 22 (1991). Что означает «роза среди терний» в духовной работе

Ивы в пальмовой ветви указывают, что работа должна быть даже и в свойстве ив. Несмотря на то что у ив нет ни вкуса, ни запаха, как сказал мой господин, отец и учитель о стихе из Ошан: «ивами речными наслаждать Тебя» – т.е. даже если он не ощущает вкуса в работе, и подобны они ивам речным, у которых нет вкуса и запаха, они должны быть у человека во время работы, как большие наслаждения. И это называется принижением без всяких условий. Как сказано: «И веселитесь пред Ним» – т.е. будут они в радости, как будто есть у них большие постижения. И это наслаждения перед Творцом, и так следует верить.

- Суккот -

Ушпизин (гости)

18. Рабаш, 624. Что такое «гости»

Что такое «гости» 'ушпизин', мой господин, отец и учитель объяснял, что это то, что приводится в книге Зоар – «путь, через который надо пройти», когда свет хохма не может светить постоянно.

И это называется «мазаль», ибо «дети, жизнь и питание – всё это зависит от удачи 'мазаль'«, как приводится в Талмуде Десяти Сфирот, ч. 13, что это происходит от выражения: «Течет 'йезель' вода из ведер его [т.е. Исраэля]», где «течь» может только по капле, т.е. [свет] светит только лишь попеременно. Тогда как «поток» – это когда светит без перерыва.

Поэтому гости любят, чтобы для них было широкое место. В то же время, если они приходят, а место – узкое, они не могут войти.

И имеется в виду, что свет хохма может светить только лишь в облачении хасадим. А «хасадим» называется «широкий», как объясняется в ТЭС. А свет хохма называется состоянием «гости» 'ушпизин', как сказано выше. Поэтому, если у него нет хасадим, он не может облачиться.

19. Зоар для всех. Глава Ваехи.
Статья «Четыре вида», п. 227

Эти четыре вида, «это гости», – т.е. семь сфирот ХАГАТ НЕХИМ, «которых святой народ пригласил в этот день», т.е. как принято молиться в дни Суккота перед трапезой, говоря: «Входите, высокие гости». «И нужно найти их после того, как (человек) пригласил их, и о них он возносит свою молитву к Царю». И через четыре эти вида, которые указывают на эти сфирот, он постигает их.

Ушпизин Авраам - сфира Хесед

1. Зоар для всех. Предисловие Книги Зоар.
Статья «Тора и молитва», п. 184

Авраам является основой Хеседа, находящегося в душах Исраэля, потому что он исправил святую Шхину в качестве места получения света Хесед. И она получила хасадим за все души Исраэля во всей их полноте. Если бы это сохранилось, весь Исраэль были бы соединены с Творцом в непрерывном слиянии, а святая Шхина была бы «царским домом, полным всех благ и наслаждений». И ни один человек даже на мгновение не хотел бы разлучаться с ней.

Однако всё исправление Авраама заключалось в том, что он создал совершенное место получения, в котором не может быть даже малейшего ущерба, для света хасадим, т.е. поднял ее (Шхину) к свойству отдачи и доставления наслаждения Создавшему нас, и не получал ничего ради собственного наслаждения. И это является свойством света Хесед и местом для его получения. Как сказано: «Говорящий «моё – твоё» и «твоё – твоё», называется праведником (хасидом)» – т.е. вообще ничего не требующий ради собственного наслаждения.

2. Бааль Сулам. Шамати, 179. О трех линиях

Авраам называется отцом веры, т.е. свойством хасадим. И тогда он узнает, что всякий, кто захочет приблизиться к Творцу, обязан сначала принять свойство правой [линии], т.е. свойство веры.

3. Рабаш, 316. Свойство Адама Ришона - 2

Авраам шел в правой линии, в исправлении свойством «хесед», т.е. он желает хасадим. Поэтому от свойства хасадим он притягивает свойство слияния с источником жизни.

4. Зоар для всех. Предисловие Книги Зоар. Статья «Радующийся в праздники, но не подающий бедным», п. 177

Нет в мире того, кто может сравниться с величием Авраама, который проявлял милосердие ко всем творениям.

5. Зоар для всех. Глава Веэтханан. Статья «Четыре отделения тфилина», п. 47

«И возлюби» – тот, кто любит Царя, отличается самым большим милосердием (хесед), проявляет милосердие ко всем. Это самое большое милосердие называется истинным милосердием, когда человек не желает награды за свои действия, но совершает их из любви к Царю, ведь любит Его больше всего. И поэтому от любви к Царю зависит милосердие. И поэтому называется «Авраам, возлюбивший Меня», так как в силу того, что любил Его больше всего, он умножил милосердие в мире.

6. Рабаш. Статья 4 (1986) «По поводу милости»

Надо объяснить толкования слов «при их сотворении» в том ключе, что их посредством будет реализована цель творения, а без них нет шансов на то, что цель творения реализуется полностью. Поэтому толкование «милосердие» означает, что, претворяя в жизнь свойство милосердия, создания могут прийти к свойству отдачи, благодаря чему смогут затем получать наслаждение, и это получение будет представлять собой отдачу.

7. Рабаш. Статья 4 (1986). По поводу милости

Невозможно обрести полную веру, не заслужив сперва подобия свойств, постольку и существуют те исправления, о которых говорят объяснения к словам «при их сотворении»:

1. Посредством свойства милосердия создания достигнут подобия свойств – ступени Авраама.

2. Буква hэй, Шхина: Малхут включила в себя свойство милосердия, благодаря чему создания обретут свойство отдачи, и тогда реализуется цель творения – доставить благо созданиям Творца.

8. Зоар для всех. Предисловие Книги Зоар. Статья «Радующийся в праздники, но не подающий бедным», п. 177

Авраам главным образом отличался гостеприимством и милосердием, и все дни свои, стоя на перепутье, приглашал гостей.

9. Рабаш. Статья 5 (1987). В чем ценность работы относительно вознаграждения

Творец показал Аврааму Свою любовь тем, что явился ему через заключение союза, которое произошло между ними, как сказано: «И заключил Ты с ним союз». И также Авраам в своих претензиях к Творцу показал свою любовь к Нему – что он хочет служить Ему не для получения награды. И поэтому Авраам жаждал работы, которая называется «прием гостей».

10. Рабаш, 357. Авраам родил Ицхака

Авраам называется «человеком милостивым» 'иш хесед', отдававшим свои силы, чтобы творить милосердие 'хесед'. Ицхак называется «столпом служения (букв.: «работы»)», ибо он отдал свою душу на жертвеннике. А Яаков называется «столпом Торы», как сказано: «Ты явишь истину Яакову», а Тора называется «Учением истины». И как сказано: «Яаков – человек бесхитростный, который живет в шатрах», и объясняет Раши – «[это] шатер Шема и шатер Эвера» – и занимается Торой.

И вот каждый человек должен прийти к этим трем столпам. А до этого эти три столпа были раскрыты один за другим нашими святыми праотцами, и каждый из них раскрыл один из этих столпов. А после того как эти три столпа раскрылись, мы тоже уже в состоянии идти теми путями, которые проложили наши праотцы.

11. Зоар для всех. Глава Ки-тиса. Статья «И теперь, оставь Меня», п. 54

Авраам любил Ицхака, Ицхак – Авраама, открывая объятия навстречу друг другу. Яакова они оба поддерживали в любви и согласии и воодушевляли друг друга. Товарищи должны быть подобны им, и не создавать брешь в своих рядах. Ибо если им будет недоставать любви, они принижают свои достоинства наверху – достоинства Авраама, Ицхака, Яакова, т.е. свойств ХАГАТ.

12. Рамбам. Мишне Тора. Книга Шофтим, законы траура

«Возлюби ближнего, самого как себя» - всё, что ты желаешь, чтобы другие делали для тебя, делай сам для братьев своих [...] Закон, который установил Авраам и путь милосердия, которым шёл: кормить путников, поить их и сопровождать их.

13. Гвурот а-Шем. Глава 6

Благодеяния и привнесение мира между товарищами больше всего было свойственно Аврааму, который является праотцом множества народов. Он объединяет и примиряет все творения.

14. Шем ми-Шмуэль. Глава Хаей Сара

Главной работой Авраама было притянуть Хасадим (милосердие) свыше, и благодаря этому он объединял всех людей, присоединяя их к Исраэль. Тогда как основная работа Сары совершалась снизу вверх - притягивать стремления низших к высшим. И это означает, что она присоединяла женщин к Исраэлю. Равенство между ними заключалось в их соединении высших и низших вместе, и оба они удостоились «двойной пещеры» (меарат а-махпела), которая является местом объединения.

15. Дегель махане Эфраим. Глава Мецора

Авраам был «иш хесед» (человеком милосердия) - он нёс милосердие всем людям.

16. Вавилонский Талмуд. Трактат Бейца, стр. 32

Каждый, кто милосерден ко всему живому – он из семени Авраама, а не милосердный к творениям – он не из семени Авраама

17. Беер маим хаим

Всю свою жизнь он стремился творить истинное добро и совершать благие дела для всех людей на земле: кормить и поить их, а потом усиленно заботился о том, чтобы обучать их путям Творца, дабы они познали своего Создателя

18. Аводат а-Кодеш, часть 1, глава 27

Великая любовь заключается в том, чтобы соединиться в едином Имени и объединиться в Нём с истинной верой. Это преданная работа совершалась Авраамом – первым из творений, кто действовал из любви. Это являлось его качеством – свойство Хесед, основа любви, как сказано «И будешь любить милосердие». Ведь оно первое свойство в строении. Ибо действуя из любви, соединяются со свойством любви. Поскольку его душа спустилась из этого свойства, он работал в любви и наставлял своей любовью. Ведь если душа приходит и облачается в тело, она не отделяется от точки соединения, а всегда имеет тенденцию возвращаться туда. Поэтому его действия и духовная работа были направлены на Хесед и любовь. И согласно своей связи с любовью он зовётся «Авраам, любящий Меня». Любовь определяется тем, что истинно любящий берёт в свои руки мастерство любимого, участвует в его ремесле, непрерывно занимается его работой, тем самым уподобляясь Любимому и наслаждая Его. Такова была жизнь Авраама.

Ушпизин Ицхак - сфира Гвура

1. Рабаш, 316. Свойство Адама Ришона - 2

Авраам шёл в правой линии, в исправлении свойством «хесед», т.е. он желает хасадим. Поэтому от свойства хасадим он притягивает свойство слияния с источником жизни.

Однако Ицхак шёл в левой линии, которая называется «гвура», работая в плане преодоления получающих келим, чтобы они были ради отдачи.

А поскольку он занимался левой линией, т.е. рассматривал своё состояние в смысле знания, он видит недостатки и состояние разделения, ибо человек в состоянии левой [линии находится] в состоянии недостатка, а Творец называется совершенным, но «не может проклятый прилепиться к Благословенному».

Поэтому Ицхак должен был включить в себя Авраама, и потому сказано: «Авраам породил Ицхака». Но ведь об этом все знают – однако это учит нас, что свойство Ицхака, т.е. левая линия, включает в себя также и правую, хесед, и оттуда она получает жизнь. А Яаков – это средняя линия, и он без сомнения включает в себя хасадим.

2. Бааль Сулам. Шамати, 97. Об отходах гумна и винодельни

Суккот есть состояние радости, и это свойство гвурот, приносящих радость, что означает возвращение из любви, когда злодеяния становятся для него как заслуги. И тогда даже гумно и винодельня входят в святость. И в этом смысл того, что главное свойство Суккота – это Ицхак.

3. Рабаш. Статья 16 (1988). На каком фундаменте строится святость

Когда желают преданно служить Творцу, подобно Ицхаку, тело не соглашается на это. Но тем не менее, знают, что необходимо работать как Ицхак, – они рады этому и благословляют за это Творца.

4. Рабаш. Письмо 14

Всего удостаиваются лишь благодаря преодолению, которое означает обретение сил; и каждая извлекаемая человеком сила присоединяется к общему счету.

Иными словами, даже когда человек совершает в какой-то момент преодоление, к нему приходит посторонняя мысль, и он заявляет: «Разве я уже недостаточно испытан и опытен, чтобы в одночасье лишиться желания к работе? И что я выиграю, если совершу сейчас небольшое преодоление?» И тогда он должен ответить на это, сказав, что монета за монетой присоединяются к общему счету, т.е. к общему счету между корнем его души и всей общностью.

5. Рабаш, 354. И отдал Авраам всё, что у него

«И отдал Авраам всё, что было у него, Ицхаку» рабби Иеуда говорит: «Это гвура (сила)». Рабби Нехемия говорит: «Это благословение».

И следует понять:

1. Как можно сказать, что один передает другому свойство гвуры, ведь это не что-то, что можно передать из рук в руки?

2. В чем состоит спор, что один говорит именно «гвура», а другой говорит: «благословение»? В чем они разошлись во мнениях?

И следует объяснить, что оба они имели в виду одно и то же, и и то и другое слова живого Творца. Т.е. он [Авраам] передал ему [Ицхаку], чтобы он шел дорогой гвуры, как сказано: «И поклялся [Яаков] страхом отца своего Ицхака». Т.е. с помощью свойства гвуры, и это имеется в виду в словах «всё, что было у него», т.е. Авраам передал ему путь, по которому надо идти и на котором он должен был дополнить его [Авраама], и этим он удостоился благословения, т.е. «и благословил его Творец».

Т.е. благодаря усилению в Торе и работе он удостоился ответа из любви, когда злодеяния становятся как заслуги. Получается, что его работа принесла стопроцентные плоды.

6. Рабаш, 356. Сын добавляет к заслугам отца

Сыновья являются, чтобы исправить то, что их родители не успели завершить, поэтому, когда Авраам завершил только свойство хесед, после этого родился Ицхак, чтобы восполнить его недостаток. А потом, когда Ицхак завершил только свойство гвуры, после этого родился Яаков, представляющий собой свойство тиферет, который завершил среднюю линию.

7. Рабаш, 355. Тот, у кого нет сыновей

Тот, у кого нет сыновей, называется мертвым, другими словами, у него уже нет места хисарона, на которое ему нужно было бы привлекать новую жизнь. Поэтому он передал ему свойство «гвуры», так чтобы благодаря постоянному усилению в Торе и заповедях он привлек окончательное совершенство. Ведь путь человека – в том, что он исправляет свои дела с помощью возвращения.

И есть возвращение из любви, а есть возвращение из страха. И есть праведники, включающие всё, т.е. хоть и частным образом, он уже удостоился возвращения из любви. И таково было свойство Ицхака, как сказано: «И посеял Ицхак на той земле и собрал он в том году стократно» – т.е. в полной и совершенной мере.

8. Зоар для всех. Глава Цав. Статья «Четыре вида растений и Ошана Раба», п. 116

В первый день месяца, в Начале года, было начало суда во всем мире, и Ицхак, левая линия, взошел на трон суда, судить мир. А в Ошана Раба вернулся Ицхак, чтобы пробудить суды и завершить эти суды. «И откопал колодцы воды» – чтобы излить гврурот для Кнесет Исраэль, Малхут, называемой колодцем, для того чтобы пробудить воды, свечение хохмы, ибо воды посредством гвурот опускаются в мир, и свечение хохма не притягивается иначе как вместе с судами.

- Суккот -

9. Рабаш, 357. Авраам родил Ицхака

«На трех вещах стоит мир: на Торе, на работе и на милосердных деяниях 'гмилут хасадим'».

Авраам называется «человеком милостивым» 'иш хесед', отдававшим свои силы, чтобы творить милосердие 'хесед'. Ицхак называется «столпом служения (букв.: «работы»)», ибо он отдал свою душу на жертвеннике. А Яаков называется «столпом Торы», как сказано: «Ты явишь истину Яакову», а Тора называется «Учением истины». И как сказано: «Яаков – человек бесхитростный, который живет в шатрах», и объясняет Раши – «[это] шатер Шема и шатер Эвера» – и занимается Торой.

И вот каждый человек должен прийти к этим трем столпам. А до этого эти три столпа были раскрыты один за другим нашими святыми праотцами, и каждый из них раскрыл один из этих столпов. А после того, как эти три столпа раскрылись, мы тоже уже в состоянии идти теми путями, которые проложили наши праотцы.

И поэтому мы называемся «избранным народом» 'сгула', потому что в нас есть способность 'сгула', полученная в наследство от праотцов, поддерживать эти три столпа, благодаря которым мир может существовать – т.е. благодаря им мир сможет реализоваться и прийти к той цели, ради которой мир был создан.

10. Маор ва-Шемеш. Указания второго дня Суккота

Свойство Ицхака – это свойство гвура и суд.

11. Маор ва-Шемеш. Указания первого дня Суккота

Известно, что сукка указывает на облака славы, которых семь соответственно семи праотцам: Аврааму, Ицхаку и Яакову; Моше и Аарону, Йосефу, Давиду, каждый из которых привлекал свет Творца в нижние миры благодаря тому, что они были соединены с семью свойствами: Авраам – со свойством хеседа, Ицхак - свойством гвуры и т.д., что является семью высшими днями. И благодаря тому, что мы исполняем заповедь сукки, мы привлекаем 5 хасадим, которые будут включаться в [соответствующего] праведника и он подействует на Кнесет Исраэль, и подсластятся все гвурот.

Ушпизин Яаков - сфира Тифэрет

1. Рабаш, 378. И поселился Яаков на земле проживания отца его

Яаков – это свойство средней линии, роль которой исправить левую линию, называемую «страх Ицхака». В то время как правую линию не исправляют свойствами Яакова. Ибо объясняется в комментарии Сулам, что средняя линия склоняется к милости (хеседу). Поэтому нам нечего добавить к правой линии.

Иное дело Ицхак, являющий собой свойство суда. Потому приходит Яаков и поселяет себя в левой линии, чтобы исправить ее свойством милосердия.

2. Рабаш, 494. Трепет существует только в месте совершенства

Яаков называется свойством милосердия, которое указывает на совершенство. Т.е., благодаря исчезновению ГАР хохмы, он сейчас получит совершенство, т.е. хохму, облаченную в хасадим.

И это называется совершенством, когда нет недостатка ни в хасадим, ни в хохме. И это и есть средняя линия, состоящая из хохмы и хасадим. Вот почему Яакова называют «грозным», что означает трепет, а также его называют «милосердием», а еще – «совершенством», потому что здесь нет никакого недостатка.

3. Рабаш. Статья 7 (1986). Важность общей молитвы

Зоар разъясняет, что «Яаков включал три линии». Ведь Яаков олицетворяет среднюю линию, которая включает правую и левую. «И потому Творцу была желанна его молитва, пребывающая в полном совершенстве всех трех линий, подобно общей молитве».

4. Рабаш, 689. Отец и сын

Известно из святых книг, что сыновья приходят исправить то, что родители не успели завершить, поэтому, когда Авраам дополнил качество милосердия, родился затем Ицхак, чтобы дополнить две другие линии. А когда Ицхак завершил только линию гвуры, пришел Яаков и завершил качество тиферет, т.е. среднюю линию. Точно так же все поколения завершают то, чего не завершили предыдущие поколения.

5. Рабаш, 378. И поселился Яаков на земле проживания отца его

Качество Яакова – это свойство тиферет, находящееся от хазе и выше, т.е. свойство будущего мира.

6. Рабаш. Статья 19 (1990). Что означает, что Тора называется средней линией, в духовной работе - 2

Что означает, что Тора была дана в третьей (сфире), то есть тиферет, обозначающая сказанное «Яаков был цельный человек» (иш там), и это олицетворяет тиферет, когда «цельный» («там») означает совершенство, потому Яаков зовётся «цельным человеком». Ответ на это таков: поскольку Тора является свойством средней линии, и также Яаков означает среднюю линию, состоящую из правой и левой линий, поэтому всё приходит к совершенству. Иными словами, происходит смешивание хохмы и хасадим, чтобы работа достигла свойства, когда человек должен состоять и из действий, называемых «хасадим», и из хохмы. Так как нельзя, чтобы «мудрость его преобладала над действиями».

7. Рабаш. Статья 7 (1986). Важность общей молитвы

Яаков включал все три линии. И потому Творцу была желанна его молитва, пребывающая в полном совершенстве всех трех линий, подобно общей молитве. Поэтому сказано: «Устрашился Яаков очень, и стало тесно ему» – так как Творец устроил ему это, чтобы он молился, поскольку желал его молитву».

Здесь мы видим, что Зоар разъясняет общую молитву на одном человеке, и говорит, что Яаков включал три линии.

8. Рабаш. Статья 9 (1991). Что такое «запах одежд его» в духовной работе

Поскольку Яаков удостоился совершенства, т.е. из всех падений он удостоился достичь совершенства, чтобы смогла прийти помощь свыше, поскольку уже было раскрыто у него все зло. Получается, что все падения, т.е. предательства, называются «намеренными прегрешениями». И когда благодаря им раскрывается свет, мы теперь видим, что намеренные прегрешения превратились в заслуги, и если бы не падения, он не смог бы достичь совершенства.

9. Рабаш, 434. Как хороши твои шатры, Яаков - 2

Когда он приходит к совершенству, нужно сразу же постараться найти хисарон. И тогда он переходит к свойству «Как хороши шатры твои, Яаков», являющемуся шатром Торы. И тогда он находится на ступени Яакова, т.е. в катнуте, а когда он завершил наполнение с помощью Торы, он переходит к совершенству, т.е. к свойству Скинии. И так по кругу, пока он не приходит к окончательному совершенству. А начало выхода начинается с выхода из Египта.

А выход начинается не тогда, когда он уже вышел, а когда он только хочет выйти из Египта, или даже когда он хочет выйти, но не может, и у него есть силы молиться Творцу, чтобы Он вывел его из Египта. Уже тогда он начинает идти по истинному пути.

10. Рабаш. Статья 18 (1991). Что значит, что нужно поднимать правую руку над левой, в духовной работе

«Как хороши твои шатры, Яаков», т.е. человек должен видеть и стараться ценить, и благодарить Творца, когда он находится внутри шатра Яакова, т.е. в состоянии «акевим» (пятки), свойства конца святости (соф де-кдуша), и сказать: «Как хороши», т.е. что нет у него достаточно разума оценить это состояние и сказать, что это хорошее состояние, и поблагодарить Творца. А затем благодаря тому, что он ценит шатры Яакова, он удостоится прийти к состоянию «жилища твои, Яшар-Эль», когда Исраэль уже означает свойство рош (голова). Получается, что благодаря ступени Яаков удостоится большого состояния и головы ступени, которая называется свойством «жилища твои, Исраэль».

11. Бааль Сулам. Шамати, 5. Лишма – это пробуждение свыше, а зачем нужно пробуждение снизу?

Когда человек приходит и говорит, что он приложил большое усилие, исполняя Тору и заповеди, Творец говорит ему: «Не Меня призывал ты, Яаков», т.е. не мой чемодан взял ты, а этот чемодан принадлежит кому-то другому. Раз ты говоришь, что прилагал большие усилия в Торе и заповедях, у тебя, наверняка, был другой хозяин, на которого ты работал. Поэтому иди к нему, чтобы он заплатил тебе. И потому сказано: «Ибо тяготился ты Мной, Исраэль».

Другими словами, тот, кто работает у Творца, не испытывает никаких усилий, а, наоборот, [чувствует] наслаждение и подъем духа.

12. Бааль Сулам. Газета «Народ» (а-Ума)

Название «Исраэль» происходит от нашего праотца Яакова, который был назван так за проявление господства и уважения: «Не Яаков будет отныне имя твое, но – Исраэль: ибо ты сражался и с Творцом, и с людьми – и одолел». И по его имени мы называемся «Исраэль».

13. Бааль Сулам. Сзади и спереди окружил Ты меня

Праотец Авраам стал опорой свойства любви, а праотец Ицхак – свойства страха, и два этих свойства суть две противоположности, ибо любящий не боится, а всегда доверяет своему возлюбленному, и все прегрешения покроет любовь, а боящийся – не доверяет, так как, если бы он доверял, он бы нисколько не боялся. Однако праотец Яаков, избранный из праотцов, стал опорой свойства милосердия, другими словами, двух этих противоположностей в одном, любви и страха вместе, что, как известно, является сутью этого свойства.

14. Бааль Сулам. Шамати, 87. Суббота «Шкалим»

[Бааль Сулам] объяснил сказанное в книге Зоар о стихе: «Ибо в Яакове выбор Творца» – кто кого выбрал? И Зоар отвечает, что Творец выбрал Яакова. И он сказал, что вопрос Зоара состоит в том, выбрал ли Творец Яакова. Получается, что Яаков не сделал ничего, а всё происходит путем личного управления. А если Яаков выбрал, это означает, что Яаков – тот, кто производит действие, т.е. это вознаграждение и наказание.

И он ответил, что сначала человек должен начать путь с вознаграждения и наказания. А, когда он заканчивает этот этап вознаграждения и наказания, тогда мы удостаиваемся и видим, что всё происходит путем личного управления, ведь «Он один ... делает, и будет делать все действия». Но до того, как человек завершил свою работу в вознаграждении и наказании, невозможно понять личное управление.

15. Бааль Сулам. Шамати, 33. По поводу жребиев в Йом Кипур и у Амана

Все суды и противоречия проявились, только чтобы раскрыть величие Творца. Поэтому у Яакова, «человека гладкого», безволосого, не было возможности раскрыть величие Творца, потому что у него не было причины и необходимости привлекать их. И по этой причине у Яакова не было способности принять благословение Ицхака. Потому что у него не было келим, но нет света без кли, поэтому Ривка посоветовала ему, чтобы он взял одежды Эсава.

И в этом смысл стиха: «Рукой своей держа за пяту Эсава». Другими словами, хотя у него не было никаких волос, он взял это у Эсава. И это то, что увидел Ицхак и сказал: «Руки – руки Эсава», но «голос – голос Яакова». Т.е. Ицхаку понравилось это исправление, которое произвел Яаков. И благодаря этому у него появились келим для благословений.

16. Бааль Сулам. Шамати, 125. Наслаждающий субботу

Всякому наслаждающему субботу дают надел без границ, ведь сказано: «То наслаждаться будешь в Творце, и Я возведу тебя на высоты земли, и питать буду тебя наследием Яакова...» Не Авраама, о котором сказано: «Встань, исходи эту землю в длину ее...» И не Ицхака, как сказано: «Ибо тебе и твоему потомству дам все эти земли». А Яакова, о котором сказано: «И распространишься ты на запад и на восток, на север и на юг».

17. Рабаш, 771. По поводу идущего

Известно, что до тех пор, пока человек жив, он называется «идущим», ведь благодаря занятию Торой и заповедями он каждый день идет от ступени к ступени. Однако после смерти он называется «стоящим», поскольку «мертвые свободны». Однако Яаков и после смерти называется идущим, ибо во всех занятиях Исраэля Торой и заповедями в каждом поколении они преуспевают, так как он дал им в наследство [хорошие] качества. И потому сказано: «Яаков не умер». А Яаков – со стороны тиферет, «ложе его совершенно».

18. Зоар для всех. Глава Эмор. Статья «Шмини Ацерет», п. 289

И в этот день Яаков, Тиферет, возглавляет эту радость, а все остальные гости, Авраам, Ицхак, Моше, Аарон, Йосеф, Давид, радуются вместе с ним. Поэтому сказано: «Счастлив ты, Исраэль! Кто подобен тебе». И также: «И сказал мне: "Ты раб Мой, Исраэль, в котором Я прославлюсь"».

Ушпизин Моше - сфира Нецах

1. Рабаш, 604. Зачем ждал он войны с Амалеком

Моше называется верным пастырем, потому что он был пастырем веры. Ведь Моше называется свойством Торы, как сказано: «Помните Тору Моше, раба Моего».

Поэтому, если они прилепились к Моше, они получают силу веры.

2. Рабаш, 711. Не было пророка, подобного Моше

Моше – это свойство «нецах», а также он является свойством «даат». Но дело в том, что всегда рассматривается его собственная ступень, а не то, что он включает. Т.е. даже если у него есть все свойства, тем не менее: каким свойством он пользуется? Об этом Тора (говорит), что с точки зрения пророчества он был великим.

3. Рабаш. Статья 9 (1987). Величие человека зависит от величины его веры в будущее

Известно, что Моше называется «верным пастырем». И мой отец и учитель объяснял, что Моше поддерживал Исраэль свойством веры, а вера называется «малхут». Т.е. он поселил страх небесный, называемый «небесная малхут», в народ Израиля. И потому Моше называется «райя мээмна», «верный пастырь», по имени веры. Как сказано: «И поверили они в Творца и в Моше, раба Его». Это о том, что Моше поселил в них веру в Творца.

4. Рабаш. Статья 13 (1988). Что означает, что предводитель народа – это и есть народ, в духовной работе

Известно, что в Зоаре Моше назван «верным пастырем». Бааль Сулам объяснял, что Моше питал народ Израиля верой. И он сказал, что у человека есть все силы, чтобы он мог исполнять Тору и заповеди во всем совершенстве, кроме свойства веры. И в той мере, в которой у него есть вера, он способен вкладывать силы в [духовную] работу.

5. Рабаш. Статья 25 (1987). Что такое серьезность в духовной работе

Написано: «Тяжел на уста и тяжел на язык я» сказано о Моше. Ведь Моше называется «верным пастырем», поскольку свойство Моше называется «вера». А в вере нет «уст и языка», поскольку «уста и язык» означает, что он объясняет эти вещи с помощью разума и знания. А свойство Моше – это свойство веры выше знания.

6. Бааль Сулам. Шамати, 52. Прегрешение не гасит заповеди

Когда он преодолевает свое знание – то, что он хочет понять, – и принимает всё в вере выше знания, это называется «низость, больше которой нет в свойстве человеческом». Получается, что в той мере, в которой у него есть требование знать больше, и он принимает это в вере выше знания, – выходит, что он находится в большей низости.

И отсюда поймем то, что объяснили наши мудрецы о стихе: «А муж этот, Моше, был скромным чрезвычайно» – кроток и долготерпелив, что означает, что он терпел низость в такой степени, выше которой нет.

7. Рабаш, 159. Необходимо и важно учиться вере

Человек не терпит веру выше знания, потому что природа человека такова, что он считается с тем, что постигает разумом, ибо к этому его обязывает знание.

В то же время, идти против разума – такое действие является презренным, ибо такой [человек] называется глупцом. Как сказали наши мудрецы о стихе: «Кто глуп, пусть завернёт сюда» – это Моше, где имеется в виду свойство веры. Ведь учитель наш Моше называется верным пастырем, т.е. обладателем веры, поскольку он поселил веру в общество Исраэля.

8. Рабаш. Статья 13 (1988). Что означает, что предводитель народа – это и есть народ, в духовной работе

Моше был равноценен всему Исраэлю. И отсюда мы учим, что «предводитель народа, на самом деле, есть весь народ», ведь вера, которая существует у человека, есть весь человек. Т.е. если у него есть свойство Моше, называемое верой, то весь народ уже является праведниками. И об этом сказано: «Если удостоился, весь народ – праведники», ибо «удостоился» означает, что пастырем его является вера, называемая Моше.

9. Рабаш, 17. Шхина

Сказали наши мудрецы (Песнь песней, 1): «Моше равноценен шестистам тысячам», т.е. что учитель наш Моше удостоился такой меры раскрытия божественного, которая должна была раскрыться всему Исраэлю. И об этом сказано: «Шхина говорит из уст Моше», т.е., что Моше удостоился общего раскрытия, называемого Шхиной.

10. Рабаш, 199. Устная Тора

«Моше, раб Его» называется «верой мудрецов». Всё, что мудрецы говорят, называется: «И поверили они в

Творца и в Моше, раба Его», т.е. они верят, что Моше получил Тору из уст Творца и распространение Моше происходит в каждом поколении, поэтому вера мудрецов распространяется на продолжение «Моше, раба Его» и это называется устной Торой. И каждый учитель передает народу то, что он слышал от своего учителя.

11. Бааль Сулам. Шамати, 33. По поводу жребиев в Йом Кипур и у Амана

О Моше сказано: «И скрыл Моше лицо свое», т.е. он видел все противоречия и удерживал их усилиями, прилагаемыми в силе веры выше знания. И как сказали наши мудрецы: «В награду за "и скрыл Моше лицо свое, ибо страшился взглянуть", он удостоился: "И образ Творца видит он"».

12. Бааль Сулам. Шамати, 38. Трепет перед Творцом – это богатство его

Сказано: «В сокровищнице Творца нет ничего, кроме богатства трепета перед небесами». Однако следует объяснить, что такое трепет. Это кли, с помощью которого накапливают богатство, помещая в него все важные вещи. И [Бааль Сулам] сказал, что трепет – это, как сказано о Моше, как сказали наши мудрецы: «В награду за «и скрыл Моше лицо свое, ибо страшился взглянуть», он удостоился: «И образ Творца видит он»». И трепет тут состоит в том, что он страшится того большого наслаждения, которое есть там, и он не сможет получить его ради отдачи. И благодаря тому, что у него был трепет, – благодаря этому, он создал себе кли, в которое он мог получать высшее благо.

И в этом состоит работа человека, а кроме этого, всё остальное мы относим к Творцу.

13. Бааль Сулам. Шамати, 53. По поводу ограничения

Когда Исраэль пришли получать Тору, и вел их Моше к подножию горы, как сказано: «И стали они у подножия горы» («гора» 'ар' означает «сомнения» 'ирурим'), т.е. Моше привел их к концу мысли, и понимания, и разума, и нет ступени ниже этой.

И только тогда, когда они согласились на такое состояние, – работать в нем без всяких колебаний и движений, и оставаться в таком состоянии, как будто бы у них был самый большой гадлут, и раскрывать в этом радость. Ведь это называется: «Служите Творцу в радости». Потому что во время гадлута нельзя сказать, что им дается такая работа, которая была бы в радости. Ведь во время гадлута радость возникает сама. Однако во время катнута им дается работа в радости. И тогда, во время катнута, у них должна быть радость, несмотря на то что они ощущают катнут. И это – большая работа.

И это называется «главным в рождении ступени» и является состоянием катнута. И это состояние должно быть постоянным. А гадлут – это лишь добавка. И нужно стремиться к главному, а не к добавкам.

14. Рабаш, 691. Тора была дана тайно

«Удовлетворись высшими и пусть [скрижали] не будут переданы в руки Моше».

Пусть даст Тору, когда человек на высоте. И пусть [скрижали] не будут переданы в руки Моше, который называется верным пастырем, ибо руки Моше называются свойством веры. Таким образом, Сатан обвиняет, говоря, что невозможно, чтобы Тора была принята в тот момент, когда человек недостоин ее, но совет состоит в том, что в руки Моше принять можно, т.е. в свойство веры, и тогда это выше знания, и там нет никаких вопросов, ибо все вопросы находятся в только внутри знания.

15. Бааль Сулам. Учение каббалы и его суть

Для какой необходимости Творец уготовил [нам] всю эту тяжесть? И это для того, чтобы поднять человека на более весомую и важную ступень, чтобы ощутил он Творца своего, так же как в [любом] человеческом ощущении, уже обретенном им. И как знает он и ощущает желания товарища, так же познает пути Творца и т.д. как сказано о Моше: «И говорил Творец с Моше лицом к лицу, как говорит человек с другом своим». И каждый человек может быть подобен Моше, учителю нашему, как известно. И нет и тени сомнения, что всякому, кто посмотрит на развитие находящегося перед нами творения, станет ясно и понятно великое наслаждение Творящего, действие которого постепенно развивается, вплоть до того, что ему [т.е. творению] дается то прекрасное ощущение, что оно может разговаривать и иметь дело с Творцом своим, как говорит человек с другом своим.

16. Бааль Сулам. Шамати, 121. Она подобна кораблям торговым

Человек должен соединить всё с Творцом, т.е. даже и выходы исходят от Творца. А, когда он удостаивается, тогда он видит, что и выходы, и входы – всё это от Творца.

И поэтому он обязан быть скромным. Ведь он видит, что всё делает Творец – как выходы, так и входы. И это то, что сказано о Моше: «кроток и долготерпелив» – т.е. нужно вытерпеть низость. Т.е. на каждой ступени он должен удерживать низость. А в тот момент, когда он оставляет низость, у него тотчас же исчезают все ступени Моше, которые он уже постиг. И достаточно понимающему.

И это называется терпением. Ведь низость есть у каждого, однако не каждый ощущает низость как нечто хорошее. Получается, что они не желают терпеть. Тогда как учитель наш Моше терпел скромность. Поэтому он называется «скромным». Т.е. у него была радость от низости.

17. Бааль Сулам. Письмо 10

Сказано: «И ответил Моше, и сказал: «Но ведь не поверят они мне... ибо скажут: "Не открывался тебе Творец"»». Т.е., - поскольку «святые уста» находились в изгнании, что называется, «ибо косноязычен я, и тяжело мне говорить». Потому Моше, пастырь верный, говорит Творцу: «Но ведь не поверят они мне», ибо даже если я соединю Исраэль с собой и притяну на них некоторый свет свыше, ведь клипа Паро высосет и отберет его у них. И хотя и соединены они со мной, все равно не послушают они голоса моего». Дело в том, что, хотя у клипы Паро и есть власть над ними, и уста и речи их в изгнании, – все равно, если бы верили в пастыря верного как следует, могли бы сыновья Исраэля услышать голос Моше, который выше уст и речей. И если бы укрепились в этом, конечно, спаслись бы от клипы Паро.

18. Рабаш. Статья 17 (1991). Что означает: «Ибо ожесточил Я сердце его» в духовной работе

Когда человек ощущает свою низменность, он должен верить, что это исходит от святости. И это подобно сказанному о Моше (Шмот 2:11): «И вышел он к братьям своим, он присматривался к тяжким работам их; и увидел он, что человек из египтян бьет человека из Исраэля из братьев его. И оглянулся он туда и сюда, и видя, что нет никого...».

И с точки зрения духовной работы надо объяснить, что именно когда в человеке уже есть свойство Моше, означающее ступень Торы, тогда он может понять, как человек из египтян, то есть желание получать для себя, говорит, что он называется человеком. И благодаря этой силе, называемой ступенью Торы, он видит, как он бьет человека из Исраэля, т.е. у Исраэля человеком называется именно тот, кто не действует как животное. То есть человеком называется тот, кто не использует свои животные желания, и это как сказано «видя, что нет ни одного человека», то есть, что никогда из него не получится человек его собственными силами. И это потому, что в человеке есть свойство Моше, то есть свойство "верный пастырь (это свойство пастыря веры для всего Израиля). И это свойство пробуждает человека увидеть истину, состоящую в том, что человек никогда не постигнет свойство «человека» самостоятельно. И потому сказано «видя, что нет ни одного человека». Это приводит его к тому, чтобы он просил у Творца, чтобы Он дал ему веру в Творца, и благодаря этому он придет к слиянию с Творцом.

19. Рабаш. Статья 35 (1986). Пятнадцатое ава

Говорил мой отец и учитель о том, что сказал Творец Моше (Шмот, 5): «И сказал ему Творец: "Что у тебя в руке?" И ответил: "Посох". И сказал ему Творец: "Брось его на землю, и он превратится в змея"». И пал Моше пред ним...». И объяснял (рабби Йехуда Ашлаг), что руками Моше называется свойство веры. И это свойство низкое по важности. Потому что человек всегда стремится только к знанию, и когда он видит, что его разум не может постичь того, что он желает, то тогда нет у него никакой возможности достичь этого, ведь он считает, что уже достаточно много приложил усилий, чтобы все его действия были только во имя небес, а сейчас даже не может сдвинуться с места ни на йоту. Поэтому его тело говорит ему, чтобы устранился от этой цели, и даже чтобы не смел думать, что когда-либо сможет достичь ее. И тогда сказал ему Творец: «Брось на землю...» – т.е. сделай так перед народом Израиля.

20. Рабаш, 923. И сказал он: принимая роды у евреек

Если намерение его в этом – чтобы прийти к «ради небес», а не ради собственной выгоды, от этого он может удостоиться свойства Избавителя Исраэля, называемого свойством Моше, как сказали наши мудрецы: «Распространение Моше происходит в каждом поколении».

А если он удостоится свойства Моше, называемого Избавителем Исраэля, который спасет их, выведя из Египта, – надо видеть [это] заранее, чтобы помешать ему достичь состояния выхода из египетского изгнания.

Однако, как можно убедиться, что он работает ради отдачи, ведь он всё еще находится в Египте, что означает свойство «ради собственной выгоды», а не ради отдачи. Но сейчас он хочет удостоиться этого, и об этом сказано: «Он передал им признак: захар (мужское свойство) – лицом вниз, некева (женское свойство) – лицом вверх».

21. Рабаш,924. И говорил Всесильный Моше

«И говорил Всесильный Моше, и сказал ему: Я - Творец».

Нужно понять, о чем говорит нам это высказывание. Видимо, это относится к вопросу учителя нашего Моше в конце главы Шмот, где сказано: «И с тех пор, как пришел я к фараону говорить от имени Твоего, хуже стало этому народу, а избавить не избавил Ты народ Свой».

Вопрос Моше касался того, что когда он сказал им, что они должны работать в свойстве лишма, все подумали, что они станут сильнее и мощнее в своей работе. А фактически вышло наоборот – они ослабели от работы.

В таком случае, они стали кричать на Моше: «Что хорошего сделал ты нам? Ведь ты обещал нам, что мы выйдем из Египетского изгнания, – то есть, что наше знание в изгнании, – и с помощью пути, который ты даешь нам, чтобы мы работали лишма, мы выйдем на свободу из рабства тела, называемого фараоном. А на самом деле, у нас нет энергии. В таком случае, наш разум подсказывает нам, что той возвышенной цели, которая есть у тебя, мы достичь не сможем».

На это приходит ответ: «И говорил Всесильный Моше». Всесильный – это свойство природы, т.е. с точки зрения природы вы правы, что у вас нет энергии продолжать свою работу. «И сказал: ему Я – Творец», Творец – это свойство милосердия, и с точки зрения милосердия Его можно привлечь силы и энергию, которые выше природы и выше разума, и тут им уже не о чем спорить.

Ведь все споры, которые человек может вести, опираются только на доводы разума, тогда как выше разума всё возможно, нужно только укрепиться в свойстве веры, что Творец может помочь в отношении «выше природы». И, по сути, невозможно получить ничего выше природы, прежде чем человек решил, что внутри природы это невозможно.

И только после того, как он пришел к отчаянию в отношении природы, тогда он сможет просить помощи с небес, чтобы ему помогли выше природы.

22. Рабаш, 877. Три молитвы - 2

До того, как Моше пришел к народу Израиля с поручением от Творца, который желает вывести их из Египта, народ Израиля занимался работой Творца, но они были в порабощении фараона, царя Египетского. А «фараон, царь Египетский» – это желание получать, которое есть в творениях, когда человек не способен делать ничего, кроме как ради собственной выгоды. И оно властвует над всеми творениями и притесняет всех, кто хочет выйти из-под его власти, т.е. работать на благо ближнего.

А Моше пришёл к народу Израиля и сказал им, что Творец желает вывести их из-под власти фараона, т.е., вывести каждого, принадлежащего народу Израиля, из-под власти его собственного фараона, который существует у каждого [человека] частным образом.

И отсюда каждый понимает, что миссия Моше состоит в том, что мы должны войти в работу лишма. И тогда разум подсказывает, что сейчас, если мы начинаем идти путем истины, т.е. ради Творца, что означает, что у каждого во время совершения работы Творца будет намерение ради отдачи, каждый, наверняка, начнет сейчас [делать] свою работу с большей силой и с огромным воодушевлением.

И стремление его будет таким большим, что ему будет трудно выйти из этого хотя бы на мгновение, чтобы начать думать еще и своих материальных нуждах, даже самых необходимых, поскольку сейчас он работает ради небес. И хотя он еще не вошел в эту работу, когда у него будет такое ощущение, что он работает ради небес, в любом случае, раз он хочет идти путем истины, тело наверняка согласится с ним легче, чем если бы он работал не на пути истины, т.е. лишма.

Однако в реальности всё наоборот. Ведь именно когда он хочет идти по пути лишма, тело начинает сопротивляться, и тогда начинаются все его претензии, т.е. претензия фараона, царя Египетского, а именно претензия: «Кто этот Творец, чтобы я слушался Его голоса?», а также претензия грешника, который заявляет: «Что это за работа у вас такая?» И тогда работа начинает идти тяжело, и каждый раз он нуждается в большем преодолении.

Ушпизин Аарон - сфира Ход

1. Рабаш, 474. И услышал ханааней, царь Арада

Приди и увидь: Аарон был правой рукой тела, т.е. Тиферет. Поэтому сказано: «Он направлял десницу Моше, руку славы его (Тиферет)», – т.е. Аарона, правую руку Тиферет».

Известно, что Аарон называется дружкой царицы, т.е. для того, чтобы принять на себя ярмо малхут небес, им нужно было свойство Аарона, называемое хесед, т.е. свойство «хафец хесед». Что означает, что в каком состоянии он бы ни находился, он доволен, потому что принятие малхут небес происходит со стороны хеседа, а не со стороны хохмы, а наоборот выше знания.

2. Рабаш. Статья 1 (1986). И пошел Моше

Следует знать, что «правая рука» символизирует милосердие (Хесед) – сосуд отдачи. Иными словами, он желает лишь совершать милосердие и отдачу. И Аарон своей силой привлекал эту силу к народу Исраэля.

Как следствие, никто не мог сражаться с Исраэлем. Ведь тело, по природе, дает человеку понять, что если он послушается его, то оно даст ему множество наслаждений. Если же тело слышит, что человек желает одной лишь отдачи, тогда он видит, что оно не в силах говорить с ним.

Силу отдачи они получали от первосвященника Аарона, представлявшего свойство милосердия, и были слиты с ним – а потому находились под его управлением. Как следствие, когда Аарон умер, народ утратил силу отдачи, и тогда началась война с получением для себя – ведь тело нашло возможность заводить спор.

3. Рабаш. Статья 1 (1986). И пошел Моше

Основные усилия начинаются в то время, когда человек хочет идти выше знания и должен получить эту силу свыше. Она приходила к ним в силу свойства Аарона – теперь же он сам должен привлекать эту силу, т.е. просить Творца о помощи.

Соответственно, можно провести различие между двумя категориями:

1. Человек, который ждет, чтобы Творец помог ему получить эту силу, – стоит и дожидается этого.

2. Человек, у которого нет терпения, чтобы ждать помощи Творца, приступает к работе, а потом взывает и просит Творца, «ибо дошла вода до самой души». И поскольку он уже пришел к ясному знанию о том, что только Творец может ему помочь, постольку получает тогда помощь.

4. Бааль Сулам. Ор а-Баир, 17

Аарон – от слова «размышление» 'ирур'. И он предшествует и является причиной Моше, и он относится к пробуждению снизу, предшествующему пробуждению свыше, которое называется Моше. Поэтому Моше называется «другом Царя», а Аарон – «другом царицы». Однако оба они равны в пророчестве, «ибо уста коэна должны хранить знание… ибо посланник Творца Воинств он». И потому Аарон и сыновья его приносят все жертвы в мире, и это благодаря миру 'шалом'. И он владеет тайной тройного благословения.

5. Рабаш, 743. Переходы сынов Исраэля

Самому человеку невозможно почувствовать. И поэтому каждый нуждается в учителе, который будет его наставлять. А человек должен верить, что все сказанное ему учителем – это слова Творца. Иначе человек не согласится оставить свое место и принять на себя тяготы пути.

А порядок выходов и походов определяется именно Моше и Аароном. Поскольку Моше зовется «друг Царя», а Аарон – «друг царицы». Ведь Аарон зажигает свечи, то есть делает исправление свойств, чтобы были способны и пригодны для получения света, что означает, что он подготавливает Собрание (Кнессет) Израиля. А Моше

– это свойство притяжения света Торы, что означает «друг Царя», то есть притяжение света в исправленные сосуды.

6. Зоар для всех. Глава Ваера. Статья «Возьми свой посох», п.117

«Чтобы подчинить всех тех, кто исходит от левой стороны», нужен посох Аарона, «потому что Аарон исходит от правой, ибо он коэн, а левая сторона подчиняется правой».

7. Рабаш. Статья 18 (1991) «Что значит, что нужно поднимать правую руку над левой, в духовной работе»

Сказано об Аароне: «И воздел Аарон руки свои». Слово «руки» 'ядав' написано без буквы «йуд», что означает одну руку, и это связано с тем, что следует поднять правую руку выше левой. И мы спросили, чему это учит нас в [духовной] работе. И сказанное выше следует объяснить так, что, когда человек должен идти в левой линии, он должен остерегаться, чтобы правая линия всегда была выше левой. Это означает, что когда он идет в левой и смотрит на картину своей работы, – находится ли она в совершенстве или нет, – он должен остерегаться, чтобы иметь возможность сейчас же вернуться в правую. Т.е., как сказано выше, чтобы у него была возможность всё время быть в совершенстве и на пути истины, иначе говоря, как сказано выше, быть довольным своей долей, и это называется «задерживающей силой».

8. Зоар для всех. Глава Трума. Статья «Моше, Аарон и Шмуэль», п. 404

Аарон удостоился высшего пророчества над всеми остальными коэнами, и удостоился высшего священнослужения над всеми ними, ибо был он великим коэном.

9. Бааль Сулам. Шамати, 59. По поводу посоха и змея

Сказал Моше: «Но ведь не поверят они мне», что означает, что они не захотят принять на себя путь работы в свойстве веры выше знания. И тогда сказал ему Творец: «Что это у тебя в руке?» – «Посох» – «Брось его на землю!» И тогда тотчас же «и превратился он в змея». Т.е. между посохом и змеем нет промежуточного состояния. Ведь это, для того чтобы знать, находится ли он в святости или в Ситре Ахре.

Получается, что, как бы то ни было, у них нет другого совета, кроме как принять на себя свойство веры выше знания, называемое «посох». И посох этот должен быть в руке, и не [следует] бросать этот посох. И потому сказано: «Расцвел посох Аарона», т.е. все цветения, которые были у него в работе Творца, происходили именно на основе посоха Аарона.

И это, потому что Он хотел дать нам признак, чтобы [мы могли] знать, идет ли он по пути истины или, страшно подумать, нет. Он дал [нам] признак, чтобы мы могли узнать только фундамент работы, т.е. на какой основе он работает. Если основой его является посох – это святость. А если его основой является [свойство] «внутри знания» – это не путь, который приведет к святости.

10. Рабаш, 907. А когда опускал свою руку, одолевал Амалек

Сказано: «И руки Моше отяжелели», т.е. Исраэлю было тяжело и трудно удерживать важность, т.е. руки Моше. Т.е. они ощущали свойство тяжести веры, иначе говоря, для них было бременем и грузом принимать на себя ярмо веры.

«И взяли они камень и положили под него». «Камень» 'эвен' – от слова «понимание» 'авана'. И это значит, что они взяли все понимания и доводы разума и поместили их под Моше, т.е. под веру. Т.е. чтобы вера, называемая свойством Моше, опиралась на разум, называемый «пониманием» 'авана' и «камнем» 'эвен'.

«А Аарон и Хур поддерживали руки его», или веру, т.е. они помогали Исраэлю поднимать руки Моше. Другими словами, они давали народу Исраэля силу поднимать веру. Это означает: «И были руки его верой до захода солнца». Другими словами, они приняли на себя веру до степени отмены всей силы разума, которая называется «солнце».

11. Бааль Сулам. Шамати, 59. По поводу посоха и змея

Если его работа опирается на земную основу, он всегда может быть в порядке. Тогда как, если основа его работы опирается на свойство отдачи и «выше знания», он всегда нуждается в усилиях, чтобы не упасть в свой корень получения и «внутри знания». И нельзя отвлекаться ни на мгновение, иначе он падает в свой земной корень, называемый свойством «праха», как сказано: «Ведь из праха вышел ты и в прах вернешься». И это было после греха Древа Познания.

- Суккот -

И [человеку] дано выяснение, работает ли он в святости или, страшно подумать, наоборот, потому что «другой бог оскоплен и не принесет плодов». Этот признак нам дает книга Зоар – что именно на основе веры, называемой свойством посоха, мы удостаиваемся плодиться и размножаться в Торе, как сказано выше. И это называется: «Расцвел посох Аарона», т.е. цветение и рост возникают именно благодаря посоху.

12. Рабаш. Статья 14 (1986). Для чего нужны сосуды египтян

Когда Моше и Аарон пришли к сыновьям Исраэля. Сказано об этом: «И пошел Моше с Аароном, и собрали всех старейшин сыновей Исраэля. И пересказал Аарон все слова, которые сказал Творец Моше, и совершил знамения пред глазами народа. И поверил народ, и услышали».

Отсюда мы видим, что как только Моше и Аарон пришли к сыновьям Исраэля, те приняли на себя верой выше знания все слова, сказанные Творцом Моше. Всё, что египтяне давали им понять, со всеми вопросами и сложностями работы на отдачу, осталось без внимания, так как они пошли выше знания. И потому пребывание в изгнании всё это время никак не могло теперь на них отразиться.

13. Рабаш. Статья 14 (1986). Для чего нужны сосуды египтян

По поводу заимствования сосудов у египтян. Творец сказал Моше, чтобы он попросил сыновей Исраэля взять в долг сосуды у египтян. Мы спросили: почему Творец должен был просить это у них? И почему народ Исраэля не захочет позаимствовать эти сосуды? Ответ таков: когда Моше и Аарон пришли с поручением от Творца, чтобы вывести народ Исраэля из изгнания, «поверил народ, и услышали» – верой выше знания, и не нуждались более ни в чем, и не было у них никакой нужды в высоких ступенях, но было достаточно им того, что они смогут реализовывать принципы Торы без всяких помех со стороны египтян.

14. Рабаш. Письмо 72

Как можно сказать, что до того, как Моше и Аарон пришли к народу Израиля с миссией от Творца, они [т.е. Исраэль] не были в такой степени погружены во врата скверны, но именно после того, как пришли Моше и Аарон и они увидели все знамения и чудеса, происходившие в Египте, они настолько упали во врата скверны? Но дело в том, что всё зависит от ощущения, ведь человек не способен самостоятельно почувствовать никакую истинную реальность, как сказали наши мудрецы: «Человек не видит свои собственные изъяны», и: «Человек учится только в том месте, к которому лежит его сердце». И, так или иначе, он не может увидеть истину, как она есть. И это помощь свыше, чтобы он смог увидеть истину.

Поэтому до того, как пришли Моше и Аарон, они не видели истины. Но потом, когда они увидели все знамения и т.п., они удостоились увидеть истину, как она есть, то есть, увидели, что они уже находятся на последнем уровне 49-ти врат скверны. И тогда они удостоились избавления, то есть после того, как ощутили горечь, у них появилась способность вознести истинную молитву о состоянии, в котором они находятся. Получается, что и горечь является помощью от Творца, – [что произошло] благодаря Моше и Аарону, и знамениям, и чудесам, которые показал им Творец.

15. Рабаш, 417. И сделал так Аарон

Согласно учению Бааль Сулама, получается, что главное выйти из собственной выгоды, т.е. что человек может жертвовать собой, тоже опираясь на собственную выгоду.

Поэтому, когда он увидел, что он отказывается от собственной выгоды, раздавая милостыню, он узнал, что всё его самопожертвование основано на фундаменте «ради отдачи», поэтому сказал он: «Пусть твоя доля будет моей долей ...» Имеется в виду не только поступок с милостыней, но и дела, когда он сидит и занимается Торой, и публично собирает народ, так как всё это было на основе «ради отдачи».

И таков смысл [комментария Раши]: «это указывает на то, что Аарон не изменил, [то, что было заповедано]». Ибо строительство светильника – это большая ступень, и наслаждение тут очень велико, а чем больше наслаждение, тем труднее работать ради отдачи. И в этом смысл того, что он «не изменил», и всё было основано на том, «как повелел Творец Моше».

16. Зоар для всех. Глава Цав. Статья «Вот помазание Аарона», п. 162

«Вот (зот) помазание Аарона и помазание его сыновей». «Зот», Малхут, это помазание Аарона, ибо Аарон происходит от Хохма, и он несет от высшего елея помазания свыше, т.е. Хохма, и несет его вниз, в Малхут, и благодаря Аарону была помазана Малхут от святого помазания, дабы благословиться. Поэтому сказано: «Вот (зот) помазание Аарона и помазание его сыновей».

> 17. Зоар для всех. Глава Эмор. Статья «МАН, колодец, облака величия», п. 260

Облака величия – благодаря заслугам Аарона, являющегося основой (меркава) для Хеседа, как сказано: «Лицом к лицу являлся Ты, Творец, и облако Твое стоит над ними». И сказано: «И покрывало облако курения». И так же, как в курении семь облаков, так же и здесь «И облако Твое стоит над ними» – это тоже семь облаков. Потому что во время воскурения семь облаков были связаны вместе, и Аарон был во главе всех семи облаков, так как семь облаков – это свойства ХАГАТ НЕХИМ, а Аарон – основа (меркава) свойства Хесед, являющегося первой сфирой из них, и он связан им в каждом дне с другими шестью облаками, Гвура-Тиферет-Нецах-Ход-Есод-Малхут. И поэтому облака считаются заслугой Аарона, поскольку свойство Хесед находится во главе этих облаков и содержит их все.

Ушпизин Йосеф - сфира Есод

> 1. Зоар для всех. Новый Зоар. Глава Ваешев. Статья «Продажа Йосефа», п. 13

Йосеф-праведник считается седьмой сфирой, как в сфирот Зеир Анпина. Как Он создал это в высшем мире, так Он создал это и в нижнем мире, 6 истинных праведников: Авраам, Ицхак, Яаков, Давид, Моше, Аарон. И единственного, седьмого – Йосефа.

2. Зоар для всех. Новый Зоар. Глава Ваешев. Статья «Продажа Йосефа», пп. 22-24

Благодаря праведнику, т.е. Йосефу, мир получает питание. Как сказано: А Йосеф продает хлеб всему народу. Что такое «продает хлеб» 'машбир'? Сначала он питается 'шовер' от высшего мира, как сказано: «Глаза всех ждут тебя», а потом питает нижний мир. Йосеф называется «всё» 'коль', как сказано: «И обеспечивал Йосеф». Поэтому Йосеф-праведник и высшая опора называется словом «всё», поскольку он обеспечивает питание мира, ибо от него выходит питание малхут, а от малхут – во все миры. «Всё» 'коль' – от слова обеспечение 'калкала'. Как сказано: «Оттуда он стал пастырем камня Исраэля», ибо малхут, называемая «камнем Исраэля», получает питание от Йосефа, есода. И потому он называется «всё».

3. Бааль Сулам. Шамати, 102. «И возьмите себе плод дерева великолепного»

Услышано на ушпизин Йосефа.

«И возьмите себе... плод дерева великолепного», т.е. свойство праведника, который называется «деревом плодоносным», и в этом вся разница между святостью и Ситрой Ахрой – что «другой бог будет выхолощен и не принесет плодов». В то же время праведник называется «великолепием» 'а-дар', поскольку он приносит плод, который «живет» 'дар' на его дереве из года в год. Поэтому сказано о Йосефе: «Он обеспечивает пропитанием все народы земли», т.е. он питает их теми плодами, которые были у него. А у них плодов не было. И потому каждый чувствовал его состояние – происходит ли оно от доброй стороны или наоборот.

4. Рабаш, 378. И поселился Яаков на земле проживания отца его

Главное раскрытие – от хазе и ниже, и это свойство НЕХИ. А главное – это средняя линия, называемая есодом, т.е. свойство Йосефа. Поэтому сказано: «А Исраэль любил Йосефа».

И есть средняя линия наверху, называемая «тиферет», и она разрешает спор между хеседом и гвурой, и средняя линия от хазе и ниже, которая называется «есод», разрешающая спор нецаха и хода. И главная работа состоит в подчинении левой линии, и именно средняя линия подчиняет ее.

5. Рабаш, 675. Свойство Йосефа

«Этим миром» называется малхут, являющаяся получающим кли. А «будущим миром» называется бина, являющаяся отдающим кли. В таком случае: мало им, что они занимаются отдающими келим ради отдачи, они хотят еще и удостоиться получения ради отдачи – это называется: «воспылал на него гнев Йосефа», который является средней линией сфирот НЕХИ, называемой НЕХИ де-келим и ГАР светов, и он разозлился из-за того, что еще не удостоился свойства открытых НЕХИ, называемых есодом, т.е. свойством «Йосеф».

6. Рабаш, 501. Мера истины - 1

Форма Йосефа – это основа (есод) союза. Ибо он является свойством «праведник – основа».

7. Зоар для всех. Новый Зоар. Глава Ваешев. Статья «Продажа Йосефа», п.15

Сказано: «Росток плодоносный Йосеф, росток плодоносный при источнике». Ибо нет среди всех органов тела того, кто принес бы плоды, кроме праведника, основы этого мира. Поэтому называется Йосеф, являющийся основой (есодом), «росток плодоносный» 'бен порат' – от слов «плодись и размножайся» 'пре у-рве'.

8. Рабаш. Статья 3 (1984). Любовь к товарищам - 1

Сказано о Йосефе: «И нашел его человек, когда он блуждал в поле. И спросил его тот человек: "Что ты ищешь?" Он ответил: "Братьев своих я ищу. Скажи мне, где они пасут?"»

Поле, где блуждает человек, – это место, где должен расти урожай, дающий пропитание миру. Полевые работы – пахота, посев и жатва. Сказано об этом: «Сеявшие в слезах – будут жать в радости». И это называется «поле, благословенное Творцом».

Бааль Турим объясняет, что заблудиться в поле – значит сбиться с дороги, не знать истинного пути, ведущего туда, куда ты должен попасть, – к Творцу. Подобно заплутавшему в поле ослу, человек начинает думать, что никогда не достигнет своей цели.

«И спросил его тот человек: "Что ты ищешь?" Иными словами: чем я могу помочь тебе? «Он ответил: "Братьев своих я ищу"». Если я буду вместе с братьями, т.е. буду в группе, где есть любовь к товарищам, тогда я смогу подниматься по пути, ведущему к дому Творца.

Путь этот, называющийся «путем отдачи», противен нашей природе. И чтобы идти по нему, есть лишь один способ – товарищеская любовь, благодаря которой каждый может помогать своим товарищам.

«И сказал человек: "Они отступились от этого"». Раши объясняет: они отступились от братства – то есть не желают соединиться с тобой. В итоге, это привело к тому, что народ Исраэля попал в египетское изгнание. И чтобы выйти из Египта, мы должны объединиться в группу, где все желают товарищеской любви. Благодаря этому мы удостоимся выйти из Египта и получить Тору.

9. Рабаш, 703. Микец

Йосеф побывал в яме дважды:

1. Из-за своих братьев, как сказано: «И бросили его в яму».

2. Из-за начальника телохранителей, как сказано: «И спешно вывел его из ямы».

И в плане морали следует сказать, что «яма», т.е. тюрьма, это что человек находится под властью злого начала, т.е. он находится у него в заключении, и у человека нет никакой возможности выйти из-под его власти.

Таким образом, Йосеф, благодаря исполнению заповеди почитания отца с помощью свечения этой заповеди увидел, что находится в тюрьме, ведь во время тьмы истина не видна. Однако тогда это было только благодаря его братьям, являющимися Исраэль, т.е. он видит, что идет путем Творца, но только причина, заставляющая его делать эту работу, это окружение, т.е. он находится в окружении Исраэля.

Получается, что он находится в тюрьме этого окружения, т.е. он обязан заниматься Торой и заповедями из-за окружения. А когда человек удостаивается большего света, он видит истину и видит, что не находится в тюрьме Исраэля, а в действительности находится под властью клипы.

И потому он удостоился благодаря этому событию, т.е. он удостоился называться праведником, и тогда он видит, что Потифар поместил его в тюрьму, и видит, что это самая настоящая клипа. Тогда есть место для молитвы, чтобы Творец вызволил его из тюрьмы.

Ибо насколько человек видит, что он нуждается в Творце, чтобы Он помог [ему] – не в излишествах, а только в самом необходимом – молитва его более истинная. Поэтому она принимается наверху, и Творец выводит человека из тюрьмы, и он удостаивается быть среди встречающих лик Шхины.

10. Бааль Сулам. Письмо 10

Начало египетского изгнания и рабство начинается со слов: «И восстал новый царь над Египтом, который не знал Йосефа», и это означает, что раскрылась новая власть в разуме каждого, новая власть недавно явившаяся, потому что упали со своей прошлой ступени, как сказано выше, «изгоняется ученик, изгоняют и учителя его вместе с ним». Но в любом случае, не знали они Йосефа, т.е. не постигли его больше, чем оценивали его в сердце своем. Поэтому представляли себе в сердце своем образ Йосефа подобный им самим, и, поэтому, «не знали Йосефа», и началось рабство, потому что, не будь это так, наверняка праведник, защитил бы их, и не представилось бы им совершенно изгнание и рабство.

11. Бааль Сулам. Шамати, 33. По поводу жребиев в Йом Кипур и у Амана

Свойство «утро 'бо́кер' Йосефа», как сказано: «Утром, [как появился] свет, мужей отпустили, их и их ослов». Т.е. он уже удостоился света, пребывающего над этими противоречиями. Ведь благодаря этим противоречиям, которые называются «критикой», и когда он хочет преодолеть их, – это происходит с помощью привлечения на них света.

И это, как сказано: «Пришедшему очиститься помогают». А поскольку он уже привлек свет на всю критику, и ему нечего больше добавить, – потому что у него уже закончилась вся критика, – тогда критика и противоречия прекращаются сами собой. И это согласно закону, что ни одно действие не может быть впустую, так как не может быть работника без цели.

А, на самом деле, следует знать, что то, что человеку кажутся вещи, противоречащие управлению Доброго и Творящего Добро, – это только, чтобы человек был обязан привлечь высший свет на эти противоречия, когда он хочет преодолеть эти противоречия. А иначе он не может преодолеть [их]. И это называется величием Творца, которое он привлекает, когда у него есть противоречия, называемые судами.

Другими словами, эти противоречия могут отмениться, если он желает их преодолеть и только если он привлекает величие Творца. Получается, что именно эти суды приводят к привлечению величия Творца.

12. Рабаш, 646. Порожденные Яаковом – Йосеф

когда он увидел всех предводителей [Эсава], удивился Яаков, как может он покорить их. И на это отвечают, что одна искра выходит от Йосефа, так как Йосеф есть свойство праведника, называющегося дающим. И когда он берет на себя свойство отдачи, у него есть способ, не дающий им войти, ибо они сейчас же будут сожжены намерением на отдачу. Но если он даст им войти, он уже не сможет одолеть их.

13. Рабаш, 646. Порожденные Яаковом – Йосеф

«[Будет] дом Йосефа пламенем». Ведь пламя есть вещь не постоянная, но огонь его поднимается в виде подъемов и падений. Поэтому всякий раз, когда возникают вопросы Эсава, он сейчас же укрепляется и воспламеняется силой желания отдавать и не дает этим предводителям войти в сердце свое, а из множества пламени потом возникает постоянный огонь, что является свойством Яакова. Т.е. благодаря тому, что он всякий раз воспламеняется в подъемах и падениях, впоследствии он удостаивается постоянного огня.

14. Рабаш. Статья 8 (1987). Разница между милостью истинной и неистинной

Яаков заповедал сыну своему Йосефу:

Чтобы он делал милость истинную. Ведь начало работы состоит в том, что нужно прийти к «лишма», и это называется «отдача ради отдачи», и нельзя требовать никакой компенсации за эту работу. И это смысл того, что Раши объясняет, что милость, которую оказывают умершим, это когда человек не рассчитывает ни на какое вознаграждение. Когда делают только милость, т.е. действия по отдаче ради отдачи, не ожидая за это оплаты.

15. Рабаш, 505. Истинная милость

«И призвал он [Яаков] сына своего Йосефа, и сказал он ему: ... и содеял со мной милость истинную». И объясняет Раши: «Истинная милость, это когда человек не ожидает вознаграждения». И ... спрашивает, почему он позвал именно Йосефа, и отвечает: потому что [именно] у него была возможность.

16. Рабаш. Письмо 27

Праотец Яаков, являющийся свойством истины, завещал перед смертью, т.е. дал завещание Йосефу, предписывающее ему совершить с ним истинную милость (хесед). Т.е. благодаря этому он удостоится свойства истины, т.е. будет целиком на отдачу, а это было у всех сыновей, а он завещал это именно Йосефу, т.е. чтобы после его смерти он не принимал в расчет, что братья продали Йосефа.

И хотя Йосеф видит, что его братья нанесли ущерб своей продажей, в любом случае он должен работать только в свойстве истины, т.е. отдавать. А исправление ущерба относится только лишь к Творцу.

17. Бааль Сулам. Шамати, 183. Свойство Машиаха

Есть свойства (1) Машиаха бен Йосефа и (2) Машиаха бен Давида.

И они должны объединиться друг с другом. И тогда в них возникает настоящее совершенство.

18. Бааль Сулам. Шамати, 102. И возьмите себе плод дерева великолепного

Великий Ари был Машиахом бен Йосефом. Поэтому он мог настолько раскрыть мудрость, ведь у него было позволение от мира раскрытия.

19. Рабаш, 365. И подошел к нему Йегуда - 1

Йосеф – это свойство избавления, как сказано: «Не мог Йосеф сдержать себя», и раскрыл ему мохин. И в этом смысл слов: «И не стоял никто возле него, когда Йосеф дал себя узнать братьям своим». А когда Творец раскрывает Себя, тогда «и не стоял никто», т.е. человек отменяется в смысле своего существования, и тогда он начинает идти по пути истины.

Ушпизин Давид - сфира Малхут

Давид – это свойство малхут

1. Рабаш. Статья 10 (1990). Что означает в духовной работе, что, как сказали наши мудрецы, у царя Давида не было жизни

Царь Давид – это свойство малхут, на которое произошло сокращение. И Давид называется «малхут в целом», которая должна пройти исправление так, чтобы всё желание получать, содержащееся в получающих келим, исправилось. Поэтому он должен был включать в себя келим, в которых есть свойство отдающих келим, благодаря чему и общая малхут тоже исправится. И это называется «Окончательным Исправлением». Другими словами, царь Машиах называется Окончательным Исправлением, что означает, что общая малхут будет исправлена на «ради отдачи».

2. Рабаш. Статья 13 (1991). Что означает: «Ты отдал сильных в руки слабых» в духовной работе

Известно, что «Давид» называется свойство малхут, т.е. высшая власть (малхут), когда творения должны принять на себя ярмо высшей власти с намерением не ради получения вознаграждения, а «из-за того, что Он великий и правит [всем]», и не ради собственной выгоды. И против этого выступает весь мир, и все ненавидят делать всё ради небес, а не ради собственной выгоды. Поэтому, поскольку святость целиком направлена на отдачу, т.е. ради Творца, как сказано: «Святы будьте, ибо свят Я, Творец», другими словами, как Творец только лишь отдает творениям, так и творения должны отдавать Творцу, ибо это называется «подобие по форме», т.е. состоянием слияния с Творцом.

3. Рабаш. Статья 45 (1990). Что значит: «Скрытое – Творцу нашему Всесильному» в духовной работе

Известно, что «Давид» называется малхут, т.е. высшая власть (малхут небес). Ведь малхут святости – это желание отдавать, а ей противостоит желание получать для себя, называемое «Ситра Ахра», которое обратно святости и является его ненавистником, как сказано: «Следит грешник за праведником и ищет, как умертвить его», что желание получать желает убить желание отдавать. Тогда Давид, являющийся опорой малхут святости, молился о том, чтобы враг его, т.е. желание получать, желающее умертвить желание отдавать, т.е.

святость, – чтобы Творец ускорил его избавление, чтобы желание получать, т.е. этот враг, не мог управлять им. И потому сказано: «Всесильный мой милость Свою ускорь для меня». Т.е. чтобы Творец скорее совершил со мной милость.

4. Рабаш. Статья 10 (1990). Что означает в духовной работе, что, как сказали наши мудрецы, у царя Давида не было жизни

Поскольку человек рождается в свойстве желания получать ради себя, в этом свойстве жизни нет. Получается, что у свойства царя Давида, т.е. точки в сердце, нет жизни. Т.е. что свет жизни не может светить там. Поэтому возникло «соединение свойств милосердия и суда». И потому сказано, что «с правой стороны, т.е. со стороны отдачи, которая соединилась со свойством царя Давида, малхут, т.е. свойство суда, получит жизнь. И поэтому свойства Авраама, Яакова, Йосефа, являющиеся милостью и милосердием, передают свойству царя Давида, а не Ицхак, являющийся левой линией, т.е. получающими келим».

5. Рабаш, 316. Свойство Адама Ришона - 2

Давид, свойство которого – малхут, свойство Машиаха, на которое было сделано сокращение и скрытие, не может получить никакого света для своего собственного свойства. Она должна получать от своего мужа Зеир Анпина, что означает, что она была сотворена из малхут Зеир Анпина, свойство которой – пустое пространство. Поэтому она получала от них, т.е. от Авраама, Яакова, Йосефа, которые находятся выше малхут, поэтому она получала свечение от них.

6. Зоар для всех. Глава Шлах леха. Статья «Цицит», п. 342

«Кинор» висел над кроватью Давида, потому что «кинор» – это Малхут. И это кинор Давида, который играет сам святому высшему Царю.

Давид шел путями Торы

7. Рабаш. Статья 30 (1990). Что означает, что закон и правосудие есть имя Творца, в духовной работе

«Давид шел путями Торы», т.е. благодаря пути Торы он исправил себя и удостоился отдающих келим. И в эти келим передается благо свыше и человек удостаивается свойства «Добрый, творящий добро», т.е. постигает истинное имя Творца, называемого «Добрый, творящий добро», благодаря тому, что получил благо, исправив себя с помощью путей Торы. И в этом смысл слов «И сделал Давид имя», что означает, что Давид удостоился постичь имя Творца, который называется «Добрым, творящим добро».

8. Бааль Сулам. Шамати, 140. Как люблю я Тору Твою

«Как люблю я Тору Твою! Весь день я размышляю о ней».

[Бааль Сулам] сказал, что царь Давид, хоть он уже и удостоился совершенства, тем не менее, стремился к свойству Торы, потому что Тора больше и важнее любого совершенства в мире.

9. Зоар для всех. Новый Зоар, глава Ваеце, статья «И вот лестница поставлена на землю», пп. 58-59

Как башня Давида, и это прочная башня, – так же и занимающиеся Торой, нуждаются в укреплении и прочном здании. «Башня (мигдаль) Давида» – как Давид, который возвышался (митгадель) в Торе более всех в своем поколении, так и занимающиеся Торой должны возвышаться в Торе и не оставлять ее. Как Давид, который занимался Торой денно и нощно, так и человек должен заниматься Торой ночью и днем. И пока будут заниматься ею, будут возвышаться в ней подобно башне Давида, возвышению построенному, зданию прочному и большому.

10. Зоар для всех. Глава Ваигаш. Статья «Шестьдесят дыханий», п. 48

Провозгласил рабби Эльазар: ««Творец, Всесильный спасения моего! Днем кричал я, ночью был пред Тобой». Царь Давид вставал в полночь и занимался Торой, произнося песнопения и восхваления и доставляя радость Царю и Госпоже. И это радость веры на земле, потому что это – восхваление веры» – т.е. Шхины, «которая видна на земле».

Я пробуждаю рассвет, а не рассвет пробуждает меня

11. Рабаш, 590. Идущие в землю Израиля

Сказал Давид: «Я пробуждаю тьму, а не тьма пробуждает меня». Ведь он пробуждает уход [света], а не уход [света] пробуждает его к испытанию.

12. Рабаш. Письмо 77

Сказали мудрецы «Искал до того, как потерял» (Шабат, 152), то есть еще до того, как я теряю своё состояние, в котором я нахожусь, уже я начинаю искать. Подобно тому, как сказал царь Давид: «Я пробужу рассвет», и истолковали мудрецы: «Я пробуждаю рассвет, а не рассвет будит меня». Поэтому основная работа – она во время подъёма, а не во время падения; и во время подъёма необходимо притягивать ступень трепета [перед Творцом], чтобы мы, не дай бог, не были отвержены. Но после всего этого не остается нам ничего, кроме как кричать к Царю и просить Его, чтобы смилостивился над нами раз и навсегда.

13. Рабаш. Статья 10 (1991). Что означает, что царь стоит на своем поле, когда зерно стоит в кучах, в духовной работе

Сказал мой отец и учитель (Бааль Сулам) о сказанном мудрецами о царе Давиде, который сказал: «Я пробуждаю рассвет, а не рассвет будит меня». И смысл этого в том, что царь Давид не ждал, пока наступит рассвет (шахар), называемый шахор – чёрный, который является свойством тьмы, т.е. чтобы не тьма пробуждала его, а он сам пробуждает тьму. И молится Творцу, чтобы Творец светил ему Своим ликом, ведь так или иначе он выигрывает время тем, что есть у него подготовка ко тьме, и тогда ему легче исправить её.

14. Рабаш. Статья 16 (1988). На каком фундаменте строится святость

Царь Давид сказал, что он не встречает «шахар» (рассвет) – от слов «шахор и хошех» (чёрная тьма), приходящий к нему и он пробуждается от тьмы, а «я пробуждаю тьму», т.е. в то время, когда чувствует себя хорошо, тогда он сам пробуждает тьму.

Молитва за Давида

15. Рабаш, 877. Три молитвы - 2

Вначале принимается молитва нищего. Т.е. прежде всего он должен удостоиться свойства высшей малхут, которая называется «нищей и бедной». Что является первым свойством, к которому человек обязан прийти в работе. А затем наступает вторая ступень, а именно молитва Давида, т.е. чтобы его высшая малхут не прекращалась. А потом наступает третья ступень, а именно молитва Моше; и это свойство Торы.

16. Рабаш. Статья 30 (1985). Три молитвы

Сначала человек должен получить силу свыше, чтобы у него появилась вторая природа – желание отдачи. А затем он сможет попросить вторую ступень – категорию «Давида», т.е. «Царство небес». Вот почему молитва бедняка задерживает все молитвы. Иными словами, пока бедняк не получит желаемое, он не способен получить более высокие ступени. И потому сказано: «молитва бедняка, когда обессиливает».

А после этого приходит вторая молитва – «молитва Давида», Малхут небес. Он просит, чтобы у него была вера, дабы ощутить Действующего – как Он воздействует Своим управлением на весь мир. Ведь теперь человек уже может постигать Творца как Действующего во благо, потому что у него уже есть сосуды отдачи. И тогда он уже может видеть, как Творец действует во благо.

17. Зоар для всех. Глава Пкудей. Статья «Иногда восславляет себя, а иногда принижает», п. 235

Давид – это Малхут. Иногда (он находился) в нищете, а иногда в богатстве, превышающем всё. И поэтому говорил он: «Мал я и презрен», но вместе с тем: «Повелений Твоих не забыл». И подобно этому, человек должен быть презренным в глазах своих и принижать себя во всем, чтобы было желание (кли), к которому благоволит Творец.

18. Зоар для всех. Глава Пкудей. Статья «Иногда восславляет себя, а иногда принижает», п. 233

Царь Давид всегда принижал себя перед Творцом, а каждого, кто принижает себя перед Творцом, Творец возносит над всем. Поэтому Творец благоволил к Давиду в этом мире и в мире будущем... Давид был царем в этом мире, и Давид будет царем в мире будущем. Поэтому сказано: «Камень, который отвергли строители, стал краеугольным».

19. При цадик (Плоды праведника). Праздник Суккот, 28

Прием в гости 'ушпиза' царя Давида, у которого всегда был огромный крик в сердце, так как ему всегда казалось, что он всё еще стоит снаружи.

20. Рабаш. Статья 20 (1988). Что является вознаграждением в работе на отдачу

Сказано (Псалмы, 121): «Поднимаю глаза мои к горам – откуда придет помощь мне? Помощь мне от Творца, сотворившего небо и землю». И нужно понять, что царь

Давид спрашивал: «Откуда придет помощь мне?», а потом стало ему ясно: «помощь мне от Творца». Каждый верующий иудей признаёт, что человеку неоткуда получить помощь, кроме как от Творца.

21. Бааль Сулам. Ор а-Баир. Четыре вида восприятия

И знай, что Творец не принимает молитву человека в неполном виде, потому что нет частичного в духовном, и только в час, когда человек завершил свои молитвы, тогда отвечает ему Творец. И это смысл сказанного: «Закончились молитвы Давида, сына Ишая», то есть, что Творец ответил на все его просьбы, и ему не о чем больше просить и молиться. И это смысл сказанного: «Ибо Ты слышишь молитвы всех уст», – то есть только после того, как уста уже раскрыли пред Ним все свои молитвы, слышит Творец (все) сразу.

22. Рабаш. Статья 15 (1985). И обратил Хизкияу лицо к стене

Сказал царь Давид: «Не нам, Творец, а имени Твоему дай славу – ради милости Твоей, ради истины Твоей. Отчего говорить народам: "Где же их Творец?" А Творец наш – на небесах. Всё, чего желает, делает».

Согласно этому, следует объяснить: когда мы просим Творца, чтобы Он помог нам выйти из изгнания, и говорим: «не нам» – имеется в виду наше получающее желание. Иными словами, мы хотим, чтобы наши мысли, желания и дела были не для нашего получающего желания, когда вся важность придается народам мира.

Напротив, «имени Твоему дай славу» – чтобы Шхина не была в изгнании, во прахе, но чтобы была открыта слава Творца.

23. Рабаш. Статья 45 (1991). Что означает, что судья должен судить абсолютно справедливым судом, в духовной работе

Сказано (Псалмы 78) «И избрал Давида, раба Своего, и взял его из загонов овечьих. От дойных привел его пасти народ Свой, Яакова, и Исраэля, наследие Свое.» И необходимо объяснить, почему [Творец] избрал Давида, раба своего – какие достоинства его были больше, чем у других. Об этом сказано: «И взял его из загонов овечьих» – на иврите «махлаот цон». Махлаот нужно понимать как «маахалот» – пища, а «цон», исходя из объяснения Бааль Сулама, как «йециот» – выходы. Получается, что питанием Давида были его выходы.

То есть то, что человек чувствует, что вышел из работы Творца - чувствует состояние падения, он не впечатляется этим, а наоборот, это позволяет ему молиться Творцу, чтобы вытащил его из-под власти зла и приблизил его к Нему. Поэтому каждый выход (падение), который был у него, давал ему материал для горения – у него было о чём молиться. Тогда как в то время, когда человек находится постоянно в подъёме, у него нет потребности в продвижении. И об этом сказано: «И взял его из загонов овечьих».

Царь Давид – это совокупность Израиля

24. Бааль Сулам. Письмо 19

Царь Давид – это совокупная душа всего Израиля, и потому всегда стремился и томился по истинному слиянию с Творцом.

25. Бааль Сулам. Шестьсот тысяч душ

Каждый, кто очищает и осветляет свою душу, делая ее способной притянуть в мир раскрытие малхут, будет, и в самом деле, называться царем Давидом. И это называется: «Давид, царь Израиля, жив и существует», ибо он ни в коем случае не умер, и кли его пребывает в каждой душе из Исраэля.

26. Бааль Сулам. Шамати, 102. И возьмите себе плод дерева великолепного

Давид сказал: «Мирен я», т.е. я постигаю для всех, и я люблю всех, «но как заговорю я, они – к войне».

27. Рабаш. Статья 19 (1991). Что означает: «Встань же, Творец, и рассеются враги Твои» в духовной работе

Сказано (Псалмы 34): «Требовал я Творца, и Он ответил мне». И объясняет РАДАК: «требовал, ибо, находясь в их руках, в своем сердце он требовал у Творца, и умолял Его в сердце своём, чтобы Он спас его от их рук». В духовной работе это нужно понимать так, что Давид видел, что, находясь в их руках, то есть под властью мыслей и стремлений желания получать, он требовал в своем сердце помощь Творца. Другими словами, несмотря на то, что он видел, что они властвуют над ним, всё равно в глубине сердца требовал у Творца, чтобы спас его от их рук. То есть несмотря на то, что снаружи они властвовали над ним, в глубине сердца он противился их власти и умолял Творца, чтобы спас его от их рук. Как бы то ни было, в глубине сердца требовал и умолял Творца, чтобы спас его от их рук, и не отчаивался из-за того, что внешне они властвуют над ним. И это соответствует сказанному мудрецами (Брахот 10): «Даже если острый меч приставлен к шее человека, он не должен переставать уповать на милосердие». Как сказано выше, что также падения вызывают восполнение хисарона.

28. Зоар для всех. Глава Шмот. Статья «А Моше пас скот», п. 371

«Псалом Давида. Творец – пастырь мой. Не будет у меня нужды». «Творец – пастырь мой» – пастух мой. Как пастух управляет стадом и ведет их к доброму пастбищу, к тучному пастбищу, в место полноводных рек, направляя их прямым путем по справедливости и закону, так и о Творце сказано: «На пастбищах травянистых Он укладывает меня, к водам тихим приводит меня, душу мою оживляет».

Милосердный, Он поднимет нам падающую сукку Давида

29. Рабаш. Статья 19 (1991). Что означает: «Встань же, Творец, и рассеются враги Твои» в духовной работе

Сказано: «Встань, Творец, и рассеются враги Твои». То есть, мы молимся, чтобы Творец предстал для нас в свойстве «Встань». Так же как мы произносим в молитве, говоря: «Милосердный, Он поднимет нам падающую сукку Давида», когда «сукка Давида» называется свойством Малхут, которая находится в состоянии Шхина во прахе. А мы просим о том, чтобы Творец поднял ее из ее падения, чтобы она находилась в состоянии «Встань» в полный рост.

30. Рабаш. Статья 19 (1988). Что такое серебро и золото, Исраэль и другие народы в духовной работе

Следует понять, почему Шхина страдает, а Творец не поднимает её из праха. А мы должны просить у Творца, чтобы поднял её, а без нашей молитвы он не поднимет её, как сказано (в молитве после еды): "Милосердный, да поднимет Он упавший шатёр Давида". Это означает, что Ему нужно, чтобы мы попросили.

31. Рабаш, 397. Возьмите от вас приношение Творцу

Сказано: «Милосердный, Он поднимет для нас падающий шатер Давида». И это называется «поднять Шхину из праха». И смысл падения в материальном – иногда мы видим, что появляется информация, что золото в мире упало, и это означает, что оно упало в своей ценности, т.е. стало не настолько важным, как это должно было быть.

Так же и в духовном: если у духовного нет той ценности, которая должна быть, за это не платят требуемую плату. А поскольку от человека требуется, чтобы он работал с полной самоотверженностью, если у человека нет истинной ценности, чтобы ему было выгодно платить цену самоотверженности, это называется, что Шхина во прахе.

И об этом мы молимся: «Милосердный, Он поднимет для нас падающий шатер Давида» - т.е. чтобы Творец дал нам ощущение величия святой работы.

32. Рабаш. Статья 36 (1989). Что означает: «Ибо в этом ваша мудрость и разум в глазах народов» в духовной работе

Мы молимся, чтобы Творец поднял Шхину из «праха», как сказано: «Милосердный, Он поднимет для нас падающий шатер Давида». Смысл в том, что она находится в низменном состоянии по причине скрытия, сделанного Творцом, чтобы было место выбора, т.е. чтобы могли работать ради отдачи, что называется «слиянием с Творцом». Поэтому нам дана эта работа в виде скрытия лика.

Поэтому наша главная работа в том, чтобы посредством подготовки, которую человек проходит во время скрытия, сделать нам отдающие келим. Ведь получающие келим у нас уже есть со стороны Творца, и на эти келим было совершено исправление, чтобы не пользоваться ими, так как они приводят к разделению по причине их противоположности по свойствам Творцу. И поэтому нам были даны Тора и заповеди, с помощью которых мы сможем достичь отдающих келим.

33. Рабаш. Статья 32 (1989) Что означает, что масло называется добрыми делами, в духовной работе

Поскольку есть правило в природе, что маленький отменяет себя перед большим, как свеча перед факелом. Поэтому то, что человек не способен работать ради пользы Творца, – это потому, что царь не важен в его глазах, что называется «Шхина во прахе». Получается, что он просит у Творца, чтобы восстала Шхина из праха. Иначе говоря, что Шхина называется высшей малхут, а ее значение и важность подобны праху. И это как говорят: «Милосердный, Он поднимет для нас падающий шатер Давида».

«Шатер Давида» означает высшую малхут, которая пребывает во прахе. И мы просим у Творца, чтобы поднял ма́лхут, т.е. чтобы мы смогли увидеть ее важность, а не то, что нашим глазам видится, что она во прахе, и поэтому мы не способны отменить зло в нас. Но если бы была раскрыта слава небес, тело бы отменилось, как свеча перед факелом.

Избранные псалмы

34. Псалом 1, 1-6

Счастлив человек, который не ходил по совету нечестивых, на пути грешников не стоял, и в собрании легкомысленных не сидел. Только к Торе Творца влечение его, Тору Его изучает он днем и ночью. И будет он, как дерево, посаженное при потоках вод, которое плод свой дает во время свое и чей лист не вянет; и во всем, что ни сделает он, преуспеет. Не таковы нечестивые, но как мякина они, которую развевает ветер. Поэтому не устоят нечестивые на суде и грешники – в общине праведников. Ибо знает Господь путь праведников, а путь нечестивых сгинет.

35. Псалом 121, 1-8

Песнь ступеней. Поднимаю глаза мои к горам – откуда придет помощь мне? Помощь мне от Господа, сотворившего небо и землю. Он не даст пошатнуться ноге твоей, не будет дремать страж твой. Вот, не дремлет и не спит страж Исраэля. Господь – страж твой, Господь – сень для тебя по правую руку твою. Днем солнце не повредит тебе и луна – ночью. Господь охранит тебя от всякого зла, сохранит душу твою. Господь охранять будет исход твой и приход твой отныне и вовеки.

36. Псалом 23, 1-6

Псалом Давида. Господь – пастырь мой. Не будет у меня нужды ни в чем. На пастбищах травянистых Он укладывает меня, на воды тихие приводит меня. Душу мою оживляет, ведет меня путями справедливости ради имени Своего. Даже если иду долиной тьмы – не устрашусь зла, ибо Ты со мной. Посох Твой и опора Твоя успокоят меня. Ты готовишь стол предо мной в виду врагов моих, умащаешь голову мою елеем, чаша моя насыщает полна. Пусть только благо и милость сопровождают меня все дни жизни моей, чтобы пребывать мне в доме Господнем долгие годы.

37. Псалом 27, 1-14

Псалом Давида. Господь – свет мой и спасение мое. Кого бояться мне? Господь – опора жизни моей. Кого страшиться мне? Когда приблизились ко мне злодеи, чтобы пожрать плоть мою, противники мои и враги мои, – они споткнулись и упали. Если обложит меня неприятельский стан, не устрашится сердце мое. Если встанет на меня война – и тут уповаю я на Господа. Одного прошу я у Господа, того лишь ищу, чтобы пребывать мне в доме Господнем все дни жизни моей, созерцать милость Господню и посещать храм Его. Ибо Он укроет меня в куще Своей в день бедствия, спрячет меня под покровом шатра Своего, на скалу вознесет меня. А ныне поднимется голова моя над врагами моими, окружившими меня, и принесу в шатре Его жертвы при восклицаниях радостных, буду петь и хвалить Господа. Услышь, Господи, голос мой, когда призываю Тебя, и помилуй меня, и ответь мне. От имени Твоего говорит сердце мое: «Ищите лица Моего!» Лица Твоего, Господи, искать буду. Не скрывай лицо Твое от меня, не отвергай в гневе раба Твоего! Помощью моей был Ты, не покидай меня и не оставляй меня, Бог спасения моего! Ибо отец мой и мать моя оставили меня, но Господь примет меня. Научи меня, Господи, пути Твоему и веди меня дорогой прямой от врагов моих. Не отдавай меня на волю врагов моих, ибо встали против меня свидетели лживые и дышат насилием. Если бы не верил я, что увижу благо Господне в стране живых. Надейся на Господа, мужайся, и да будет сильным сердце твое, и надейся на Господа!

38. Псалом 139, 1-24

Руководителю псалом Давида. Господи, Ты изучил меня и узнал. Ты знаешь, когда сяду я и встану, понимаешь мысли мои издалека. Путь мой и ночлег мой окружаешь Ты, и ко всем стезям моим привык Ты знаешь их. Ибо нет еще слова на языке моем, как знаешь Ты его, Господи. Сзади и спереди Ты объемлешь меня и возложил на меня руку Твою. Удивительно знание для меня, высоко – не могу постичь его. Куда уйду от духа Твоего и куда от Тебя убегу? Поднимусь ли в небеса – там Ты, постелю ли себе в преисподней – вот Ты! Возьму ли крылья утренней зари, поселюсь ли на краю моря. Но и там рука Твоя поведет меня и держать меня будет десница Твоя. Скажу я: только тьма скроет меня, и ночь – вместо света для меня! Но и тьма не скроет меня от Тебя, и ночь, как день, светит; тьма – как свет. Ибо Ты создал почки мои, соткал меня в чреве матери моей. Славлю Тебя, потому что удивительно устроен я, чудесны деяния Твои, душа моя знает это вполне. Не была сокрыта от Тебя сущность моя, когда я созидаем был втайне, образуем в глубине земли. Неоформленным видели меня очи Твои, и в книге

Твоей записаны все дни, когда все сотворены будут, – и мне означен один из них. Но как трудны для меня помыслы Твои, Боже, как велико число их! Стану ли считать их – многочисленней песка они. Пробуждаюсь – и все еще с Тобой я. Если бы умертвил Ты, Боже, нечестивого! А вы, люди кровожадные, удалитесь от меня. Те, что призывают Тебя с коварством; произносят всуе имя Твое враги Твои. Ведь ненавидящих Тебя, Господи, ненавижу я и с восстающими на Тебя ссорюсь! Полной ненавистью ненавижу их, врагами стали они мне. Исследуй меня, Боже, и узнай сердце мое, испытай меня и узнай мысли мои. И посмотри, не на печальном ли я пути, и веди меня по пути вечному.

Ханука

- Ханука -

По поводу Хануки

1. Рабаш. Статья 9 (1986). Ханукальная свеча

Ханука [...] – это работа по исправлению творения, чтобы обрести сосуды отдачи, с которыми можно потом достичь цели творения. И это можно определить, как «духовное», поскольку человек не желает совершать никакого действия для себя, но всё устремляет ради Творца.

2. Рабаш. Статья 9 (1986). Ханукальная свеча

Ханука (חנוכה) значит хану-ко (חנו-כה) – «остановились здесь». Иными словами, 25 числа (כ״ה) месяца кислев был не конец войны, а лишь временная остановка. Аналогично, когда армия готовится к новому мощному наступлению, ей дают передышку, чтобы заново собраться с силами и продолжить войну.

3. Рабаш. Письмо 26

Ханука – это означает «остановились» 'хану', и остановка была не из-за «зе», называемого состоянием совершенства, т.е. зеркалом, которое светит. А остановка была в свойстве «ко», т.е. несовершенства, что называется зеркалом, которое не светит. Т.е. война со злым началом еще не закончилась, и нужно прийти к настоящему совершенству. И это называется «остановились здесь» 'хану ко', остановка в свойстве «ко», т.е. они получили высшее воздействие, чтобы у них было больше сил продвигаться в войне со злым началом.

4. Рабаш. Статья 9 (1986). Ханукальная свеча

Ханука – это еще не окончательное достижение цели, а лишь исправление творения, посредством которого были исправлены сосуды отдачи – то есть действия на отдачу. И потому нельзя использовать свет Хануки, ведь его использование – это действие по получению, тогда как чудо относилось только к действиям на отдачу – их можно было совершать, строя намерение ради отдачи, что называется «лишма».

5. Рабаш. Статья 12 (1991). Свечи эти святы

В Хануку было только духовное освобождение, так как запрет касался лишь духовного, как сказано (о чудесах): «Когда постановила власть Греции-злодейки над народом Израиля предать забвению их Тору и увести их от законов Твоих, Ты в своей великой милости был с ними во время их бедствий...».

Получается, что освобождение касалось только духовного. Духовное – это отдающие келим, «свет хасадим», облачающийся в отдающие келим. Но здесь, когда удостаиваются только отдающих келим – это лишь половина работы, то есть половина войны. Это значит, человек должен удостоиться, чтобы и получающие келим вошли в святость, то есть, чтобы использовать их с намерением отдавать.

И после того, как и получающие келим войдут в святость, это означает, что у него уже есть получающие келим. И тогда эта ступень называется «подслащение гвурот». То есть до обретения получающих келим ради отдачи, не мог использовать свет, раскрывающийся в отдающих келим.

«Греки собрались на меня тогда, в дни хасмонеев»

6. Рабаш. Статья 7 (1987). Ханукальное чудо

Принцип греков состоит в том, что нужно идти только внутри разума, как в моха (в разуме), так и в либа (в сердце). И само собой разумеется, что когда народ Исраэля хотел идти выше знания, невзирая на то, что требует внешний разум, он не мог этого сделать. И это называется война с греками, и тогда начинается настоящая работа, заключающаяся в том, что народ Исраэля всё больше желает встать на путь, ведущий к слиянию с Творцом. И этот путь называется «вера выше знания». А греки хотят властвовать над телом, не уступая ни в чём без согласия знания.

7. Рабаш. Статья 12 (1991). Свечи эти святы

Мы говорим (в песне «Твердыня, оплот моего спасения») - греки напали на нас в дни хасмонеев, и пробили стену башни. И греки – это те, кто идёт внутри знания. То есть, у них нет возможности что-то сделать против знания. И тогда была власть греков, то есть эта власть правила над народом Исраэля. И власть эта, называемая греческим злодейским царством, в том, «чтобы забыли они Твою Тору и ушли от законов Твоих», т.е. власть в том, чтобы идти именно внутри знания, и это ведет к тому, что пробивается стена, которая оберегает башню.

8. Рабаш. Статья 9 (1986). Ханукальная свеча

«Духовное» – это использование сосудов отдачи. А власть греков проявлялась в том, что они не давали делать ничего относящегося к сосудам отдачи, поскольку в этом была также власть над реализацией принципов Торы. Так происходило во внешнем. И тем более, внутри они властвовали над помыслами, чтобы у народа Исраэля не было возможности выстроить хоть какое-то намерение на отдачу. Наоборот, греки хотели, чтобы народ Исраэля погрязал в эгоизме и тем самым отделялся от Творца. Все помыслы сил скверны направлены лишь на то, чтобы отдалить Исраэль от Творца. А отдаление и разобщение возникает только вследствие различия по свойствам – т.е. эгоизма.

9. Рабаш, 897. Что такое Ханука

«Греки» – т.е. философия, которая всё хочет понять внешним разумом. «Тогда, в дни Хашмонеев» – что именно когда есть Хашмонеи, т.е. работники Творца, становится видно, что есть власть греков.

10. Рабаш, 77. Греки собрались на меня

«Греки собрались на меня тогда, в дни хасмонеев». Греки – это «клипа» против Святости. Святость (Кдуша) – это стадия веры выше знания, а греки идут внутри знания. И приходят греки именно в дни хасмонеев (хашмонаим), т.е. именно в то время, когда человек хочет идти путем Святости. При этом ранее не было места грекам, ибо «одно против другого сделал Творец», как сказано:

- Ханука -

«Каждый, кто больше товарища своего – желание его больше него» (трактат «Сукка», 52).

11. Рабаш. Статья 11 (1989). Какие силы нужны в работе

Как раз тогда, когда человек хочет приблизиться к святости посредством веры выше знания, проявляется у человека «мысли эллинов», – клипа против веры. И тогда видно, что «эллины», прежде чем он начал работать ради отдачи, не проявлялись в человеке, и человек думал, что его вера в Творца достаточна, и есть у него силы соблюдать Тору и заповеди, и недостаёт ему лишь большего усердия в Торе и заповедях.

Если же он хочет стать «хасмонеем», то есть, чтобы только святость властвовала в мире, тогда «эллины» – клипа против святости, – проявляется каждый раз с большей силой, и стремится пробить «стены твердыни моей», а «стена» – это вера, и всё величие зависит от степени веры человека в Творца.

«И пробили стену моих башен»

12. Рабаш. Статья 12 (1991). Свечи эти святы

Сказано: «Греки напали на нас и пробили стену моих башен». Это означает, что человек должен сохранять эту стену, которая называется «верой в Творца выше знания». То есть, не нужно человеку ждать, пока он поймет, что стоит этому учиться, и что стоит молиться, и так далее. И пусть не обращает внимания на то, что советует ему знание. А нужно идти согласно тому, к чему Тора обязывает человека. Таким образом он должен себя вести. И только таким путем, означающим «безусловное смирение», человек может удостоиться духовного знания. А главное – это молитва. То есть, человек должен молиться Творцу, чтобы помог ему идти выше знания. И его работа должна быть в радости, как будто бы он уже удостоился духовного знания. И тогда какой радостной была бы его работа! Также он должен просить Творца, чтобы дал ему эту силу, чтобы мог идти выше знания тела. То есть, хотя тело и не согласно на работу ради отдачи, только он просит Творца о том, чтобы смог работать в радости, как это подобает тому, кто служит великому Царю. И он не просит Творца показать ему Свое величие, чтобы тогда работать в радости. А он хочет, чтобы Творец дал ему радость в работе выше знания, чтобы это было важно человеку, как будто у него уже есть знание.

13. Рабаш. Письмо 43

В песне «Твердыня, оплот спасения моего» мы поём: «Греки собрались на меня и пробили стены башни, и испортили все масло». Стены (хомот) – это те же буквы, что и в слове печать (хотем) и территория (тхум). Башни – это башня, полная всех благ. А стена – это охрана, ограждение, чтобы не вошли посторонние внутрь города и не разграбили бы его добро. Подобно этому и здесь: чтобы не вошли посторонние мысли и незваные желания, необходимо также возвести стену, которая бы охраняла от внешних. И стена эта называется верой, с помощью которой только и есть у человека возможность спастись от всего вышесказанного. И это называется ограниченной территорией (тхум), и в нее есть возможность войти внешним. И если они видят, что человек не выходит из-под этого ограничения, то идут (внешние) и возвращаются на свои места. Смысл в том, что вера – она именно выше знания, а власть ситры ахра – именно внутри знания и внешнего разума, и само собой нет никакой связи и контакта с человеком.

14. Рабаш. Статья 12 (1991). Свечи эти святы

«Башня» означает, что есть у человека в определенной мере величие Творца. И эта стена называется верой выше знания, когда именно с помощью веры выше знания он может прийти к ощущению величия Творца. И также представляет себе величие Творца. И в то время, когда есть у человека ощущение величия Творца, то человек «словно свеча перед факелом" - отменяется перед Ним. Но греки, т.е. власть внутри знания, не давали идти выше знания, и это означает "пробили стены башни". Т.е. веру выше знания, которая и является стеной, когда внутри этой стены они могли строить башни, то есть достичь величия Творца, которое и называется "башней". То есть, именно благодаря вере выше знания удостаиваются духовного знания.

15. Рабаш. Письмо 68

О слове «стена» (хома) Ари объясняет, что оно состоит из тех же букв, что и слово "область" (тхум). То есть у народа Израиля есть граница, до которой разрешено рассуждать. То есть человек обязан верить, что Творец управляет миром как Добрый и Творящий добро, хотя мы этого и не понимаем. И когда у человека есть такая область, тогда есть у него стена, чтобы ненавистники не смогли проникнуть к нему, и это защита от посторонних мыслей. И поэтому вера называется "стена". А греки пробили эту стену, но произошло чудо - Творец помог им, как сказано: «Если бы Творец не помог ему, он бы не смог».

16. Рабаш. Письмо 43

«И пробили стену башни», то есть стену вокруг башни, полной всех благ, с помощью чего удостаиваются постичь открытое управление, что Творец управляет миром, как Добрый и Творящий добро. Из-за этого «пролома стены» «осквернили все масло», то есть вся ясность и жизненная сила, которой удостоились благодаря вере, стали недоступны для них, ведь слово «скверна» (тума) происходит от слов «глупость» (тимтум) и «недоступность» (сатум), пока не произошло чудо, и Творец не помог им, и они вновь удостоились открытого света, называемого «светом Лика».

Ханукальная свеча

17. Рабаш. Письмо 43

Известно, что свечи не могут загореться, пока не будут выполнены три условия:

1. свеча – сосуд, в который наливают масло;
2. масло;
3. фитиль.

Только, когда эти три вещи собираются вместе, есть возможность насладиться их светом.

И надо объяснить эти три аспекта с точки зрения духовной работы и системы нравоучения.

Сосуд, в который кладут масло и фитиль – это тело, которое называется свечой.

Усилия в Торе и заповедях, и противоречия, которые человек ощущает в управлении Творца в тех вещах, которые ему не раскрыты, - что мир управляется категорией «Добр и творит добро», - ведь согласно его разумению и по его мнению Творец должен был бы управлять миром иначе, то есть, чтобы Его доброе управление было раскрыто всем, и получается, что всё это противоречит разуму человека, – это называется фитиль, – от слова «извилистый» (превратный) и от слова «порочный». И получается, что такие мысли являются порочными (негодными). Прояснение и воодушевление, которые дают стремление к Торе и духовной работе, и дают ощутить сладость и приятность, которые есть в Торе и работе, называются маслом. И если отсутствует хотя бы одно из них, то нет возможности насладиться их светом.

18. Рабаш. Письмо 43

В то время, когда тело содержит в себе усилия и ясность, тогда удостаиваются постичь свет Творца, который раскрывается именно между этими двумя свойствами. И подобно тому, как после выгорания масла и фитиля уже нечему светить и наступает тьма, так же и после того, как закончились усилия и ясность, у него уже нет света, и вновь наступает тьма. Но если желает постичь ещё [больший] свет, то обязан постараться приложить ещё [большие] усилия, которые называются фитилем, и достичь ещё [большей] ясности, называемой маслом, ведь без этого у света нет от чего загореться и подняться.

- Ханука -

И смысл этого в том, что существует правило: «по страданию вознаграждение».

И, в основном, ясность, называемая маслом, достигается с помощью веры. И суть этого в том, что он превозмогает своё злое начало, приводящее его к усилиям и противодействиям внешнему разуму. И это называется испытаниями в работе Творца. И после такого преодоления человек удостаивается получения света Творца, который озаряет душу человека, и тогда нет уже места противоречиям, и это называется светом Хануки. То есть он удостаивается явного управления, когда управление Творца проявляется как «Добрый и Творящий добро для своих творений».

19. Рабаш, 5. Намеренные прегрешения становятся заслугами

Когда пламя связано с фитилем, т.е. посторонние мысли называются фитилем, который желает использовать испорченные свойства для своей работы. Это означает, что чуждая мысль дает ему понять, что с точки зрения разума и знания ему нечего делать в духовной работе. И когда он получает постороннюю мысль и говорит, что не хочет оправдывать никакие уловки, что то, что говорит его знание, верно, только он идет путем веры, которая выше знания. Получается, что пламя веры связано с фитилем чуждой мысли. Получается, что только сейчас он может выполнить заповедь веры, как подобает. Получается, что трудности становятся его заслугами, ведь иначе (он) не мог бы получить никаких заслуг с точки зрения веры. И это называется «радуются в страданиях». Несмотря на то, что он страдает от того, что чуждая мысль огорчает его и вызывает злословие, сплетни и клевету о духовной работе, в любом случае он доволен, что только сейчас он может сделать хоть что-то в вере выше знания. И это называется «радость заповеди».

Чудо Хануки

20. Рабаш. Письмо 68

Что такое чудо? Всё, что существует в природе, не называется чудом, и только то, что выше природы называется чудом. А природа - это то, что человек может сделать сам, и это называется естественным путем, тогда как если человек не может это сделать, это уже называется выше природы

21. Рабаш. Письмо 68

В Хануку произошло духовное чудо, а в духовном нужно спросить: «Что?» - иначе не почувствуем чудо. И потому спросили: «Что такое Ханука?», чтобы каждый спросил о духовном чуде. То есть чтобы сначала испытал духовное изгнание, а потом мог удостоиться духовного освобождения. А потому нужно широко разглашать это, чтобы каждый оказался причастен. А иначе не почувствуют ни изгнания, ни освобождения.

22. Рабаш. Статья 7 (1987). Ханукальное чудо

Чудо, являющееся человеку в том, что он может перевесить на сторону святости, происходит не в разуме, а как раз от того, что является лишним для тела, т.е. от усилий, отвратительных для тела и считаемых им чем-то совершенно излишним. И именно от этих излишков, т.е. от того, что человек оставляет и не хочет, и не желает, – от этого с ним произошло чудо, и он остался в святости.

И это смысл слов: «Из оставшихся кувшинов совершилось чудо для роз». Ведь «кувшин» означает, как сказано, что рабби Меир очищал гадов по 150 («кен») причинам, что означает, что по поводу любой вещи есть два противоположных мнения. И как же можно выяснить [истину]? По остатку. Т.е. по тому, что является лишним для тела, тому, что оно ни во что не ставит. И это свойство веры выше знания, благодаря которому только и можно спастись от падения в сети клипы.

23. Рабаш. Статья 12 (1990). Что означает, что Тора называется средней линией, в духовной работе - 1

Чудо Хануки было на правую (линию), называемую «исправлением творения», было у них совершенство. И это означает, что чудо относилось к духовному, потому что келим отдачи, называются со стороны келим «духовным», ведь эти келим относятся к доброму началу.

В то время, как келим получения относятся к материальному, то есть, к злому началу, как и разъяснялось ранее сказанным: «Возлюби Творца своего всем сердцем», то есть – в обоих началах, и в злом, и в добром. Доброе начало – сосуды отдачи, которые должны быть ради небес. Но и сосуды получения, относящиеся к злому началу, тоже должны использоваться ради небес. Это означает – получение ради отдачи.

24. Рабаш. Статья 11 (1990). Что означает в духовной работе, что ханукальный светильник ставится слева от входа

Чудом называется то, чего человек не в силах достичь, т.е. невозможно достичь, а должно быть чудо свыше, и только таким образом оно и называется «чудом».

Поэтому, когда человек приходит к состоянию, что есть в нем уже осознание зла, что не может он выйти из-под власти народов мира, которые в нем, что Исраэль в нем находится в изгнании под их игом. И не видит он никакой возможности выйти из-под их власти. Поэтому Творец помогает им и выводит из-под власти народов мира, и наоборот, народ Израиля управляет ими, это называется «чудом».

25. Рабаш. Статья 7 (1987). Ханукальное чудо

Почему было установлено восемь дней Хануки, ведь у них же было масло на одну ночь, а чудо состояло в том, что оно горело еще семь дней. В таком случае, в соответствии с этим чудом они должны были установить только семь дней.

И объяснение этого – поскольку после первой ночи осталось что-то от того масла, которое должно было сгореть в первую ночь, значит, и в первую ночь тоже произошло чудо, состоящее в том, что сгорело не все масло, а, допустим, часть масла сгорела, а остальное осталось еще на семь дней.

Иными словами, то, что они нашли кувшин с маслом, запечатанный печатью первосвященника, не определяется как чудо, хотя то, что греки не увидели этот кувшин с маслом, и было чудом. Т.е. считается, что чудо – то, что было не естественно, и произошедшее сверх природы считается чудом. Ведь кувшин масла существовал в мире, но они просто не видели его.

Иное дело с маслом. На ту меру, которая нужна для горения в течение одной ночи, сгорела только часть масла. Та малая часть, которая приняла благословение и горела дольше – это было не естественно. Т.е. в природе не может быть масла, которое горело бы дольше положенного. От того, что осталось после первой ночи, получается, что не все масло сгорело, – это называется «чудо», ведь такого в мире еще не было.

26. Рабаш. Статья 11 (1989). Какие силы нужны в работе

Когда Творец сотворил им чудо, то есть помог им, то все увидели, что вся работа ни к чему их не приводит, то есть, вся работа была зря, потому что не смогли покорить их, как сказано: «Отдал Ты сильных в руки слабых и многих в руки немногих».

То есть, с точки зрения природы и разума они никак не могут победить, потому что были слабы и малы количеством. И они увидели внутри знания, что Творец помог им, это учит нас тому, что если Творец помогает, то необязательно Он может помочь именно сильному человеку. Также как и слабому человеку он помочь не может.

Из сказанного мы можем видеть, какие большие силы и хорошие качества должны быть у человека, чтобы Творец помог ему, чтобы он мог приблизиться к Творцу. И следует объяснить в духовной работе «отдал Ты сильных в руки слабых». То есть, сильные мысли и сильные желания эллинов в человеке, отдав в руки Исраэля в человеке, которые слабы мыслями и не обладают особыми способностями.

Но ни сильного желания, ни способности преодолеть желания народов мира нет у них. И при этом «Ты отдал сильных в руки слабых». И это называется «чудо», потому что не может человек по своей природе преодолеть их.

Кувшин масла

27. Рабаш. Статья 7 (1987). Ханукальное чудо

…«Кувшин масла», который нашли запечатанным печатью Первосвященника (букв.: Великого коэна). «Коэн» называется хесед. «Великий» называется хесед, ставший хохмой. Т.е. благо типа хасадим, называемое свойством «коэн», ибо коэн это свойство хеседа, так как хесед свидетельствует о вере выше знания. И поэтому Авраам, являющийся свойством хесед, является отцом веры.

А свойство веры греки видеть не в состоянии, поскольку они видят только до даат (знания), но не выше знания. Поэтому, когда они пошли выше знания, греки уже не смогли властвовать. И это то, почему греки не видели кувшина с маслом.

А чудо свечения в течение восьми дней указывает на то, что светило свойство хасадим в бине. Ведь от бины до малхут – восемь сфирот. Однако хохма, что в хохме, не светила, и поэтому назначили восемь дней, поскольку было свечение только в свойстве восьми. Поэтому сказано: «Сыны бины на восемь дней установили радость и веселье».

28. Рабаш. Статья 32 (1989). Что означает, что масло называется добрыми делами, в духовной работе

«Масло» – это добрые дела, называемые «выше знания». И, как бы то ни было, «фитиль гаснет из-за отсутствия масла». И это объяснение того, что мы спросили, что означает, что масло называется добрые дела.

А ответ, как сказано выше, что добрые дела подобны маслу в фитиле. Ведь когда кончается масло, свет прекращается. Так же и когда прекращаются добрые дела, как сказано выше, свет уходит и снова опускается в низкое место. А мой отец и учитель сказал, что когда он приходит в состояние подъема, т.е. когда у него есть ощущение, что стоит делать всё для доставления наслаждения своему Создателю, нельзя говорить, что сейчас у меня уже есть основа, на которой я построю высшую малхут, ибо сейчас я уже не должен идти выше знания. А пусть скажет: сейчас я вижу, что я должен идти именно выше знания. А доказательство этого в том, что именно благодаря тому, что я иду выше знания, Творец приближает меня и любит меня.

Об этом мой отец и учитель сказал правило, что если у человека есть любовь к Творцу, он обязан знать, что это оттого, что Творец любит его, как сказано: «Творец – тень твоя». Поэтому, начиная с этого момента, я принимаю на себя [обязанность] идти только выше знания, ибо таким образом я вижу, что Творец приближает меня.

- Ханука -

«Оплот спасения моего, Тебя подобает восхвалять»

29. Рабаш. Статья 13 (1985). Оплот спасения моего

Мы начинаем в настоящем времени: «Тебя подобает восхвалять» – иными словами, благодарим и восхваляем Творца за те блага, которые получили от Него. Сказали об этом мудрецы: «Пускай всегда будет человек воздавать славу Творцу, а потом будет молиться».

Это значит: только если человек верит, что Творец добр и милосерден и желает насладить творения, – у него есть возможность для молитвы. Поэтому сначала необходимо воздать хвалу Творцу. Иными словами, человек сам должен воздать Ему хвалу. Смысл не в том, чтобы Творец увидел, как человек славит Его. Ведь Творец не нуждается в творениях. Напротив, человек сам должен увидеть славу Творца. А потом он сможет попросить у Него помощи и для себя, поскольку Творцу присуще доставлять благо Своим творениям.

30. Рабаш. Статья 13 (1985). Оплот спасения моего

После слов «Тебя подобает восхвалять» следует молитва: «восстанови дом молитвы моей». Что такое «дом молитвы»? Сказано об этом: «даже их приведу Я на Мою святую гору и обрадую их в Моем доме молитвы». Гора (hар – הר) означает раздумья (hирhурим – הרהורים). Иными словами, Он даст им помыслы отдачи, и все их раздумья будут только о ней.

31. Рабаш. Статья 13 (1985). Оплот спасения моего

«И обрадую их в Моем доме молитвы» – это сердце человека, где будет место для водворения Шхины. Ведь Шхина зовется молитвой, поскольку Малхут, как известно, зовется молитвой, как сказано: «Весь я – молитва».

А после того, как Творец «восстановит дом молитвы моей», тогда – «там мы принесем жертву благодарения». Таким образом, сначала идет хвала, затем молитва, а затем снова благодарность и хвала, подобно порядку молитвы, которую мы завершаем в конце хвалой и благодарностью.

32. Рабаш. Статья 13 (1985). Оплот спасения моего

Что делать человеку, если он хочет начать с восхваления, однако сердце его заперто и, чувствуя себя полным недостатков, он не в силах открыть рот для песни и хвалы? Тогда ему следует пойти выше знания и сказать, что всё – суть скрытое милосердие. Иными словами, всё – милосердие, но скрытое от него, потому что он еще не готов увидеть благо и наслаждение, уготованные Творцом для Своих созданий.

А после того, как человек воздал хвалу Творцу, т.е. верит выше знания, что всё есть благо и милосердие, тогда он должен молиться, чтобы Творец исправил его сердце и оно стало «домом молитвы». Иными словами, чтобы в нем раскрылось милосердие Творца, зовущееся «явным милосердием». И тогда «там мы принесем жертву благодарения». То есть человек воздаст благодарность за то, что заслужил принести в жертву сосуды получения. Это и значит: «там мы принесем жертву благодарения» – за то, что заслужили принести в жертву свое получающее желание. А вместо него приходит желание отдачи – «место Храма».

Чудо Хануки и чудо Пурима

33. Рабаш, 895. По поводу Хануки

Ханукальными свечами «нет у нас позволения пользоваться, а можно лишь смотреть на них». Потому что использование происходит посредством получающих келим, а тут произошло чудо, когда они служили Творцу посредством отдающих келим.

И в этом различие между Ханукой и Пуримом, ибо ханукальное чудо [распространяется] на отдающие келим, тогда как в Пурим произошло чудо на получающие келим. Поэтому там принято устраивать пир и торжество, тогда как в Хануку «можно лишь смотреть на них», а пользоваться нельзя.

34. Рабаш. Статья 12 (1991). Свечи эти святы

Сказано: «Эти свечи святы, и мы не вправе использовать их, но лишь смотреть на них», – что надо знать разницу между чудом Хануки и чудом Пурима. В Хануку оно распространилось только на духовное – народу Исраэля воспрепятствовали выполнять заповеди. И чудом было то, что когда возобладали Хасмонеи, то смогли выполнять заповеди. И поскольку у духовного нет сосудов, так как «сосудами» называются как раз сосуды получения, «творение, как сущее из ничего», то есть желание получать, – постольку дан об этом намек: «Эти свечи святы, и мы не вправе использовать их».

Не так с чудом Пурима. Оно распространилось и на тела, как сказано: «Истребить, убить и погубить» (Эстер, 3:13). Таким образом, чудо распространилось на тела. А «телами» зовутся сосуды получения. Поэтому о Пуриме сказано: «веселье, пиршество и праздник» (Эстер, 9:19)., причем «пиршество» уже относится к телу. Тогда как в Хануку нам дано чудо, чтобы «только смотреть на них, и мы не вправе использовать их».

35. Рабаш, 897. Что такое Ханука

Чудо Хануки касалось только доброго начала. Поэтому это называется только «остановкой», поскольку они еще не завершили работу, т.е. еще нужно исправить злое начало, называемое свойством тела. И это было лишь чудо Пурима.

И это называется «исполнили и получили» – до этого момента «насильно», поскольку злое начало еще не соглашалось на работу, так как оно еще не получило своего исправления. А сейчас, когда произошло чудо с избавлением тел, и исполнилось «всеми сердцам твоими – двумя началами твоими», поэтому это называется «по желанию».

Поэтому в Хануку осознание чуда происходит только в восхвалении и благодарности, что является лишь потребностями души. В то же время в Пурим осознание чуда происходит через пир и ликование, и это доходит до тела.

Ту би-Шват

1. Рабаш. Письмо 46

Известно, что Рош а-Шана – это время суда, когда судят мир к хорошему или, не дай бог, наоборот. А «рош» (голова) называется корнем, из которого выходят ветви, а ветви всегда следуют из сути корня… и корень, и голова, которую человек устраивает себе в своём начале – продолжается и определяет порядок его жизни, поскольку корень - это та основа, на которой выстраивается всё здание. А суд, на котором судят человека в Рош а-Шана [таков, что] человек сам и судья, и сам он и исполнитель приговора, ибо человек – он и судья, и увещеватель, и знающий цель. И это – как сказали наши учителя, да будет благословенна их память: «Если есть суд внизу, то нет суда наверху».

2. Рабаш. Письмо 29

Ту би-Шват называется Рош а-Шана (новым годом), потому что человек уже взвесил для себя, стоит ли ему продолжать работу или же, не дай бог, наоборот. Потому что тогда он уже знает, от какого свойства он может притянуть жизнь, от получения ради себя, или же из желания насладить своего Создателя.

3. Рабаш. 901. «Новый год деревьев»

Человек называется деревом в поле, а Рош а-Шана (новый год) – это время суда: судить или миловать. Поэтому месяц шват – это пятый месяц из месяцев зимы, относится к свойству Ход, и тогда превращается из «давэ» (דוה), скорби, в «Ход», великолепие. Это означает, что когда удостаиваются идти в милосердии, то продолжают от сферы Хесед до Ход, где каждое благословение в свойстве милосердия, как сказано:

«Потому что сказал Я – мир милосердием отстроится», когда благодаря благословению удостаиваются плодов. Как писал мой отец и Учитель: поэтому говорят в Ту би-Шват благословение на фрукты, ведь в этом все различие между святостью и клипой, потому что «Другой бог бесплоден и не приносит плодов». И успех работы, чтобы удостоиться плодов – только благодаря милосердию, потому что когда работают в мере отдачи, называемой милосердие, то удостаиваются слияния с Творцом. А когда удостаиваются слияния, то удостаиваются всего – таковы его слова. Поэтому в Ту би-Шват, называемый новый год деревьев, нужно усилиться в милосердии, благодаря чему удостаиваются плодов, называемых «дерево, приносящее плод».

4. Рабаш. Письмо 29

Сказано: «Человек – полевое дерево». То есть, все работы, проделываемые с деревьями для того, чтобы они плодоносили, проделываются и с человеком. Поскольку до того, как человек будет способен приносить плоды, ему необходимо пройти через все те работы, через которые принято проходить деревьям. Плоды же являются конечной целью человека.

Мой отец и учитель однажды объяснил на трапезе 15-го швата, почему принято есть плоды. И сказал, что в этом вся разница между святостью и её обратной стороной (Ситрой Ахрой), как написано в Зоар: «Иной бог бесплоден и не плодоносит», и сказано в комментарии «Сулам»: «Осушаются их истоки, и увядают они, пока не закрываются вовсе. А идущие в святости удостаиваются благословения в делах рук своих, ибо «плодоносить будет во время своё, и лист его не увянет» (Предисловие к книге Зоар, пункт 23).

5. Рабаш. Письмо 55

Рабби Йоханан спрашивает: «Неужели человек – это полевое дерево?» т.е. что общего между человеком и полевым деревом? Что мы учим из того, что Писание сравнивает человека с полевым деревом? И он приводит доказательство этому из стиха Писания: «Ибо от них будешь есть, и их не руби» – что имеется в виду мудрец. Если он праведный, т.е. учится «лишма», что означает, что он изучает вещи, которые будут способствовать тому, что он станет приносить плоды, т.е. эта учеба приведет его к тому, что у него будут плоды, т.е. заповеди и добрые дела. Таким образом он будет учиться – потому что благодаря этому он удостоится эликсира жизни. И в этом смысл слов: «Ибо от них будешь есть, и их не руби». А в противном случае, если он увидит, что эта учеба не ведет его к совершению заповедей и добрых дел, которые называются плодами, знай, что это относится к Ситре Ахре, а не к Святости. И отсюда происходит обычай есть плоды пятнадцатого числа месяца шват, что указывает на то, что мы идем по пути Святости, так как у нас есть плоды.

6. Рабаш. Письмо 29

Человек должен каждый день отдавать себе отчёт, обновлять заново свою работу по преодолению, забывая о прошлом. Кроме того, он должен быть в полной уверенности, что с этого момента и далее мы придем к вечному постоянному слиянию.

Пурим

- Пурим -

Свет Пурима

1. Рабаш. Статья 21 (1991). Что означает в духовной работе, что перед Пуримом читают недельную главу «Захор» («Помни»)

Свет, который был в дни Пурима, может светить только в состоянии Конечного Исправления, и не раньше. И этот свет называется «светом цели творения». Это значит, свет хохма облачается в получающие келим. То есть, что он хочет получить благо и наслаждение, которые есть там, и которые исходят от цели творения. Этот свет цели творения, называемый «ор хохма», не может светить без облачения, и облачается в свет исправления творения, называемый «светом хасадим». А до Окончательного Исправления этот свет хохма называемый гадлут хохма (большое состояние света хохма), не может светить вместе со светом хасадим. И тогда было чудо по причине постов и криков, которые притянули свет хасадим. И тогда свет хохма смог облачиться в свет хасадим, и это означает, что было чудо в том, что светил свет еще до Конечного Исправления, поскольку со стороны природы этот свет может светить только в Конечном Исправлении, что называется «в будущем». И было чудо в том, что он светил еще до Конечного Исправления. Поэтому сказали мудрецы: «Все праздники отменятся, кроме раскрытия скрытия (Мегилат Эстер)», поскольку свет Пурима – это свет, который будет светить в будущем.

2. Рабаш. Статья 21 (1991). Что означает в духовной работе, что перед Пуримом читают недельную главу «Захор» («Помни»)

Подготовка к Пуриму [...] это так же ощущение зла Амана, что он хочет уничтожить, убить и истребить всех евреев (иудим) от юноши до старика, маленьких детей и женщин – в один день. Поэтому человек должен обратить внимание на Амана в своем сердце. Как он хочет уничтожить все, относящееся к святости, то есть все, что может получиться из чего-то, что относится к святости, и не важна величина этого, и даже чего-то самого маленького – он хочет это уничтожить. И он сожалеет о том, что у него нет сил превозмочь мысли Амана, который хочет истребить всех иудеев. Надо объяснить - «всех евреев», то есть любого, у кого имеется отношение к категории «во имя небес», он хочет истребить. И это называется «осознанием зла», и это – понятие кли и потребности. А потом можно получить на это наполнение, называемое свет, приходящий наполнить потребность, которая есть в кли. Поэтому впоследствии удостоились Исраэль противоположного, когда властвовали иудеи над ненавистниками своими, и удостоились получить Тору.

Путь Мордехая

3. Великий Мидраш Эстер. Глава 6, п. 2

[Написано в мегилат Эстер] «Был человек-иудей в столице Шушан». Почему он был назван «иудей», а не «ямини» (из колена Беньямина)? Потому что он достиг единства имени Творца соразмерно всем творениям, и согласно тому, что достиг единства имени Творца, он был назван «йеуди» – от слова «ехиди» (единственный). Говорили о нём, что был он сопоставим с Авраамом в своём поколении. Так же как Авраам вошел в раскалённую печь и вернулся, и так проявил творениям величие Творца, также и Мордехай в своё время – благодаря ему творения познали величие Творца, согласно сказанному: «И множество народов земли стали иудеями», ведь он соединил имя Творца со святостью Его, и потому называется «йеуди», и там, где написано в [мегилат Эстер] «человек-йеуди»: следует читать не «йеуди», а «ехиди».

4. Рабаш. Статья 11 (1987). Пурим, когда заповедано «ад де-ло яда»

Путь праведника Мордехая – работать ради отдачи Творцу, что называется свойством «отдачи». И этим путем впоследствии можно прийти к уровню совершенства, когда он приходит к ступени, где он уже может сказать Творцу: «Я хочу, чтобы Ты дал мне благо и наслаждение, потому что я хочу исполнить то, что Ты хочешь дать творениям благо и наслаждение, и сейчас я готов получить благо и наслаждение, поскольку я знаю сам, что желаю этого не из эгоистической любви, а только из отдачи».

И теперь, если намерение – на отдачу, получение царского подарка совершенно. Т.е. в нем нет элемента стыда, поскольку получение основано на желании человека помочь Творцу в раскрытии цели творения, чтобы все узнали, что цель творения – нести добро Своим созданиям.

- Пурим -

Путь Амана

5. Рабаш. Статья 11 (1987). Пурим, когда заповедано «ад де-ло яда»

Путь Амана – не смотреть на исправление в виде сокращения, которое произошло на получающие келим. А он говорит: «Ведь Творец создал мир, чтобы нести добро Своим творениям, а мы видим, что в нашей природе существует желание получать наслаждение и удовольствие. А чего ради Творец создал это желание? Чтобы им не пользоваться? Неужели же Он создал в нас желание и стремление получать наслаждение и велел не пользоваться им, а испытывать из-за него страдания и мучения?». Согласно этому выходит, что это противоположный путь.

6. Рабаш. Статья 11 (1987). Пурим, когда заповедано «ад де-ло яда»

Аман утверждал, что поскольку Царь, т.е. Творец, создал желание получать, он без сомнения желает, чтобы мы получали и наслаждались. И все царские служители становились на колени, т.е. подчинялись мнению Амана, как сказано выше, поскольку он выступал с утверждением, что ведь это желание получать, о котором Мордехай говорит, что им нельзя пользоваться, это неверно, потому что Творец создал его не просто так, а для того, чтобы им пользовались. Однако Мордехай сказал: «Нет!», – как сказано: «А Мордехай не становился на колени и не падал ниц». Как сказано: «И говорили Мордехаю служители царские у царских ворот: почему ты преступаешь повеление царское?». А мой господин, отец и учитель сказал об этом, что это означает, что служители царские говорили Мордехаю: но ведь Аман говорит нам, что то, что он идет своим путем, а не путем Мордехая, – это потому, что это истинный путь. И это означает, что они спрашивали Мордехая: «Почему ты преступаешь повеление царское?» Имеется в виду Творец, потому что Аман говорил, что так повелел о нем Царь, т.е. Царь всех царей. И объяснение этого: поскольку желание получать и желать из любви к себе, – это Царь царей создал в творениях такую силу, поэтому весь мир поддерживает мнение и рассуждение Амана.

Света Амана в келим Мордехая

7. Бааль Сулам. Шамати, 137.
Цлофхад собирал дрова

Мордехай относился к Древу Жизни, ведь он не хотел ничего привлекать вниз, так как не обладал хисароном. Поэтому нужно было возвеличить свойство Амана, чтобы он притягивал света вниз. А впоследствии, когда он показывает хисарон, тогда Мордехай получает их [т.е. эти света] в свойстве получения ради отдачи.

8. Рабаш, 913. И Тору Его изучает он

В то время, когда человек не может видеть истинное лицо своего зла, то есть свойство Амана, он не может молиться Творцу, чтобы помог ему победить это зло.

И только когда человек видит величину Амана, что он хочет погубить и уничтожить всех иудеев, то есть Аман хочет уничтожить всё, что имеет отношение к иудаизму (единению), и не даёт ему ничего сделать в святости (отдаче), тогда только он может вознести истинную молитву. И тогда исполнится сказанное: «Творец поможет ему», поэтому тогда относятся к делу их поступки, посты и крики, когда молятся Творцу, чтобы спас от Амана – от этого зла.

9. Рабаш, 913. И Тору Его изучает он

Когда Творец помогает ему, то Творец спрашивает Амана: «Что делать с человеком, которого царь хочет возвысить?». Тогда Аман задумывается: «Кого хочет царь сделать важнее меня?». То есть, всё зло исходит из желания получать (как сказано в Предисловии книги Зоар), которое является Аманом в человеке. И он утверждает, что желание Творца – насладить творения, то есть все наслаждения относятся к желанию получать.

Но Творец сказал: «И сделал для Мордехая – иудея». То есть, если он спросит доброе начало, которое называется Мордехай иудей, захочет что-то, тогда Он ответит, ведь всё его желание – только отдача Творцу, и он не желает ничего больше. Поэтому спросил Амана, хочет ли он получить все наслаждения в мире. Тогда сказал (ему) Творец, что все наслаждения надо дать Мордехаю, а это означает, что человек получит все наслаждения только ради того, чтобы доставить наслаждение Творцу.

И это, сказал мой отец и учитель, света Амана в келим Мордехая, что означает получение всех наслаждений только с намерением ради небес.

10. Рабаш. Статья 14 (1986). Для чего нужно брать келим взаймы у египтян

Бааль Сулам объяснил противостояние Амана и Мордехая. Он задал вопрос о том, как царь Ахашверош хотел оказать почет Мордехаю. Сказано об этом: «И сказал царь: "Что было сделано для Мордехая в знак почета и уважения за это?" И сказал царь Аману: "Что сделать для того человека, которому царь хочет оказать почет?" "И сказал Аман царю: человеку, которому захочет царь оказать почет, пусть принесут царское одеяние"».

Бааль Сулам спросил, как такое может быть: если царь желает оказать «почет» Мордехаю, то почему он спрашивает Амана: «Что сделать для того человека, которому царь хочет оказать почет?» И объяснил Бааль Сулам, что это намек на порядок отдачи изобилия низшим. Ведь Творец, разумеется, желает оказать почет и уважение праведнику, т.е. Мордехаю. Но если Он спросит самого праведника: «Что ты хочешь, чтобы Я тебе дал?», - праведник скажет, что ничего не хочет получить, а наоборот, хочет лишь совершать отдачу Царю.

Поэтому надо было спросить свойство Амана в нем: что, по его мнению, стоит получить? А потом царь сказал: «Сделай так для Мордехая». Иными словами, пускай получит почет и уважение не в сосуды Амана, «получающего ради получения», а в сосуды «получающего ради отдачи».

11. Бааль Сулам. Шамати, 37. Статья к Пуриму

Конфликт между Мордехаем и Аманом. Ведь утверждение Мордехая состояло в том, что то, что мы видим сейчас, что Творец раскрывает власть хохмы, – это не для того, чтобы мы получали хохму, а для того, чтобы возвеличить хасадим. Другими словами, сейчас у них будет возможность показать, что то, что они получают хасадим, происходит по их собственной воле. Иными словами, существует возможность получить хохму, потому что сейчас – власть левой линии, которая светит хохмой, но, тем не менее, они выбирают хасадим. Получается, что сейчас, выбирая хасадим, они показывают, что правая линия властвует над левой. [...]

А Аман утверждал обратное – что то, что Творец раскрывает сейчас левую линию, т.е. свойство хохмы, это для того, чтобы пользоваться хохмой, иначе получится, что Творец делал напрасное действие и никто не наслаждается от этого. Поэтому не следует смотреть на то, что говорит Мордехай, а все должны слушаться его и пользоваться раскрытием хохмы, которая раскрылась сейчас.

"Всегда"

12. Бааль Сулам. Шамати, 229. Карманы Амана

О том, что едят гоменташи, т.е. карманы Амана, [Бааль Сулам] сказал: поскольку «обязан человек напиться в Пурим до такого [состояния], чтобы не различать между "проклят Аман" и "благословен Мордехай"», поэтому едят «карманы Амана», чтобы мы помнили, что Аман принес нам не более чем карманы, которыми называются келим, а не внутреннюю часть. Это означает, что только келим Амана можно получить, но не света, называемые внутренней частью. Из-за того, что гадлут получающих келим находится во власти Амана. И это мы должны забрать у него.

Однако привлечь света невозможно с помощью келим Амана. И это [делается] именно с помощью келим

Мордехая, т.е. отдающих келим. А на получающие келим было сделано сокращение. И это объясняется в Писании: «И сказал Аман в сердце своем: кому, кроме меня, захочет царь оказать почет!» И это называется настоящим желанием получать. Поэтому он велел принести «царское одеяние, которое надевал царь, и [привести] коня, на котором ездил царь...»

Пока не сможет различить

13. Рабаш, 910. Пока не сможет различить

Есть 3 стадии.

1. Когда он не различает между проклятым и благословенным, то есть еще не знает, что желание наслаждаться ради себя называется «Аман», а желание отдавать называется «праведником Мордехаем». И даже когда действует ради собственного наслаждения, все равно считает себя праведником.

2. Когда у него уже появляется знание о том, что эгоистическое получение называется Аманом, а отдача – праведником Мордехаем.

3. Конечное Исправление, которое означает, что «яд смерти» становится «святым ангелом», то есть эгоистическое получение исправляется намерением ради отдачи. И потому уже нет различия между получением и отдачей, ведь получение полностью входит в отдачу.

Именно об этом сказано, что в праздник Пурим человек должен напиться допьяна, - ведь все остальные праздники, кроме Пурима, отменятся, потому что Пурим соответствует Конечному Исправлению.

И потому в праздник Пурим содержится указание на Конечное Исправление. А заповедь напиться допьяна означает подслащение, то есть когда все зло уже подсластили (исправили). Тогда как на 1-й стадии работы человека, где тоже «не может различить» – там все еще нет подслащения.

14. Бааль Сулам. Шамати, 37. Статья к Пуриму

По поводу «и не различать» [...]: хотя и светили света хохмы, но без света хасадим получить [их] невозможно, ведь из-за этого приходят к разделению, но произошло чудо – благодаря «постам и молитвам» они привлекли свет хасадим, и тогда стало можно получить свет хохма. Но до Конечного Исправления такого нет. А поскольку это состояние относится к состоянию Конечного Исправления, когда [всё] уже будет исправлено, как сказано в книге Зоар: «И в будущем станет Сам[аэль] святым ангелом», получается, что тогда нет различия между Аманом и Мордехаем. Ведь и Аман тоже будет исправлен. И в этом состоит указание: «Обязан человек напиться в Пурим до такого [состояния], чтобы не различать между «проклят Аман» и "благословен Мордехай"».

- Пурим -

Мегилат Эстер (Свиток Эстер)

15. Рабаш, 391. Творец не испытывал Иова

Мой господин, отец и Учитель сказал, что суть Мегилы в том, что тогда было время раскрытия. И об этом сказал Аман, что нужно идти путем знания. И это означает, что «законы Царя не выполняют». А Мордехай утверждал, что раскрытие приходит только для того, чтобы выдержать испытание и принять на себя скрытие.

16. Бааль Сулам. Шамати, 37. Статья к Пуриму

Смысл [сочетания] «Мегилат Эстер» (букв. свитка Эстер). И на первый взгляд, тут есть внутреннее противоречие. Ведь «мегила» 'свиток' означает, что он раскрыт 'галуй' всем. А «Эстер» 'скрытие' означает, что есть скрытие. Однако следует объяснить, как сказано выше, что всё раскрытие [произошло] для того, чтобы дать возможность выбирать в скрытии.

17. Рабаш, 911. Трапеза грешника

«Мегилат Эстер» – это две противоположности: во время скрытия действуют по принуждению, а во время раскрытия – по желанию.

Есть один народ

18. Бааль Сулам. Шамати, 144. Есть один народ

«Есть один народ, рассеянный и разделенный среди народов».

Аман сказал, что, по его мнению, мы сможем уничтожить иудеев, поскольку они разделены друг с другом. Поэтому, [действуя] против них нашей силой, мы наверняка победим, ведь это приводит к отделению человека от Творца, и, само собой, Творец не поможет им, ведь они отделены от Него.

Поэтому Мордехай решил исправить этот изъян, как выясняется в Писании: «собрались иудеи…», чтобы «собраться и встать на защиту жизни своей». Т.е. благодаря объединению они спасли свою жизнь.

С начала месяца адар мы преумножаем радость

19. Рабаш. Статья 19 (1986). По поводу радости

Сказали мудрецы: «С начала месяца адар мы приумножаем радость». Мы спросили: что значит приумножать радость? Ведь радость есть результат некоей причины. В таком случае, что это за причина, которую мы можем задействовать, чтобы она принесла нам радость?

Согласно вышесказанному, речь идет о том, чтобы приумножать продвижение в правой линии, зовущейся «совершенством». Когда человек находится в состоянии совершенства, это называется «подобием свойств». Иными словами, будучи совершенным, человек слит с Совершенным, как сказано: «Благословенный сливается с благословенным, а про́клятый не сливается с благословенным». Поэтому если человек находится в состоянии критического разбора, называемого «левой линией», то зовется «про́клятым» и, само собой, отделен от Совершенного. Как следствие, в таком случае он может ощущать лишь тьму, а не свет. Ведь только свет несет радость.

20. Рабаш. Статья 19 (1986). По поводу радости

Когда нижние работают над радостью, они аналогичным образом привлекают вниз свет радости. Сказано об этом: «И написал Мордехай, чтобы обязались сделать эти дни из года в год как дни, в которые иудеи обрели покой от своих врагов, и как месяц, в который обратилась для них печаль в радость и скорбь в праздник, – сделать их днями пиршества и веселья». Так чтобы посредством этого они привлекали свет Окончательного Исправления, который светил тогда.

Привлекая радость, следует понимать, в чем причина этого. Как мы сказали, человек воздает благодарность Творцу за то, что Он приблизил его. Таким образом, воздавая благодарность, он работает на отдачу, поскольку благодарит и славит Творца за то, что дал ему мысль и желание как-то соприкоснуться с духовным.

- Пурим -

Гмар Тикун - Окончательное Исправление

21. Зоар для всех. Берешит-1. Статья «Камни чистого мрамора», п. 255

В конце исправления, когда будет искоренен Сам, раскроется всем, что Сам никогда и не жил, но всегда правило только единство, как сказано: «Нет никого кроме Него».

22. Рабаш, 386. Это день, созданный Творцом

«Это день, созданный Творцом, будем веселиться и радоваться ему».

«Это день» означает «это называется днем, а не что-то другое». И что будет, когда Творец создаст его? Каждый придет к постижению, так что «будем веселиться и радоваться ему».

«Ему» означает «Творцу», т.е. слиянию с Творцом, что называется уподоблением по форме, что означает, что каждый поймет, что нет большей радости, чем доставление наслаждения Творцу. И на это мы рассчитываем, когда всё общество придет к этому уровню, называемому «Гмар Тикун».

Песах

- Песах -

Нисхождение в Египет

Вопрос Авраама - «Как я узнаю, что унаследую ее?»

1. Бааль Сулам. Наследование земли

Души не могут получить доброе вознаграждение, ради которого Он создал мир и эти души, не имея сосуда (кли), пригодного для получения, а кли это достигается человеком только лишь посредством усилий и труда по исполнению заповедей, основанных на трудных обстоятельствах и борьбе, которую человек ведет со злым началом и с многочисленными помехами и затруднениями, ибо эти страдания и усилия в Торе и заповедях формируют кли души, способное принять всё благо и наслаждение, ради которого Он создал все творения.

2. Бааль Сулам. Наследование земли

Для наследования земли [Израиля] нужна большая подготовка, ведь вся действенность Торы и заповедей зависит от нее, ибо благодаря ей мы удостаиваемся всего изобилия и блага, которые задумал Творец для всех душ Исраэля прежде, чем создал их. И по этой причине праотец Авраам удивлялся, ибо он не понял, откуда они возьмут такие большие получающие келим, чтобы удостоиться святости этой земли. Пока Творец не сказал ему, что усилия в Торе и заповедях в египетском изгнании подготовят для них эти большие келим, и они будут достойны этой святой земли.

3. Рабаш. Статья 14 (1986). Для чего нужно брать келим взаймы у египтян

«И сказал ему: "Я Творец, который вывел тебя из Ура Халдейского, чтобы дать тебе эту землю в наследие". И сказал: "Творец Всесильный, как мне знать, что я унаследую ее?"» «И сказал Он Авраму: "Знай, что пришельцами будут твои потомки в чужой земле, и поработят их, и будут угнетать их четыреста лет... А потом они выйдут с большим имуществом"».

Здесь тоже нужно понять, какой ответ получил Авраам на свой вопрос: «Как мне знать, что я унаследую ее?». Ответ Творца был следующим: «Знай, что пришельцами будут твои потомки в чужой земле... А потом они выйдут с большим имуществом». Таким образом, вопрос был о гарантии наследия, а ответ о гарантии состоял в том, что народ Исраэля будет в изгнании. Но разве изгнание – это гарантия наследования земли?

Бааль Сулам объяснил смысл вопроса: известно, что нет света без сосуда. Иными словами, невозможно получить наполнение, если нет потребности в нем. Эта потребность и называется сосудом. Увидев, что́ Творец хочет дать его потомкам, Авраам сказал: «Я не вижу, что они будут нуждаться в духовном наследовании земли».

4. Рабаш. Статья 14 (1987). Связь между песахом, мацой и марором

Авраам спросил Творца: «Как мне знать, что я унаследую ее?», – ведь у них нет келим и потребности в таком большом наследии, которое Ты показываешь мне, что дашь сыновьям моим. Ведь у них нет потребности!

И на это ответил ему Творец: Я дам им потребность в светах так же, как Я дам им света. Т.е. что Творец даст им и свет, и кли. Не думай, что Я даю только высшее благо, но Я даю им как потребность, называемую «кли», так и высшее благо, называемое наполнением хисарона.

И благодаря тому, что народ Исраэля будет в Египетском изгнании четыреста [лет], а четыре – это целая ступень, состоящая из четырех стадий, и благодаря тому, что они будут в изгнании в чужой земле, т.е. что египтяне передадут Исраэлю желание получения ради себя, а это желание, не относящееся к святости, и это называется «эрец» (земля) от слова «рацон» (желание), и они захотят убежать от этого желания. В этот момент, когда Я сделаю, чтобы они не смогли выйти из-под этой власти собственными силами, но они увидят, что только лишь Творец может помочь им, у них не останется другого выбора, кроме как попросить Меня о помощи.

5. Рабаш. Статья 41 (1990). Что означает «легкие заповеди, которые человек попирает своими ногами,» в духовной работе

Вопрос Авраама возник, когда Авраам увидел, что такое наследование земли, которая означает малхут, несущую высшее благо, которое включает в себя 5 свойств Наранхай. И известно, что нет света без кли, т.е. нет наполнения без потребности. А Авраам видел, что у Исраэля нет потребности достичь совершенства ступени. А если они достигнут некоторого свечения свыше, у них уже будет удовлетворение. И в любом случае, у них нет потребности достичь Наранхай де-нешама, которая заключена в малхут, что и называется «наследованием земли».

6. Рабаш. Статья 44 (1991). Какова причина, по которой Исраэль удостоились унаследовать землю, в духовной работе

И согласно правилу «нет света без кли», другими словами «нет наполнения без хисарона», Авраам видел, что если Творец даст Исраэлю некоторое свечение и пробуждение свыше, они удовлетворятся малым, и у них не будет никакого хисарона к более высоким ступеням. Таким образом, Авраам видел, что нет никакой возможности, чтобы народ Исраэля смог получить наследие земли, поскольку у них нет потребности в этом.

И в этом состоял вопрос: «Как узнаю я?» Не то что, страшно сказать, он не верил тому, что Творец сказал ему. А вопрос его состоял в том, что он сказал, что не видит, что у них будет потребность в этом. Подобно тому, что человеку дают некую драгоценность, но если у него нет потребности в ней, человек не может наслаждаться ей. Получается, что даже если им дадут наследие земли, если у них нет потребности, они не смогут наслаждаться от этого. И хотя со стороны дающего всё в порядке, но если у нижнего нет потребности, что может сделать дающий? И это то, о чем спросил Авраам.

7. Рабаш. Статья 41 (1990). Что означает «легкие заповеди, которые человек попирает своими ногами,» в духовной работе

«Как, - сказал Авраам, - как они получат свет, если нет у них келим, называющихся «потребностью»?» И тогда сказал ему Творец: «Знай, что пришельцами будет потомство твое в земле, им не принадлежащей».

Т.е. что народ Израиля будет на земле, т.е. в желании, не принадлежащей народу Израиля, но они будут находиться под властью желания получать, относящемуся к фараону, царю египетскому.

«И будут угнетать их». Другими словами, народ Израиля будет страдать от того, что они не смогут совершать действия ради отдачи, приводящие их к слиянию с Творцом. И тогда они вознуждаются в помощи Творца, как сказано: «И вознесся вопль их от работы к Творцу, и услышал Творец стенания их, и вспомнил Творец Свой союз с Авраамом».

> 8. Рабаш. Статья 22 (1989). Что означает, что именно в канун Песаха задают четыре вопроса

Что́ мы видим в ответе Творца на вопрос Аврама: «Как я узнаю?», – что благодаря тому, что будут они на земле, не им принадлежащей, т.е. будут в изгнании, Аврам уже должен быть уверен, что они унаследуют эту землю?

И он сказал: поскольку нет света без кли, т.е. нет наполнения без хисарона, а Аврам сказал Творцу, что он не видит, что они будут нуждаться в таких больших светах, которые называются «земля Исраэля». Поэтому Творец сказал ему: благодаря тому, что они будут в изгнании, и будут просить Творца, чтобы Он вывел их из изгнания. А каким образом Он выводит их? Это происходит только с помощью больших светов, ибо «свет в ней возвращает к источнику», – таким образом, у них уже будет потребность в больших светах.

9. Бааль Сулам. Шамати, 86. И построили несчастные города

Следует объяснить то, что праотец Авраам спросил Творца: «Как я буду знать, что я унаследую ее?» Ведь как такое возможно, что они смогут принять на себя бремя веры? Ведь это против знания. А кто же может идти против знания? В таком случае, как же произойдет так, что они удостоятся света веры, ведь всё совершенство зависит только от этого.

И на это ответил ему Творец: «Знай ... что они будут в изгнании». Что означает, что Он приготовил клипу, т.е. злое начало, подлого человека, и это Фараон, царь египетский, где буквы слова Фараон 'паръо' – это те же буквы, что в слове «ореф» 'задняя сторона шеи'. Как сказал Ари во «Вратах намерений» о Песахе, что Фараон – это свойство задней стороны шеи, сужающей море 'мецер-ям' [т.е. «Мицраим», Египет], и он высасывал высшее благо, когда оно опускается к нижним – посредством своего вопроса, который он задает: «Кто этот Творец, голос которого я должен слушать?» И тотчас же вместе с возникновением этого вопроса они уже находятся во власти клипот.

10. Рабаш. Статья 41 (1990). Что означает «легкие заповеди, которые человек попирает своими ногами» в духовной работе

Когда человеку нужно работать ради Творца, а для него это выше знания, - этим человек пренебрегает, потому что тело противится работать без вознаграждения. Поэтому, когда телу говорят, что нужно работать только ради отдачи Творцу, тогда оно говорит, что это неразумно, и что не стоит прилагать усилия в этой работе. И человек видит, что он не может преодолеть тело. И как объяснял мой отец и учитель, что то, что человек не может выйти из-под власти желания получать для себя, - Творец сделал это преднамеренно, чтобы благодаря этому человек получил бы потребность в помощи Творца, а иначе - он потерян.

Поэтому, когда человек просит у Творца, чтобы помог ему, благодаря этому он получает помощь свыше, – свет Торы, «ибо свет в ней возвращает к Источнику», как сказано в Зоаре, что благодаря этому он получает келим и потребность к постижению НаРаНХаЙ души. И таков был ответ Творца на вопрос Аврама «Как я узнаю, что унаследую ее [т.е. землю Исраэля]?»

11. Рабаш, 380. Освящающий седьмой день - 2

Человек обязан начать войну, для того чтобы у него были келим и потребность в спасении и помощи со стороны Творца, и это как сказали [мудрецы], «если Творец не помогал бы ему, он бы не выдержал». Получается, что Он специально не дал человеку способность победить в войне, потому что, воюя, человек получает келим и хисароны отдачи.

Поэтому нужно и то, и другое: чтобы человек начал войну для получения келим, и помощь – причем нужно, чтобы именно Творец помог ему, потому что благодаря помощи он получает в наследие землю [Израиля], как обещал Творец праотцу Аврааму.

- Песах -

Йосеф и его братья – «Братьев своих я ищу»

12. Рабаш. Статья 3 (1984), Любовь к товарищам - 1

Сказано о Йосефе: «И нашел его человек, когда он блуждал в поле. И спросил его тот человек: "Что ты ищешь?" Он ответил: "Братьев своих я ищу. Скажи мне, где они пасут?"»

Поле, где блуждает человек, – это место, где должен расти урожай, дающий пропитание миру. Полевые работы – пахота, посев и жатва. Сказано об этом: «Сеявшие в слезах – будут жать в радости». И это называется «поле, благословенное Творцом».

Бааль Турим объясняет, что заблудиться в поле – значит сбиться с дороги, не знать истинного пути, ведущего туда, куда ты должен попасть, – к Творцу. Подобно заплутавшему в поле ослу, человек начинает думать, что никогда не достигнет своей цели.

«И спросил его тот человек: "Что ты ищешь?" Иными словами: чем я могу помочь тебе? «Он ответил: "Братьев своих я ищ"». Если я буду вместе с братьями, т.е. буду в группе, где есть любовь к товарищам, тогда я смогу подниматься по пути, ведущему к дому Творца.

Путь этот, называющийся «путем отдачи», противен нашей природе. И чтобы идти по нему, есть лишь один способ – товарищеская любовь, благодаря которой каждый может помогать своим товарищам.

«И сказал человек: "Они отступились от этого"». Раши объясняет: они отступились от братства – то есть не желают соединиться с тобой. В итоге, это привело к тому, что народ Исраэля попал в египетское изгнание. И чтобы выйти из Египта, мы должны объединиться в группу, где все желают товарищеской любви. Благодаря этому мы сможем выйти из Египта и принять методику исправления.

Египетское изгнание

Египетское изгнание

13. Рабаш. 71. «Суть изгнания»

Что такое изгнание? Это когда человек находится под властью эгоистической любви и не может работать ради Творца. А когда любовь к себе называется изгнанием? Только когда он хочет выйти из-под этой власти и страдает от того, что не может ничего сделать ради Творца.

14. Рабаш. Статья 15 (1991). Что означает благословение: «сотворивший для меня чудо в этом месте» в духовной работе

Нужно знать, что изгнание, - то, что ощущает человек, что он находится в изгнании, - измеряется не самим изгнанием, а ощущением зла и страданий, которое он испытывает от того, что находится в изгнании. И тогда, когда он страдает от того, что пребывает во власти поработителей, когда вынужден делать все, что они требуют от него, и у него нет никакой возможности сделать то, что он хочет, а он вынужден служить и реализовывать все, что народы мира, находящиеся в теле человека, требуют, и у него нет никаких сил изменить им - в соответствии с мерой страданий, которые он ощущает и хочет сбежать от них, в этой мере он может насладиться освобождением.

15. Рабаш. Статья 14 (1986). Для чего нужно брать келим взаймы у египтян

Как объяснил Бааль Сулам, египетское изгнание было нужно для того, чтобы обрести сосуды египтян. Но только в долг, а потом вернуть им обратно. Бааль Сулам пояснил: когда Творец сказал Аврааму: «пришельцами будут твои потомки в чужой земле» – это было гарантией наследования. Иными словами, гарантией того, что у них будет нужда получить изобилие от Творца. Ведь желание выйти из египетского рабства может возникнуть только с помощью чистой души. Тогда, само собой, они каждый раз будут нуждаться в помощи Творца. И благодаря этому у них будет нужда в том, чтобы с каждым разом привлекать всё более высокие ступени.

16. Рабаш. Статья 15 (1990). Что означает, что пока не пал правитель египетский, не было ответа на их стенания, в духовной работе

Как говорил великий Ари, египетское изгнание – это когда знание святости было в изгнании. То есть, египетская клипа властвовала над народом Израиля. И надо объяснить понятие «народ Израиля». Это означает, что весь народ хочет работать ради пользы Творца, а не ради личной выгоды. Как известно, слово «Исраэль» – означает «прямо к Творцу», всё для Творца. А власть

Фараона – наоборот, работа только ради собственной выгоды. Поэтому знание святости, то есть то, что надо работать ради небес - на отдачу, это свойство было в изгнании под властью Фараона, царя египетского, ведь Египет (мицраим) - те же буквы, что и «мецер-ям» (морской перешеек), как известно слово «цар» (тесный, узкий) означает «ограничение для света хасадим».

17. Рабаш, 380. Освящающий седьмой день - 2

Когда человек освящает точку в своем сердце достойным для него образом, он начинает входить в египетское изгнание, и тогда всякий раз он начинает видеть, насколько он далек от действия по отдаче. И тогда у него образуются келим, т.е. хисароны, и эти хисароны Творец потом может наполнить.

18. Бааль Сулам. Шамати, 86. И построили несчастные города

Польза от изгнания была в том, чтобы они почувствовали, что желание получать является грехом. И это – причина того, что они решат, что нет другого совета, кроме как пытаться прийти к отдающим келим. И потому Творец ответил праотцу нашему Аврааму на вопрос, когда он попросил гарантий наследования земли: «Знай, что пришельцами будет потомство твое ... и будут угнетать их». Ведь благодаря изгнанию они придут к раскрытию «тонкого волоса», т.е. греха. И тогда они придут к принятию истинной работы, чтобы отдалить себя от этого греха.

19. Рабаш. Статья 11 (1988). Какие две ступени предшествуют «лишма»

В состоянии «ло лишма» человек ощущает себя в свойстве ступени «Исраэль». Но если человек желает начать работать на отдачу, т.е. [желает], чтобы у него были келим для получения внутреннего света, а значит желает выйти из любви к самому себе, то тогда он приходит к египетскому изгнанию. Это значит, что тогда становится видно, насколько человек далек от того, чтобы находиться в слиянии с Творцом в подобии свойств. А как в разуме, так и в сердце его властвует египетская клипа.

И в этом состоянии он уже видит, насколько далек он от того, чтобы быть «Исраэль», а пребывает в состоянии «Яков», в малом состоянии «катнут» [от слов «акеваим и соф» - пятки и конец]. Т.е. [видит], что он находится в абсолютной низости; видит, как с каждым днем он все больше удален от Творца, и нет у него никакой связи со святостью. И это называется «египетским изгнанием».

20. Рабаш. Статья 15 (1990). Что означает, что пока не пал правитель египетский, не было ответа на их стенания, в духовной работе

Когда народ Израиля, который находился в египетском изгнании под властью Фараона, царя Египта (מצרים), и желал выйти из-под его власти, он не мог. Им было ещё не совсем ясно, что значит «работать ради отдачи, а не для собственной выгоды», и хотя было у них желание работать ради Творца, – видели, что не могут. Но всегда находили оправдания тому, что не могут направить себя на отдачу, и не чувствовали, что так далеки от Творца.

21. Рабаш. Письмо 66

Если человек находится под этой властью, как и народы мира, получается, что он в изгнании, и тогда он в свойстве идолопоклонник – и тогда есть место для молитвы, чтобы Творец помог ему выйти из этого изгнания; и тогда можно сказать: и сейчас, то есть после того, как он в изгнании, и он идолопоклонник, можно сказать: и сейчас приблизили место его работы, что означает выполнять работу Творца и не быть под властью чуждой работы.

Это называется выходом из Египта, когда все действия – ради Творца. И к этому относится заповедь «помни о выходе из Египта», ведь только после выхода из египетского изгнания можно выполнять заповеди по причине того, что это указания Творца, а не по иным причинам.

22. Рабаш, 936. Время избавления

Человек создан с желанием получать для себя, а поскольку для того, чтобы удостоиться истинных наслаждений, необходимо удостоиться сначала слияния, называемого уподоблением по свойствам, то есть привести в соответствие свое намерение, чтобы было ради небес, что означает отдавать, что и является свойством Творца, называемого Отдающим, а это – против природы.

Получается, что пребывает в изгнании, то есть под властью египетского царя. А поскольку телом называется желание получать, поэтому не может человек служить Творцу поневоле, потому что служба поневоле не приносит наслаждений, а только страдания. И таков путь Торы, то есть путь, пока не достигнем ступени

Торы лишма, – это путь страданий, поскольку это путь принуждения.

23. Рабаш. Статья 41 (1990). Что означает «легкие заповеди, которые человек попирает своими ногами» в духовной работе

Человек, который изучает Тору, потому что верит словам мудрецов, которые сказали: «Я создал злое начало, Я создал Тору приправу», ему эта приправа даёт почувствовать, как он отдалён от Творца.

Получается, что Тора дала человеку кли, т.е. хисарон, чтобы он просил Творца, чтобы вывел его из изгнания, называемого «египетским изгнанием». Как известно, «мейцар ям» [т.е. Мицраим, Египет] означает «завистливость» (букв.: «узкий взгляд»), т.е. когда у человека нет никаких сил отдавать, а лишь получать. И даже когда человек видит, что не может приблизиться к Творцу прежде, чем все его действия станут ради отдачи, тем не менее, он видит, что нет никакой реальности, когда мог бы он достичь этого без помощи Творца.

24. Рабаш. Статья 13 (1989). Что такое «хлеб недоброжелателя» в духовной работе

Запрет «Не вкушай хлеба недоброжелателя», из-за него Исраэль остались в изгнании, как сказано: «Если бы Исраэль, сойдя в Египет, не вкусили хлеба египтян, не были бы оставлены в египетском изгнании». Ведь состоянием изгнания называется то, что народ Израиля не мог работать ради отдачи Творцу, а мог только получать ради себя, и это называется египетским изгнанием, когда они не могли выйти из-под их власти, и [в них] возобладало желание получать для себя.

Поэтому Зоар говорит, что если бы, когда они сошли в египетское изгнание, они остерегались есть, т.е. не наслаждались тем, чем наслаждаются египтяне, т.е. «от недоброжелателя», или желания получать ради себя, они не попали бы под их власть, т.е. в изгнание.

Выходит, что строгость запрета недоброжелателя связана с тем, что его хлеб – целиком ради получения. И это вызывает все отделение от святости. И с этим связан весь запрет «Не вкушай хлеба недоброжелателя».

25. Рабаш. Статья 22 (1989). Что означает, что именно в канун Песаха задают четыре вопроса

Человек должен знать, что эти падения даны ему, чтобы из них научиться ценить состояния подъема. Однако в состоянии падения человек не способен научиться из этого ничему. И только в состоянии подъема у него есть возможность сделать истинный расчет и сказать: «То, что я сейчас нахожусь в состоянии веры, это пришло ко мне от Творца, иначе я сразу же упаду в состояние эгоистической любви», – а если он не делает этого расчета, его сейчас же выбрасывает; и воздать благодарение Творцу за то, что Он приблизил его. Получается, что невозможно достичь истинного наслаждения от приближения к Творцу, если не уметь ценить это, как сказано выше, «как преимущество света [постигаемое] из тьмы».

Получается, что для того, чтобы творения получили благо и наслаждение и почувствовали это, должны были произойти все эти падения, называемые состоянием изгнания. И это называется «Шхина в изгнании» или «Шхина во прахе», и только благодаря этому у него будут келим, чтобы почувствовать благо и наслаждение.

26. Рабаш, 71. Суть изгнания

«Когда Исраэль в изгнании, Шхина – с ними». Это значит, что если человек приходит к падению, то для него духовное находится в падении. Но ведь есть правило – «заповедь влечет за собой заповедь». Почему же он пришел к падению? Ответ: сверху дают ему падение, чтобы он почувствовал, что находится в изгнании, и чтобы просил милосердия, чтобы вытащили бы его из изгнания, что и означает спасение. Но невозможно спасение, если прежде не было изгнания.

27. Рабаш. Письмо 66

Невозможно выйти из египетского изгнания прежде, чем входят в это изгнание. Только тогда можно говорить, что выходят из изгнания.

И об этом сообщает нам автор Аггады: мы должны знать, что изначально идолопоклонниками были наши праотцы, то есть, что были в изгнании под властью идолопоклонников – и только тогда приблизил Творец праотцов. Но если не почувствовали бы себя под властью идолопоклонников, то нельзя было бы сказать, что Творец приблизил их. Только когда человек удален от Творца, можно сказать, что Творец приблизил его. И всегда должно отсутствие чего-либо предварять обладание этим, ведь отсутствие – это кли, а обладание – это свет, наполняющий недостаток и тьму.

28. Рабаш, 936. Время избавления

Невозможно выйти из изгнания, если не были в изгнании. Известно, что святая Тора вечная и действует в каждом поколении. И так же мы говорим в Агаде – в каждом поколении человек должен представлять себя выходящим из изгнания.

Поэтому необходимо знать, что такое изгнание, в котором мы находимся. И каждое поколение должно выйти из этого горького изгнания.

> 29. Рабаш. Статья 15 (1991). Что означает благословение: «сотворивший для меня чудо в этом месте» в духовной работе

Сказано: «И помни, что рабом был ты в Египте». А кто говорит, что быть рабом так уж плохо? Но ведь есть люди, которые хотят быть рабами, как сказано выше, когда раб сказал, что любит своего хозяина. Но изгнание – оно согласно мере страдания и боли, которые ощущают в изгнании. И в этой мере могут получить радость от освобождения. И это как свет и кли, то есть переносимые страдания от чего-либо – это кли, в которое может получить свет, если освобождает себя от страданий.

Египетская клипа

> 30. Рабаш. Статья 16 (1985). Чем более изнуряли его

Клипа́ Египта – это общая клипа, куда упали искры отдачи, которые народ Исраэля, бывший в Египте, должен был исправить. Поэтому сначала нужна боль и мучения от того, что сыновья Исраэля не могут выйти из-под власти египтян, как сказано: «И застенали сыновья Исраэля от работы, и возопили, и поднялся вопль их от работы к Творцу. И услышал Творец их стенания».

31. Рабаш. Статья 15 (1990). Что означает, что пока не пал правитель египетский, не было ответа на их стенания, в духовной работе

Египетская клипа заключается в том, что каждый может выполнять действия только ради вознаграждения. Но без вознаграждения, то есть, только ради отдачи, [Фараон] не позволяет ему выполнить никакого действия. И это значит, что Египет – это «теснина» (мецер) по отношению к свойству Исраэль.

32. Рабаш. Статья 15 (1990). Что означает, что пока не пал правитель египетский, не было ответа на их стенания, в духовной работе

Сказали мудрецы: «Каждый притесняющий Исраэль становится главой». Значит, кто может властвовать над свойством Исраэль? – Только тот, кто в свойстве «голова» (рош), и он властвует, притесняя свойство Исраэль, не давая работать ради Творца, что означает «заниматься милосердием (хесед)» – делать добро, но (дает действовать) только ради собственной выгоды, что называется египетской клипой.

33. Бааль Сулам. Шамати, 86. И построили несчастные города

До того, как они увидели то состояние, в котором они находятся во власти клипот и им стало больно, и они испугались, что останутся там навечно, нет никакой необходимости, чтобы Творец помогал им с получающими келим, если они не ощущают вреда и недостатка, которые заключены в этом, – что это всё, что мешает прилепиться к Творцу. Ведь иначе человек больше ценит работу в свойстве знания и получения.

Тогда как свойство веры считается низостью. И они предпочитают знание и получение, потому что так обязывает [поступать] внешний разум человека.

И поэтому им было уготовано изгнание, чтобы они почувствовали, что у них нет никакого продвижения в приближении к Творцу и вся их работа опускается в египетскую клипу. И тогда они увидели, что у них нет никакого выбора, а они обязаны принять на себя работу в низости, т.е. в свойстве веры выше знания, и стремиться к свойству отдачи, иначе они ощущают, что они находятся во власти Ситры Ахры.

Еврей и египтянин

34. Рабаш. Статья 17 (1991). Что означает: «Ибо ожесточил Я сердце его» в духовной работе

«И вышел [Моше] к братьям своим, – увидел он их тяжкий труд, и увидел, как египтянин бьет еврея, из братьев его и увидел, что нет ни одного человека».

А в отношении работы следует объяснить, что именно когда у человека есть свойство Моше, называемое свойством Торы, он может видеть, как египтянин, т.е. желание получать ради себя, говорит, что оно называется «человек», и благодаря этой силе, которая называется Торой, он видит, что он бьет еврея, т.е. у евреев «человеком» называется как раз тот, кто не совершает животные действия, т.е. человеком называется тот, кто не пользуется желаниями животного, и потому сказано: «И увидел, что нет ни одного человека», т.е. никогда не получится из него «человек» собственными силами. И это оттого, что у человека есть свойство Моше, свойство верного пастыря (который является пастырем веры для

- Песах -

всего народа Исраэля). Эта сила пробуждает человека, чтобы он мог увидеть истину – что никогда человек не достигнет свойства «человек» собственными силами, и потому сказано: «И увидел, что нет ни одного человека» – это заставляет его просить у Творца, чтобы Он дал ему свойство веры в Творца, с помощью которого он придет к слиянию с Творцом.

35. Рабаш. Статья 13 (1989). Что такое «хлеб недоброжелателя» в духовной работе

Египтяне презирали еду евреев, ибо у евреев весь хлеб их, т.е. пища, был ради отдачи, а у египтян весь их хлеб относится к свойству недоброжелателя, т.е. к получению. И когда они слышали, что хлеб евреев – чтобы отдавать, т.е. нечто на отдачу, это для них омерзительно и презренно. Ибо когда нужно делать нечто на отдачу, а не для получения ради себя, такая работа презираема ими, и они не ощущают в этом никакого вкуса.

Поэтому, когда египтяне только слышали, что нужно работать ради отдачи, они приходили к ощущению, что они должны унижать себя, т.е. все их разумение обязывает, чтобы человек заботился о собственной выгоде, а то, из чего не получается ничего для собственной выгоды, они делать не способны. Поэтому, когда тело находится под властью египтян, даже если оно слышит только тонкий намек, что нужно заниматься отдачей, оно сразу же выказывает пренебрежение к такой работе, утверждая, что оно пока еще в полном разуме, и не смирится с тем, чтобы есть хлеб евреев, ибо для него этот хлеб – хлеб мерзости, поскольку хлеб этот против его разумения.

- Песах -

Фараон царь Египта

Фараон

36. Рабаш. Статья 17 (1990). Какую помощь получает пришедший очиститься

Фараон – это злое начало, (которое) находится в теле человека.

37. Рабаш, 923. И сказал, когда повивать будете уивриот

Когда человек начинает идти путем Творца, то Фараон – царь египетский – он царь, властвует над телами, чтобы удерживали рабов от (намерения) ради отдачи, чтобы тела сопротивлялись, чтобы не смогли прийти к желаемому совершенству, когда все действия были бы ради небес.

38. Рабаш, 926. Пойдем к Фараону

Фараон – означает «растрепал (волосы) на голове», то есть раскрытие, когда благодаря этому он хочет, чтобы у него все было открыто, иначе он, египетский царь, властвует над телом на уровне Египет, притесняет человека, когда он хочет сделать что-то ради небес. Поэтому, когда он хочет раскрытия, то есть чтобы все было согласно его разуму, чтобы разум понял, что сто́ит выполнять действия, он дает разрешение человеку, чтобы делал.

39. Рабаш. Статья 22 (1990). Каков порядок стирания Амалека

Известно, что Амалек называется злым началом. Однако в частности у злого начала есть много имен. И мудрецы (Масехет Сукка, стр. 52) сказали: «Семь имен есть у злого начала: зло, необрезанный, нечистый, ненавистник, преткновение, эвен цфони (северный камень). И есть у него еще имена, такие как Фараон, царь египетский, и Амалек».

40. Рабаш, 936. Время избавления

Объяснял мой отец и учитель, что Ситра Ахра, клипа и злое начало – это лишь желание получать. И это присутствует как в разуме, так и в сердце. То есть власть Фараона, египетского царя и служителей Фараона – это власть желания получать над органами, то есть, когда все 248 органов служат желанию получать, тогда они называются служителями Фараона.

41. Рабаш. Статья 15 (1990). Что означает, что пока не пал правитель египетский, не было ответа на их стенания, в духовной работе

«Исраэль» – означает «прямо к Творцу», всё для Творца. А власть Фараона – наоборот, работа только ради собственной выгоды. Поэтому знание святости, то есть то, что надо работать ради небес - на отдачу, это свойство было в изгнании под властью Фараона, царя египетского, ведь Египет (мицраим) - те же буквы, что и «мецер-ям» (сужающий море), как известно слово «цар» (тесный, узкий) означает «ограничение для света хасадим». Как говорится «завистливый» (букв.: «узкий взглядом»)

42. Бааль Сулам. Шамати, 86. И построили несчастные города

«Знай ... что они будут в изгнании». Что означает, что Он приготовил клипу, т.е. злое начало, подлого человека, и это Фараон, царь египетский, где буквы слова Фараон 'паръо' – это те же буквы, что в слове «ореф» 'задняя сторона шеи'. Как сказал Ари во «Вратах намерений» о Песахе, что Фараон – это свойство задней стороны шеи, сужающей море 'мецер-ям' [т.е. «Мицраим», Египет], и он высасывал высшее благо, когда оно опускается к нижним – посредством своего вопроса, который он задает: «Кто этот Творец, голос которого я должен слушать?» И тотчас же вместе с возникновением этого вопроса они уже находятся во власти клипот.

43. Бааль Сулам. Письмо 10

«Паро», по буквам - «пэ ра», «дурные уста». Объяснение, что малхут, которая в мохин, называется «пэ» (уста), т.е. решение и согласие, что не нарушит слова своего, и все, что выходит из уст его, совершит. А в египетском изгнании власть была у упомянутых «дурных уст», и вернулись они к прежнему пути своему. А потому, хотя и удостоились некоторого высшего свечения девяти первых, тем не менее оно не может быть поглощено телом, поскольку «дурные уста», которые противостоят «святым устам» (пэ дэ-Кдуша), т.е. загривок, «орэф», прерывали свет, опускающийся из рош. Они высасывали и вытягивали весь свет, который изначально опускался для Исраэля. И это означает, что «ни один раб не мог убежать из Египта». Ибо Паро наложил чары сильные на выходы из Египта.

44. Рабаш. Статья 20 (1985). Кто ожесточил свое сердце

Сказано в Зоаре: «Сказал рабби Йехуда от имени рабби Ицхака: "Фараон был умнее всех своих колдунов и, со всей их стороны, не видел, что придет спасение Исраэлю. Он не думал, что есть иная связь – связь веры, господствующая над всеми силами другой стороны. И поэтому ожесточал свое сердце"».

Из слов Зоара следует, что свойство Фараона лежит в знании, и разумом нет никакой возможности выйти из-под его власти – но только силой веры выше знания, поскольку эта сила аннулирует все прочие силы в мире.

И встал новый царь над Египтом

45. Бааль Сулам. Письмо 10

Начало египетского изгнания и рабство начинается со слов: «И восстал новый царь над Египтом, который не знал Йосефа», и это означает, что раскрылась новая власть в разуме каждого, новая власть недавно явившаяся, потому что упали со своей прошлой ступени, как сказано выше, «изгоняется ученик, изгоняют и учителя его вместе с ним». Но в любом случае, не знали они Йосефа, т.е. не постигли его больше, чем оценивали его в сердце своем. Поэтому представляли себе в сердце своем образ Йосефа подобный им самим, и, поэтому, «не знали Йосефа», и началось рабство, потому что, не будь это так, наверняка, праведник защитил бы их, и не представилось бы им совершенно изгнание и рабство.

46. Рабаш. Статья 17 (1990). Какую помощь получает пришедший очиститься

Ведь злое начало появляется у человека тотчас же, когда он рождается, как сказано: «При входе грех лежит». Т.е., как только он рождается, вместе с ним выходит злое начало. В то же время доброе начало появляется у человека к 13 годам. В таком случае, почему же сказано: «И встал новый царь»? Совершенно новый. Однако следует сказать, что царь старый и глупый, т.е. злое начало, не является чем-то новым в человеке, ведь как только человек родился, оно уже есть, как сказано: «Диким осленком рождается человек».

47. Рабаш. Статья 17 (1990) «Какую помощь получает пришедший очиститься»

Что значит: «И встал новый царь», ведь он «царь старый»? Ответ заключается в том, что всякий раз возобновляются его запреты, т.е. всякий раз он снова становится злым началом, и это происходит из-за того, что «Я отяготил его сердце». Получается, как [сказано:] «Тот, кто больше своего товарища, его злое начало больше него самого».

48. Зоар для всех. Глава Шмот. Статья «И встал новый царь», п. 88

«"И встал новый царь над Египтом" ... Тот, кто был ничтожен, встал», чтобы царствовать, хотя и «не был достоин царства, но встал благодаря богатству» ..., как было с Ахашверошем, который не был достоин царства, но сам взошел на царство, и взошел благодаря силе богатства и хотел стереть Исраэль с лица земли.

И так же здесь, с Фараоном, – он не был достоин царства, но взошел на царство сам и хотел стереть Исраэль с лица земли, как сказано: «И сказал он народу своему: «Вот, народ сынов Исраэля многочисленнее и сильнее нас. Давайте перехитрим его». И когда встал царь наверху», т.е. ангел-покровитель, «встал царь внизу».

Пойдем к фараону

49. Рабаш. Статья 13 (1986). Пойдем к фараону - 2

Сказано: «Пойдем к Фараону, ибо Я ожесточил его сердце и сердца его слуг ради того, чтобы свершить эти Мои знамения в среде его». Возникает вопрос: почему Творец ожесточил его сердце? Тора объясняет: «ради этих Моих знамений в его среде». Почему же Творец ожесточил сердце человека, так что он не может сам победить в войне с эгоизмом?

Ответ: для того, чтобы человек воззвал к Творцу. И благодаря этому у него появится сосуд. Тогда Творец сможет внести в этот сосуд, в его среду буквы Торы. Это и есть душа, которую Творец дает человеку в помощь. Сказано об этом: «Тора и Творец едины». «Мои знамения» – суть буквы Торы в качестве имен Творца. Это и значит «доставить благо Его созданиям», что является замыслом творения.

Происходит это с человеком именно тогда, когда у него есть сосуд. А сосуд этот создается посредством ожесточения сердца – тогда возникает необходимость воззвать к Творцу о помощи. И Он помогает человеку святой душой.

50. Бааль Сулам. Письмо 14

Дал Творец Моше, говоря: «Пойдем к Фараону». То есть, отдели истину – что весь поход к царю египетскому только ради свойства «Паро», чтобы раскрыть святую Шхину. И это, что сказал Он: «Ибо Я ожесточил сердце его ... ради этих Моих знамений (~ букв), внутри него». Ибо в духовном букв нет. А всё порождение в духовном опирается на буквы, взятые из материальных свойств этого мира, что называется: «и творит тьму». И нет здесь никакой добавки и обновления, а лишь сотворение тьмы, которая представляет собой систему, пригодную для раскрытия света, что хорош он. Получается, что именно сам Творец ожесточил сердце его. А зачем это? Ибо в буквах нуждаюсь Я.

51. Рабаш. Статья 13 (1986), Пойдем к фараону - 2

«Пойдем к Фараону» – значит: пойдем вдвоем, вместе. Иными словами, человек должен начать войну, и тогда он видит, что не в силах победить его. Это видно из того, что Моше боялся идти к Фараону и Творец сказал: «Вот Я против тебя, Фараон». То есть тогда-то и пришла помощь от Творца. В чем же она заключалась? В чистой душе.

52. Рабаш, 926. Пойдем к Фараону

«Пойдем», а не «иди!» Пойдем – означает вдвоем, вместе, - чтобы человек не подумал, что способен самостоятельно усмирить находящееся в нем зло, а как сказано: «Злое начало человека одолевает его каждый день, и если Творец не поможет, то ему не справиться». Поэтому пусть человек не говорит, что не в его силах победить злое начало, потому что он должен верить, что Творец поможет ему. И это означает «пойдем».

53. Рабаш. Статья 17 (1990). Какую помощь получает пришедший очиститься

Почему сказано «пойдем», ведь один Моше не мог победить Фараона, царя египетского, но Творец вел (вместе) с ним войну.

54. Рабаш. Статья 17 (1990). Какую помощь получает пришедший очиститься

Творец сказал: «Я, а не посланник». В чём же нам тут помог Моше? И почему сказано «пойдём к фараону»? Это согласно сказанному выше, что человек сам должен начинать идти по пути Творца и достичь истины, т.е. удостоиться слияния с Творцом. И если он продвигается в этом пути, тогда он получает первую помощь, то есть ощущение хисарона в осознании, чего ему не хватает. И тогда он постигает, что ему недостаёт лишь двух главных свойств – моха и либа. И вместе с этим он испытывает страдания от ощущения недостающего, когда он чувствует в этом необходимость. Но если человек сам не работает над этим, то нельзя сказать, что он ощущает страдания от того, что у него этого нет. Поскольку только если есть потребность в чём-то, во что человек вложил свой труд для его достижения, то можно сказать, что он в этом нуждается, настолько, что испытывает страдания от его отсутствия. Поэтому и сказано: «Пойдём к фараону».

55. Рабаш. Статья 19 (1985). Пойдем к Фараону - 1

Когда человек начинает работу на отдачу и объясняет телу, что вся цель этой работы – получить сосуд отдачи. Однако, после всех споров с телом, оно говорит ему: «Ты не можешь изменить природу, какой ее создал Творец. Ведь творение создано как «сущее из ничего» – только в получающем желании. Как же ты осмеливаешься утверждать, что можешь изменить природу, какой ее создал Творец?»

Об этом и сказано: «Пойдем к Фараону». Иными словами, пойдем вместе, Я тоже иду с тобой, чтобы изменить твою природу. И Я хочу лишь, чтобы ты попросил Меня помочь тебе изменить природу – обратить ее из получающего желания в дающее. Сказали об этом мудрецы: «Злое начало берет верх над человеком каждый день, и если бы не помощь Творца, сам бы не справился».

56. Бааль Сулам. Письмо 14

«Пойдем к Фараону (Паро́)». Это означает, святая Шхина в раскрытии – из слов: «и растреплет волосы (пара́) на голове женщины». Как сказано в книге Зоар. А дело в том, что в той мере, в которой сыновья Исраэля думали, что египтяне поработят их и сбивают со служения Творцу, в этой мере действительно были они в египетском изгнании, и вся забота Избавителя была лишь раскрыть им, что нет здесь вмешательства другой силы, и «Я это, а не посланник», ибо нет никакой силы кроме Него. И это был действительно свет избавления.

57. Рабаш. Статья 19 (1985) «Пойдем к Фараону - 1»

«Пойдем к Фараону». Разве не следовало сказать: «Иди к Фараону»? Книга Зоар объясняет: «Однако Он ввел Моше во внутренние комнаты, к одному сильному высшему чудовищу. Когда же увидел Творец, что Моше боится, сказал: "Вот Я против тебя, Фараон, царь египетский, большое чудовище, лежащее среди рек своих". То есть Творец должен был вести с ним войну, а не кто иной, как сказано: "Я, Творец". И пояснили это мудрецы: "Я, а не посланник"». Таким образом, «пойдем» – значит: мы оба вместе.

58. Рабаш. Статья 17 (1990). Какую помощь получает пришедший очиститься

Сила человека в том, что он должен приложить усилия не для того, чтобы достичь чего-то, а чтобы у него было сильное желание это достичь. Из этого следует, что человек должен работать, чтобы прийти к потребности в помощи Творца, называемой совершенным желанием. Это значит, что работа человека не способствует достижению чего-то, а приводит к хисарону и необходимости в этом, чтобы он знал, чего ему недостает. И на это он получает помощь свыше, каждый раз видя, что его хисарон становится всё больше, и что он не в силах выйти из-под власти Фараона. И эта помощь называется «Ибо Я ожесточил его сердце». Получается, что ожесточение сердца необходимо, чтобы у него появилась настоящая жажда истины.

59. Рабаш. Статья 13 (1986). Пойдем к фараону - 2

Ожесточение сердца было нужно, чтобы появилась возможность для молитвы. И молитва эта не такая, как у человека из плоти и крови, который хочет почестей – чтобы его просили о чем-то и благодаря этому уважали. Здесь смысл молитвы в том, чтобы у человека появился сосуд, т.е. чтобы он ощутил необходимость в помощи

Творца. Ведь нет света без сосуда. Когда человек видит, что он ничем не может себе помочь, тогда ему нужна помощь Творца.

60. Рабаш, 926. Пойдем к Фараону

Все отягощения сердца – на пользу человека, потому что с помощью этого он удостаивается букв Торы. И хотя человек не ощущает во время выполнения все, что он должен ощутить, но когда заканчивает свои ступени в совершенстве, то ему одновременно раскрывается, как он работал все это время. Как в примере, который приводил мой отец и учитель, что это похоже на то, что каждый раз человек обретает только ноль. И каждый раз не видит, что заработал ноль. Поэтому первый раз у него есть один ноль, второй раз – два нуля, в третий раз – три нуля, пока не наберется много нулей.

Но когда заканчивает свою работу, он обретает единицу. Получается, что может быть один ноль с единицей, что это только 10, или может быть 1 000 000 или больше. Получается, что каждый раз у него прибавляются буквы Торы. И это всё для того, «чтобы совершить Мне сии знамения Мои в его среде».

61. Рабаш. Письмо 39

Пойми затруднения всех в объяснении стиха: «Пойдем к Фараону, потому что я ожесточил его сердце». Получается согласно этому, что Творец забрал у него свободу выбора тем, что ожесточил его сердце?

Но согласно тому, что я объяснял, получается, наоборот: благодаря тому, что Творец ожесточил его сердце, у него появилась возможность еще раз сделать выбор. Ведь когда Фараон говорит: «Творец – праведник, а я и мой народ – грешники», то получается, что уже перевесил на чашу заслуг, и он – весь добро, и ему уже нечего делать. Поэтому против его добра Творец вынужден увеличить его злое начало, как сказали мудрецы: «Каждый, кто больше своего товарища, его злое начало сильнее». Поэтому, когда Творец ожесточил его сердце, то у него появилась возможность еще раз сделать выбор.

62. Рабаш. Статья 19 (1985). Пойдем к Фараону - 1

Сказано: «Пойдем к Фараону». Иными словами, пойдем вместе, Я тоже иду с тобой, чтобы изменить твою природу. И Я хочу лишь, чтобы ты попросил Меня помочь тебе изменить природу – обратить ее из получающего желания в дающее. Сказали об этом мудрецы: «Злое начало берет верх над человеком каждый день, и если бы не помощь Творца, сам бы не справился».

Однако и это надо понять: для чего Творцу нужно, чтобы Его просили? Такое свойственно человеку из плоти и крови, который желает почета: пускай его попросят, и тогда будут знать, что он помог. Но как можно сказать подобное о Творце? Однако же существует правило: «нет света без сосуда». Иными словами, невозможно дать кому-то наполнение, если у него нет потребности. Ведь пока человек не испытывает недостатка в чем-то, если дать ему эту вещь, она будет для него безвкусной. Как следствие, он не сможет ее ценить и не убережет от воровства, когда другие люди, понимающие важность этой вещи, заберут ее у него. Вот почему человек должен просить помощи у Творца.

63. Рабаш. Статья 17 (1991). Что означает: «Ибо ожесточил Я сердце его» в духовной работе

Когда человек хочет работать ради отдачи, то есть достичь слияния с Творцом, то он должен видеть истину, что это не в силах человека, поскольку это против природы, с которой человек рожден, и только Творец может дать ему вторую природу. Но без хисарона нет истинного вкуса в наполнении, поэтому Творец дает отягощение сердца для того, чтобы человек ощутил хисарон во всей его полноте. И тогда становится понятно, почему только потом Творец ожесточил его сердце, то есть после того, как войдет в работу ради небес, а не раньше. И так же, зачем Творец должен был ожесточить его сердце? Здесь иная причина. Если бы не ощущали истинной потребности, не смогли бы получить истинное наполнение, потому что нет света без кли. Получается, что отягощение сердца не было ему во зло, то есть, может послужить причиной удаления от Творца, а, наоборот, отягощение сердца явилось причиной достижения им слияния с Творцом.

64. Рабаш. Статья 17 (1991). Что означает: «Ибо ожесточил Я сердце его» в духовной работе

Человек должен верить, что все, что он ощущает сейчас, что он еще больше отдален от Творца, – это приходит свыше, т.е. это отягощение сердца, которое Творец дает для того, чтобы человек раскрыл истинный хисарон (потребность), т.е. чтобы почувствовал, что без помощи Творца он не способен выйти из-под власти желания получать ради себя, и только сам Творец может помочь.

65. Рабаш, 815. Пойдём

Всегда человек может выбирать, потому что прежде, чем выполнил одну заповедь, власть силы зла не больше, чем власть добра, несмотря на то, что есть у него много дурных поступков. А после того, как выполнил одну заповедь и склонил себя на чашу заслуг, увеличивают в нем зло, т.е. дают силу злу властвовать в той же мере, что и добру. Получается, что тогда он снова «половина-наполовину».

И здесь поймем сказанное: «Пойдём к фараону, ибо Я ожесточил сердце его», – ведь после того, как фараон склонил себя на чашу заслуг, сказав: «Творец – праведник», т.е. уже стал «большим», уже не было у него места для выбора, и потому была необходимость, чтобы Творец ожесточил сердце его, т.е. увеличил зло в нем, потому, что только в таком случае будет место для выбора. Выходит, что с помощью ожесточения сердца он не был лишен выбора, а, напротив, здесь было дано ему место сделать выбор.

66. Рабаш. Статья 19 (1985) «Пойдем к фараону - 1»

Нужно отдавать этому сердце и верить во всех состояниях, самых плохих, какие только могут быть, и не сбегать от работы, но всегда полагаться на Творца, который может помочь человеку и дать ему необходимое, нуждается ли он в малой помощи или в большой. А по правде говоря, кто понимает, что ему нужна большая помощь от Творца, поскольку он хуже остальных людей, тот более заслуживает, чтобы молитва его была принята. Сказано об этом: «близок Творец к сокрушенным сердцем и угнетенных духом спасает».

И Фараон приблизил

67. Зоар для всех. Глава Бешалах. Статья «И Фараон приблизил», пп. 65, 67

««И Фараон приблизил» – т.е. приблизил всё свое войско и колесницы, чтобы вести войну. И еще (одно объяснение): «Мы ведь учили, что он приблизил их (Исраэль) к возвращению», и поэтому сказано: «И Фараон приблизил»», а не «Фараон приблизился» …

Исраэль, приближаясь к морю, увидели перед собой бушующее море, волны которого всё выше взметались вверх, и устрашились. Подняли свои глаза, и вот: Фараон с войском его, баллистовые камни и стрелы. Тогда: «И устрашились они очень». «И возопили сыны Исраэля к Творцу». Кто стал причиной того, что приблизился Исраэль к их высшему Отцу? Фараон. Это означает сказанное: «И Фараон приблизил»».

68. Бааль Сулам. Шамати, 86. И построили несчастные города

Змей пригибает голову и бьет хвостом. Другими словами, иногда он дает человеку принять на себя бремя веры, т.е. свойство выше знания. И это называется «пригибает голову», но бьет хвостом. Хвостом – можно понять как «в конце своем». Т.е. то, что он пригнул голову, было, чтобы в конце он получил ради получения. Другими словами, то, что он дал ему до этого позволение принять на себя веру, было, чтобы потом взять всё в свое распоряжение. Ведь клипа знает, что нет [другого] места для получения высшего блага, кроме как посредством святости.

69. Бааль Сулам. Шамати, 86. И построили несчастные города

И в этом смысл того, что «Фараон приблизил». Как объяснили [мудрецы], что он приблизил Исраэль к возвращению. И это было сделано преднамеренно, чтобы потом он мог забрать у них всё в свое распоряжение. И потому Ари написал, что Фараон высасывал всё благо, которое опускалось к нижним, – он высасывал это через свойство «ореф» [задняя сторона шеи] и со стороны «горла», т.е. свойства рош гуфа, и забирал всё в свои получающие келим.

70. Бааль Сулам. Шамати, 35. По поводу живительной силы святости

Если человек привлек какое-то свечение, и он не способен удерживать его постоянно из-за того, что его келим пока еще не [достаточно] чисты, чтобы соответствовать свету, т.е. чтобы человек получил это в отдающие келим, подобные свету, приходящему от Дающего, поэтому свечение обязано уйти от него.

И тогда это свечение попадает в руки Ситры Ахры. И так происходит несколько раз. Т.е. человек привлекает, а потом это уходит от него. Поэтому свечения в море Ситры Ахры умножаются. И это [происходит,] пока не наполнится ее мера. Т.е. после того как человек раскрывает всю меру усилий, которые он может раскрыть, Ситра Ахра отдает ему обратно всё, что она забрала под свою власть, что называется: «Заглотает изобилие он – и изрыгнет».

71. Бааль Сулам. Шамати, 35. По поводу живительной силы святости

Всё, что Ситра Ахра получила в свою власть, было только как долгосрочный вклад. Т.е. до тех пор, пока у нее есть власть над человеком, а власть, которая у нее есть, – всё это, чтобы у человека была возможность выяснить свои получающие келим и поместить их в святость. Другими словами, если бы она не властвовала над человеком, человек удовлетворялся бы малым. И тогда все получающие келим человека оставались бы в разделении.

И у человека никогда не было бы возможности собрать келим, относящиеся к корню его души, и поместить их в святость и привлечь свет, который к нему относится. И поэтому таково исправление – что всякий раз, когда он привлекает, он привлекает что-то и получает падение, он обязан снова начинать заново, т.е. [совершать] новые выяснения. А от прошлого, то, что у него было, упало в Ситру Ахру, и она держит это в своей власти в качестве вложения. Иначе говоря, потом человек получает от нее всё, что она получала от него всё время.

72. Бааль Сулам. Шамати, 204. Цель работы - 2

Поскольку Ситра Ахра дает опору, то даже и потом, когда работают и привлекают святость, тем не менее, когда она забирает эту опору, они падают со ступени. Тогда она забирает всё благо, которое они привлекли. И таким образом у Ситры Ахры есть сила впоследствии властвовать над человеком, чтобы человек увлекался за ней, чтобы наполнять ее желание. И у него нет другого совета, кроме того, что он может поднять себя на более высокую ступень. И тогда порядок – снова, как и раньше с 49 вратами скверны.

Иными словами, человек идет по ступеням святости до 49-х врат. Но там она обладает властью забирать всю жизненную силу и благо вплоть до того, что человек всякий раз падает в более высокие врата скверны, ибо «одно против другого создал Всесильный». А когда приходят к 49-м вратам, человек уже не может поднять себя, пока Творец не придет и не спасет его. И тогда: «Заглотнет изобилие он – и изрыгнет: и из его чрева Всесильный исторгнет [всё]».

73. Бааль Сулам. Шамати, 52.
Прегрешение не гасит заповеди

Притча, в которой говорится о двух товарищах, один из которых стал царем, а второй был бедным и нищим. И он услышал, что его товарищ стал царем. Тогда нищий пошел к своему товарищу царю и рассказал ему о своем бедственном положении. И царь дал ему письмо к казначею, чтобы в течение двух часов он получал столько денег, сколько захочет. И нищий пришел в казну с маленькой коробочкой. Он вошел и наполнил маленькую коробочку деньгами.

А когда он вышел, чиновник ударил по коробочке. И тогда все деньги упали на землю. И так продолжалось по кругу. И нищий рыдал: за что он так с ним поступает? А в конце он сказал: все деньги, которые ты взял за всё время, – твои. И теперь забирай всё. Ибо у тебя не было сосудов, чтобы взять из казны деньги, которых тебе было бы достаточно. Поэтому он прибег к такой хитрости

Кто ожесточил свое сердце

74. Рабаш. Статья 20 (1985). Кто ожесточил свое сердце

Сказано в Книге Зоар: «Сказал рабби Ицхак: "Не было никого, кто ожесточил свое сердце против Творца так, как Фараон". Сказал рабби Йоси: "Ведь Сихон и Ог тоже ожесточили свое сердце". Ответил ему: "Это не так. Они ожесточили сердце против Исраэля, но против Творца не ожесточали сердца так, как Фараон ожесточал дух свой против Него, когда видел могущество Его и не раскаивался"».

75. Рабаш. Статья 20 (1985). Кто ожесточил свое сердце

Можно объяснить разницу между утверждением Фараона, ожесточившего сердце против Творца, и утверждением Сихона и Ога, ожесточивших сердце против Исраэля. Фараон сказал: «Кто такой Творец, чтобы я послушался Его?» Иными словами, все его силы были направлены на снижение важности Творца – и это первый саботажник. Сихон и Ог ожесточили сердце против Исраэля, чтобы снизить его важность, – и это второй саботажник.

На все эти утверждения есть лишь один ответ – идти путем веры выше знания, не обращать внимания на их доводы, но полагаться на Творца, который может помочь всем. Нет никакой силы, способной противостоять силе Творца, и потому следует полагаться на Его помощь.

76. Рабаш. Статья 20 (1985). Кто ожесточил свое сердце

Мы видим, что для важной персоны человек способен работать без всякой оплаты. И потому, начав реализовывать принципы Торы ради отдачи, человек, разумеется, может отказаться от себялюбия на благо Творца.

Что же делает тогда саботажник духовной работы, чтобы человек не смог идти путем Творца? Он производит одно действие – не позволяет человеку представить себе величие и важность Творца. Таким образом, вся сила другой стороны, направлена против Творца. Он говорит человеку: «Я знаю, что ты силен и можешь преодолеть свои вожделения. В отличие от людей слабохарактерных и мягкосердечных, ты отважнейший из героев. А путем истины ты не идешь потому, что цель для тебя не настолько важна, чтобы ради нее отменять себя». В силу этого он и мешает человеку достичь цели.

Вот о чем говорит Зоар от имени рабби Ицхака: «не было никого, кто ожесточил свое сердце против Творца так, как Фараон».

77. Рабаш. Статья 20 (1985). Кто ожесточил свое сердце

Сказано в Зоаре: «Сказал рабби Йехуда от имени рабби Ицхака: "Фараон был умнее всех своих колдунов и, со всей их стороны, не видел, что придет спасение Исраэлю. Он не думал, что есть иная связь – связь веры, господствующая над всеми силами другой стороны. И поэтому ожесточал свое сердце"».

Из слов Зоара следует, что свойство Фараона лежит в знании, и разумом нет никакой возможности выйти из-под его власти – но только силой веры выше знания, поскольку эта сила аннулирует все прочие силы в мире.

Вопросы «кто и что?»

78. Рабаш. Статья 11 (1988). Какие две ступени предшествуют «лишма»

В то время, когда должны были принять на себя власть Небес, было тесно им, и не могли они [быть в нем], по причине вопросов Фараона, царя египетского, властвующего над ними этими вопросами «кто и что?» в разуме и в сердце, т.е. вопросами: «Кто такой Творец, чтобы я слушался его голоса?» и «Что это за работа, зачем она вам?».

79. Рабаш. Статья 15 (1990). Что означает, что пока не пал правитель египетский, не было ответа на их стенания, в духовной работе

Когда Моше пришёл к народу Израиля и говорил со свойством «Фараон» каждого человека, то есть с желанием получать в их сердцах. И сказал им, что хочет, чтобы их свойство «Фараон» не властвовало над их свойством «Исраэль», и позволило бы работать ради небес, а не для пользы тела. И когда услышал «Фараон» народа то, что говорит им Моше, то есть чтобы работали только ради небес, поняли они тогда, что такое отдавать, а не получать, и сразу же ослабели от работы, потому что тело изо всех сил сопротивлялось, не давая совершить никакого действия ради отдачи.

То есть теперь им стало тяжело работать даже в «ло-лишма», ведь до прихода Моше у них была сила для работы, поскольку ещё не знали, что значит «ради небес». Но когда пришёл Моше и объяснил им, что такое отдавать, ничего не получая, Фараон каждого из них начал задавать вопросы:

1. Как написано, Фараон спросил: «Кто такой Творец, что я должен слушаться его голоса?»

2. А затем был вопрос грешника: «Зачем нужна вам эта работа?»

80. Рабаш, 572. Два усилия

Порядок работы в Торе и заповедях, когда человек хочет заниматься [работой] ради небес, таков, что нужно бороться и победить злое начало. Ведь в природе человека прилагать усилия, когда от этого будет выгода для него самого, а когда он видит, что из этого не будет никакой выгоды для него, он работать не в состоянии. И [злое начало] выдвигает свои доводы, спрашивая: «Что это за работа у вас?» – т.е. какая выгода будет от того, что он прилагает усилия?

А когда человек преодолевает его, и говорит, что желает работать против [своей] природы, т.е. отдавать Творцу, злое начало является с другим доводом и задает вопрос Фараона-грешника: «Кто такой Творец, чтобы я его слушался?» Можно работать на благо ближнего только там, где мне известно, что ближний принимает [мои] усилия.

Иное дело, если у него есть два вида усилий:

1. Что он должен преодолевать себя и идти против [своей] природы, работая не ради собственной выгоды, а ради пользы ближнего, т.е. ради небес.

2. Что нужно верить, что Творец принимает его усилия.

И эти два вопроса являются главными в доводах грешника.

81. Рабаш, 920. О четырёх сыновьях говорит Тора

Когда существует злое начало, есть потребность в Торе. Поэтому, если человек верит в вознаграждение и наказание, он уже может исполнять Тору и заповеди, поскольку у него уже есть компенсация. Поэтому он не задает вопрос грешника: «Что это за работа у вас?» А когда у него нет зла, как сказано выше, у него нет потребности в Торе, поэтому: «Ему открой ты».

Если ты видишь, что есть человек, занимающийся Торой и заповедями из-за того, что он верит в вознаграждение и наказание, получается, что он закрыт, т.е. его зло находится в скрытии, т.е. в тайне. А в таком случае, его нельзя исправить, поскольку человек может исправить только то, что видят его глаза. Поэтому тогда человека обучают работать не ради получения вознаграждения.

И тут является зло и спрашивает: «Что это за работа такая у вас?», т.е. что нам будет, если мы будем служить Творцу без всякого вознаграждения, ведь это против нашей природы, так как мы родились с природой, [заставляющей] наслаждать себя, а не наслаждать ближнего без всякой компенсации. И тогда человек становится нуждающимся в Торе. И тогда можно сказать: «Я создал злое начало и создал Тору в приправу».

82. Рабаш. Письмо 3

Нужно знать, что в то время, когда человек начинает выполнение Торы и заповедей с намерением лишма, то человек чувствует, что находится в беде, которая называется Египтом, то есть царь египетский всегда спрашивает: «Кто такой Творец, чтобы я слушался Его голоса?». Тогда приходится напрягать разум, и мысли начинают сталкиваться друг с другом и не дают покоя. Иногда человек думает, что все чуждые мысли приходят в качестве «лазутчиков», которые «пришли высмотреть наготу земли», т.е только обследовать, и не более того. И нет никакой связи между этими мыслями и служением Творцу. А иногда человек думает, что «Мы честны, мы - сыновья одного человека», и что все наши мысли только о том, как быть слитым с единым Творцом. И мы укрепляемся и преодолеваем все мысли, заявляющие: «Кто такой Творец, чтобы я слушался Его голоса?» и «Зачем вам эта работа?». Это и называется египетским изгнанием.

83. Рабаш. Статья 22 (1989). Что означает, что именно в канун Песаха задают четыре вопроса

То, что человек хочет идти внутри знания, называется «грех Древа Познания». И этот грех раскрывается в двух видах. Т.е. отсюда мы должны задать два вопроса:

1. Вопрос фараона, который спросил: «Кто этот Творец, которого я должен слушаться?» Ведь и вообще ему тяжело поверить во что-то, идущее вразрез с [его] разумом. И отсюда следует еще одна вещь, а именно вопрос

2. Почему человек должен работать ради Творца, а не ради собственной выгоды? Ведь он спрашивает: что я выиграю от того, что буду работать ради Творца, а не ради собственной выгоды?

84. Рабаш. Статья 40 (1990). Что означает: «Ибо вы малочисленнее всех народов» в духовной работе

Когда мы не ощущаем вкуса в работе, появляется грешник и задает вопрос «что», т.е. – «что это за работа у вас», что вы хотите исполнять именно такую презренную работу? И грешник спрашивает: «Что это за работа у вас?» поскольку тогда они были уверены, что вся их работа – целиком на отдачу, и у желания получать нет в ней никакой доли.

85. Бааль Сулам. Шамати, 86. И построили несчастные города

Фараон – это свойство задней стороны шеи, сужающей море 'мецер-ям' [т.е. «Мицраим», Египет], и он высасывал высшее благо, когда оно опускается к нижним – посредством своего вопроса, который он задает: «Кто этот Творец, голос которого я должен слушать?» И тотчас же вместе с возникновением этого вопроса они уже находятся во власти клипот.

86. Рабаш, 877. Три молитвы - 2

Раз он хочет идти путем истины, тело наверняка согласится с ним легче, чем если бы он работал не на пути истины, т.е. лишма.

Однако в реальности всё наоборот. Ведь именно когда он хочет идти по пути лишма, тело начинает сопротивляться, и тогда начинаются все его претензии, т.е. претензия фараона, царя египетского, а именно претензия: «Кто этот Творец, чтобы я слушался Его голоса?», а также претензия грешника, который заявляет: «Что это за работа у вас такая?» И тогда работа начинает идти тяжело, и каждый раз он нуждается в большем преодолении.

Несчастные города Питом и Раамсес

Несчастные города

> 87. Рабаш. Статья 41 (1990) «Что означает «легкие заповеди, которые человек попирает своими ногами,» в духовной работе»

Сказано: «И построил он города-хранилища для фараона: Питом и Раамсес». А мой отец и учитель объяснял: когда они хотели работать ради небес и преодолевали власть египтян, это означает «Раамсес», т.е. что они преодолели эгоистическую любовь, как «гром коня» 'раам-сус', т.е. с большой, как у коня, силой. И думали, что они уже вышли из-под власти эгоистической любви. А потом они подошли к «устам бездны» 'пи теом', т.е. все здания, которые они строили, всё поглощалось и погружалось в бездну, и не осталось даже памяти от всей этой работы, и это называется «Питом».

Т.е. всякий раз работа их была в свойстве «Питом и Раамсес». Т.е. каждый день их работа начиналась заново. Другими словами, каждый день они ощущали, как будто сегодня они начинают совершать святую работу. И до сегодняшнего момента у них есть ощущение, как будто они никогда не занимали работой. И они задают себе вопрос: куда исчезла работа и усилия, которые они производили до этого момента. И они не знают, что ответить на это, но дело в том, что всё поглощается и погружается в землю.

88. Бааль Сулам. Шамати, 86. И построили несчастные города

Когда мы не желаем принимать веру, мы падаем из нашего состояния. И раз за разом мы поднимаемся и падаем, пока не решим в своем сердце, что у нас нет другого совета, кроме как утвердить веру. И это было для того, чтобы принять веру. И в этом смысл слов: «И построили несчастные города (для Исраэля) для Фараона».

89. Бааль Сулам. Шамати, 86. И построили несчастные города

Смысл слов «и построили несчастные города» – т.е. так было для Исраэля. Другими словами, сколько бы они ни работали во время изгнания, Фараон всё забирал в свое распоряжение. Но, как бы то ни было, народ Израиля был бедным, что называется «несчастным» – свойство нищего.

А еще можно объяснить [слово] «мискенот» 'несчастные' от слова «опасность» 'сакана', т.е. они были в большой опасности, что останутся в этом состоянии на все дни своей жизни. Однако для Фараона работа Исраэля была «Питом и Раамсес», т.е. чрезвычайно красивые города.

Согласно этому объяснение будет: «и построили несчастные города» – для Исраэля, а для Фараона – Питом и Раамсес. Ведь все [результаты] работы Исраэля падали в клипот, и они не видели никакого благословения в своей работе. А, когда они усиливались в работе в вере и в свойстве отдачи, они, в самом деле, видели «плодитесь и размножайтесь». А в тот момент, когда они падали в свойство знания и получения, они сейчас же попада́ли под власть клипы Фараона. И тогда они пришли к абсолютному и окончательному решению, что служение должно быть в свойстве веры выше знания и в свойстве отдачи.

90. Рабаш. Статья 14 (1986). Для чего нужны сосуды египтян

Когда человек приступает к духовной работе, желая, чтобы все его дела были с ради отдачи, и видя, что не в его силах преодолеть эгоизм, тогда он просит помощи у Творца. Сказали об этом мудрецы: «Кто пришел очиститься, тому помогают». И спрашивает Зоар: «Чем ему помогают? Чистой душой».

Как следствие, все их усилия по преодолению в работе уходили в землю, как сказано о строительстве Питома и Раамсеса. Иными словами, каждый день они должны были начинать свою работу заново, так как всё, что выстраивали, уходило в бездну. И всегда они видели себя так, словно никогда и не начинали работу, поскольку не помнили из Торы ничего, что касалось работы. И всегда, отдавая себе самоотчет, они вопрошали: «Где наша работа? Где все те силы, которые мы вложили в нее? Куда они ушли?»

91. Рабаш. Статья 14 (1986). Для чего нужны сосуды египтян

Трудно понять, как скверна Фараона способна поглощать всю работу, которую они производили, – до такой степени, что они не чувствовали, что когда-то служили Творцу, что была у них цель – достичь совершенства, и что они знали, чего хотят. Внезапно они приходили к такому состоянию, в котором забывали всё, и у них не оставалось никаких следов от этой работы.

И всё это было задумано изначально. Творец приготовил для этого скверну – эгоистичные желания, – чтобы каждый раз они оказывались в начале пути. А, как известно, всякое начало тяжело. В результате они были вынуждены просить Творца о помощи, как сказано: «Кто пришел очиститься, тому помогают». И, как говорит Зоар, каждый раз они получали «чистую душу» – силу свыше. Иными словами, раз за разом они получали добавки души. А они собираются затем в большое количество.

92. Рабаш. Статья 14 (1986). Для чего нужны сосуды египтян

Каждая подсветка, которую мы получаем свыше, хотя исчезает пока что, но в итоге, когда человек набирает сумму усилий, возложенных на него согласно принципу: «всё, что в твоих силах сделать, – делай», тогда он единовременно получает всё, что получал раз за разом. Человек думал, что всё уходит к скверне, – но в итоге всё получает назад.

93. Рабаш. Статья 13 (1986). Пойдем к фараону - 2

Объяснили мудрецы: «Питóм и Раамсéс. Рав и Шмуэль: один сказал: имя его Питом, а Раамсесом зовется потому, что его голова раскалывается первой...» Раши объяснил: когда отстраивали немного, город раскалывался и рушился. И снова строили – и он падал. «...А другой сказал: имя его Раамсес, а Питомом зовется потому, что его в первую очередь поглотили уста бездны».

Как мы видим, разногласие между Равом и Шмуэлем относится не к действительности, а к трактовке. Действительность же там была такова: всё, что они строили, рушилось. Это значит: что бы они ни строили для себя – любое построение в духовной работе, – приходили египтяне, т.е. чуждые мысли египтян, и разрушали всю их работу. Иными словами, все их старания, когда они изо всех сил пытались на преодолении выполнять духовную работу, – всё уходило в землю. Каждый день они должны были начинать заново.

Подневольный труд

94. Рабаш. Статья 14 (1987). Связь между песахом, мацой и марором

Сказано: «И поработили египтяне сынов Исраэля подневольным трудом (бе-парех)». И объяснили наши мудрецы – «бе пэ рах» (ласковыми устами). И следует понять, что такое «ласковые уста» в духовной работе.

Но, как сказано выше, египтяне говорили с мыслями и желаниями, побуждающими служить Творцу, но чтобы это было ради получения, что и называется «ласковые уста». Другими словами, с намерением ради получения тело согласно продолжать выполнять духовную работу, и не нужно строить намерение ради отдачи.

Получается, что этими речами они привели Исраэль к тому, что работа их стала тяжкой во время принятия ярма небесной малхут, и потому каждый из Исраэля говорил, что духовная работа ради отдачи – это очень тяжкая вещь.

95. Рабаш. Статья 14 (1987). Связь между песахом, мацой и марором

Египтяне передавали им мысли, что выгоднее работать ради получения, ведь таким образом они будут видеть,

- Песах -

что каждый день они продвигаются в добрых делах, тогда как, что касается работы в свойстве Исраэль, они и сами видят, что это тяжело, и свидетельство этому, что они не видят никакого продвижения в этой работе.

Выходит, что «ласковые уста» означает, что они будут давать Исраэлю понять, что если они пойдут их путем, это более легкая работа, и это называется «рах» (ласковый, мягкий), т.е. что им легче будет продвигаться в духовной работе.

И этими доводами египтяне «горькой делали жизнь их тяжкой работой», т.е. они все время объясняли Исраэлю, что работой Исраэля называется тяжкая работа, и это не для них.

96. Рабаш. Статья 13 (1986). Пойдем к фараону - 2

Все трактуют «тяжкую работу» как «ломку», т.е. разбиение тела. Причина в том, что это была тяжелая работа – до такой степени, что ее называют «работой, разбивающей тело и поясницу». Это вызвано тем, что они заменяли мужскую работу женской, а женскую – мужской, что несло им тяжелый труд.

Но почему они прислушивались к мнению египтян? Потому что те говорили с Исраэлем «мягкими речами». Помыслы египтян приходили к Исраэлю в виде «мягких речей», как будто всё, что они говорили им делать, вовсе не было призвано отдалить их от духовной работы, а наоборот, они хотели наставить сыновей Исраэля на пути Творца, на стезю успеха, так чтобы они не тратили времени попусту, без пользы – не видя продвижения в духовной работе. И поскольку сыновья Исраэль слышали, что к ним обращаются с «мягкими речами», им было трудно преодолеть эти помыслы.

97. Рабаш. Статья 13 (1986) Пойдем к фараону - 2

Следует понять, что значит «тяжкая» в контексте духовной работы. Здесь имеются два аспекта:

1. Действие, называющееся открытой частью. Это то, что открыто человеку, и нельзя сказать, что он ошибается или обманывает себя. Ведь в том, что открыто взору, ошибиться невозможно. В соблюдении принципов Торы и учебе человек видит – и другие могут видеть, – выполняет он это или нет.

2. Намерение. Оно называется скрытой частью, поскольку другие не могут видеть, с каким намерением человек производит свои действия. Да и сам он, действуя, тоже не может видеть намерение, поскольку в намерениях есть возможность ошибиться или обмануться. Только в предстающих перед взором вещах, в открытой части, все могут видеть истину – тогда как в том, что зависит от намерения сердца и от помыслов, человек не может полагаться на себя. Это скрыто от него и от других.

Мужское ремесло - для женщин

98. Рабаш. Статья 13 (1986). Пойдем к фараону - 2

«А женскую работу заменяли мужской». Смысл в том, что у этих людей не было сил для преодоления. «Иссякли их силы, как у женщины». Иными словами, ослабев в реализации принципов Торы, они были не в силах соблюдать и реализовывать даже открытую часть, означающую только действие. И вся работа по преодолению велась лишь в действии, а не в намерении.

Тогда приходили к ним египтяне и давали понять: «Мы не хотим мешать вам в духовной работе, а наоборот, хотим, чтобы вы были истинными служителями Творца. Ведь мы видим, что вы хотите выполнять духовную работу, и потому даем вам совет: главное в работе не действие, главное – намерение.

99. Рабаш. Статья 13 (1986). Пойдем к фараону - 2

«Они заменяли мужскую работу женской». Это значит, что человек – уже мужчина, т.е. уже может преодолевать зло в себе и на деле реализовывать принципы отдачи. А раз так, что́ он должен делать, когда уже зовется мужчиной, воином? В таком случае он уже способен на деле воевать со своим злом. Следовательно, настало ему время приступить к работе во втором аспекте – в скрытой части, т.е. в намерении. Это значит: отныне и далее стараться направлять все свои дела на то, чтобы доставить удовольствие Творцу, а не себе на пользу.

Что же сделали египтяне, увидев, что Исраэль – мужчина, способный выйти из-под их власти и вступить в отдачу? Тогда они заменили работу сыновей Исраэля и дали им «женскую работу», чтобы они занимались только ею. Иными словами, египтяне дали им понять: «Кому нужны эти намерения? Главное – дела».

Глина и кирпичи

100. Рабаш. Статья 14 (1987). Связь между песахом, мацой и марором

«И горькою делали жизнь их тяжкой работою с глиной и с кирпичами» [...]

«С глиной» (ба-хомер) – т.е. египтяне объясняли Исраэлю тяжесть («хумра») [работы] на отдачу, тогда как работа египтян всегда будет «белой» (лаван), т.е. они не ощутят никакой темноты в работе, а тело будет согласно на эту работу. И это называется «с кирпичами» (бе-левеним), – т.е. работа египтян всегда будет белой, без пятен и грязи, а они всегда будут в совершенстве. И этим они действительно привели к тому, что Исраэлю стало тяжело работать ради небес.

Другими словами, тяжелая работа происходила от того, что египтяне все время говорили им о тяжести (хомер) в работе на отдачу и белизне (левеним), которая есть в этой [т.е. их, египтян] работе. А страх египтян – как сказано выше, что боящийся Творца явился причиной препятствия для Исраэля. Т.е. это явилось причиной их тяжкой работы. «В поле» – т.е. в малхут небес, которую они хотели принять на себя, но не могли.

101. Рабаш. Статья 14 (1987). Связь между песахом, мацой и марором

«И горькой делали жизнь их» означает, что они не давали им работать ради отдачи, что приводит к слиянию с источником жизни, а египетская клипа и фараон управляли сынами Исраэля с помощью власти эгоистической любви, так что они не могли сделать ничего против желаний египтян, и в этом и состояло изгнание, т.е. они хотели выйти из этого изгнания, но у них не получалось.

102. Рабаш. Статья 11 (1988). Какие две ступени предшествуют «лишма»

Когда он начинает входить в работу «лишма» – тогда он начинает спускаться в египетское изгнание, и тогда начинает тело изменять человеку, и не дает ему делать эту работу, задавая всякие вопросы, на которые нельзя отвечать внутри знания. А выше знания не всегда человек готов себя преодолеть. И тогда он начинает ощущать подъемы и падения, ведь каждый раз человеку показывают свыше, что такое работа ради отдачи, а не ради себя. И хотя каждый человек понимает это, но когда это приходит свыше, когда дают ему осознать, тогда он входит в ощущение этого. И тогда начинается работа «с глиной и кирпичами», когда ощущается тяжесть порабощения в изгнании.

103. Рабаш. Статья 11 (1988). Какие две ступени предшествуют «лишма»

Необходимо идти в двух линиях, т.е. и в правой линии, что означает, что человек должен благодарить Творца за то, что Творец дал ему увидеть, чего ему не хватало. Т.е. что его страдания заключаются в том, что он далек от любви к Творцу – от этого все его беды и страдания, тогда как другим людям Творец не дал таких страданий, а все их страдания и беды заключаются в том, что они не могут удовлетворить свои материальные потребности, исходящие из любви к себе, т.е. они подобны животным, которые не понимают ничего, кроме любви к себе. И из-за этого они радовались и благодарили Творца.

Однако это тяжелая работа, поскольку левая линия отменяет правую линию. Поэтому каждый раз вновь существует работа строить её заново. И в этом смысл сказанного в Торе «И делали жизнь их горькой трудом тяжелым с глиной и кирпичами» (Шмот 1:14). Т.е. работа их была с «глиной», т.е. с левой линией, когда видели тяжесть своего состояния, насколько они далеки от любви к Творцу. А потом – работа в правой линии - быть в радости от того, что Творец показал им истину

– в каком состоянии они находятся. И это называется «кирпичами».

От нетерпения и тяжелой работы

104. Рабаш, 524. Что значит «проглотил марор – не выполнил [свою обязанность]» в духовной работе?

«Тяжелой работой» в работе называется то, что тяжело преодолеть и выйти из собственной выгоды, и он хочет работать только ради собственной выгоды. И он называется грешником, как известно, ведь он спрашивает: «Что это за работа» по отдаче «у вас», т.е. что вы выиграете от этого? Но известно, что «грешники при жизни своей называются мертвыми».

Получается, что тяжелая работа называется «марор», потому что человек при этом ощущает вкус горечи, поскольку он обязан работать ради собственной выгоды.

105. Рабаш. Статья 23 (1989). Что означает в духовной работе: «Если проглотил марор, не исполнил долг»

Тяжёлой работой было то, что народ Исраэля хотели выйти из-под власти египтян, которая называется любовью к себе. И когда они преодолевали и действовали в чем-то ради отдачи, тут же одолевали их мысли египтян, донимая вопросами грешника: «Что дает вам эта работа на благо Творца?» И каждый раз, когда они преодолевали, немедленно вновь возникали вопросы египтян. Это и называется «тяжёлой работой», что им было тяжело выйти из-под власти египтян, которые отравляли им жизнь.

106. Рабаш. Статья 16 (1990). Что означает «из-за нетерпения и тяжелой работы» в духовной работе

Когда человек должен принять на себя работу ради небес, эта работа считается низменной, поскольку он не находит в ней никакой важности. Получается, что то, что малхут находится во прахе, что это нечто неважное, было причиной тяжелой работы.

107. Рабаш. Статья 16 (1990). Что означает «из-за нетерпения и тяжелой работы» в духовной работе

Когда малхут (пребывает) в изгнании под властью клипот, то малхут у них считается прахом, чем-то неважным. И это означает нетерпение (букв.: «недостаток духа»), когда малхут не может быть в приподнятом состоянии духа, как это должны ощущать, когда сидят рядом с царем. Получается, что нетерпение и тяжелая работа связаны одно с другим. То есть, если малхут во прахе и совершенно не важна, то это ведет к тяжелой работе. Так как в том, что не имеет вкуса, – каждое мгновение, когда человек превозмогает себя и работает, – это преодоление очень тяжелое. И не всегда человек способен преодолеть.

108. Рабаш. Статья 14 (1987). Связь между песахом, мацой и марором

Сказано: «И застонали сыны Исраэля от работы», – о какой работе говорится? Следует сказать: о духовной работе, которая называется тяжкой работой, поскольку тяжело было им работать ради отдачи, так как египтяне и фараон, царь египетский, передавали им свои мысли и желания. Другими словами, поскольку египетская клипа – это главным образом эгоистическая любовь, египтяне властвовали над народом Исраэля, чтобы и народ Исраэля шел по их пути, называемом «эгоистическая любовь». И Исраэлю было тяжело преодолевать эти мысли, и поэтому сказано: «И застонали сыны Исраэля от работы».

109. Рабаш. Статья 14 (1987). Связь между песахом, мацой и марором

Ожесточение сердца, случившееся с фараоном, произошло для того, чтобы была возможность получить потребность в высших светах, тогда как если у них не будет тяжелой работы, у них не будет потребности в больших светах.

Ведь против того, кто собирается воевать с другим рукой или палкой, у его противника нет необходимости брать танк или пушку. И поэтому, чтобы у нижних была потребность получить большие света, им должны противостоять сильные клипот, и чтобы разбить их, человек обязан притянуть большие света, иначе он удовлетворился бы малым. Получается, что власть фараона из-за ожесточения его сердца приводит к тому, что они будут притягивать большие света.

110. Рабаш. Статья 16 (1990). Что означает «из-за нетерпения и тяжелой работы» в духовной работе

Когда человек начинает работу, он начинает ее с ло лишма, то есть ради собственной выгоды. А затем он начинает понимать, что занятия ло лишма – это только средство, 'сгула', с помощью которого он придёт к лишма. Как сказали мудрецы, «что от ло лишма приходят к лишма, потому что свет Её возвращает к источнику». И он верит в то, что в конце концов придет к лишма.

А затем человек продвигается еще на один шаг вперед. И начинает стараться, и выполняет действия, которые его приведут к лишма. То есть, он начинает понимать, что необходимо выполнять действия, и присоединять намерение, чтобы эти действия привели его на ступень лишма. И он подводит итог, насколько он уже удостоился лишма.

Тогда он начинает видеть истину, насколько он далек от работы на отдачу. И видит каждый раз больше, насколько погружен только в любовь к себе. И видит, что каждый день он движется назад. Тогда начинается его работа, когда он хочет выполнять работу ради отдачи под названием «тяжелая работа».

> 111. Рабаш. Статья 16 (1990). Что означает «из-за нетерпения и тяжелой работы» в духовной работе

В работе Творца, когда человек начинает работу на отдачу, и думает, согласно порядку ежедневной работы, что продвигается и идет вперед, человек говорит, что стоит продолжать эту работу на отдачу, потому что он, несомненно, выучит эту профессию так, чтобы знать, как делать все только ради небес.

Но когда он видит после того, как вкладывал усилия какое-то время в эту работу, что не только не продвигается, а еще и идет назад, то тело говорит ему, что жаль затраченных сил, которые ты вложил в эту работу, потому что эта работа не для тебя, поскольку для этой работы необходимы особые способности и смелость. Поэтому, займись иной работой для пропитания, то есть работай, как все остальные и не будь исключением из правил.

Получается, что это называется трудной работой, поскольку в каждой работе, когда он хочет прилагать усилия и продвигаться в работе на отдачу, тело не дает ему работать тем, что выдвигает ему справедливые претензии. И на самом деле внутри разума оно справедливо на сто процентов. Получается, что злословие, которое он слышит от своего тела, усложняет его работу, и она становится трудной работой.

112. Рабаш. Статья 16 (1990) Что означает «из-за нетерпения и тяжелой работы» в духовной работе

Человек должен верить, что он действительно продвигается, но только он видит, что каждый раз он все более погружен в любовь к себе, и находится сейчас в худшем положении, то есть он пребывает в состоянии более низменном, чем когда начал работу на отдачу – это по причине того, что «Я ожесточил его сердце».

Иными словами, Творец каждый раз раскрывает ему, что такое работать не ради личной выгоды, а только ради пользы Творца. Получается, что тем, что Творец сообщает человеку, чтобы «не работать ради личной выгоды», в этом человек видит, насколько это на самом деле против его природы. Поскольку человек создан с желанием получать ради себя. А сейчас он хочет сделать нечто, что против его природы. Поэтому это называется тяжелой работой.

113. Рабаш. Статья 16 (1990). Что означает «из-за нетерпения и тяжелой работы» в духовной работе

То, что человек ощущает, насколько он далек от работы на отдачу и погружен в любовь к себе, – это раскрытие сверху. И эта работа теперь становится трудной. То есть после того, как свыше ему сообщают, что значит ради небес, а не ради собственной выгоды, – его работа становится труднее.

Но человек думает, что он стал сейчас хуже, чем когда только начал работать ради отдачи, как будто бы сам по себе он стал хуже. И тогда человек должен верить, что это не так, а таким образом он продвигается к истине, так Творец сообщает ему о его истинном состоянии. Получается, что благодаря тому, что он начал эту работу, и ему сейчас кажется, что эта работа трудная – это потому, что Творец обращается к нему, потому что он сейчас в лучшем состоянии, чем тогда, когда еще не начинал работу на отдачу.

114. Рабаш. Статья 16 (1990). Что означает «из-за нетерпения и тяжелой работы» в духовной работе

Сказали мудрецы: «Пришедшему очиститься помогают». А поскольку то, что дают сверху, является совершенным, поэтому у человека должно быть совершенное кли, то есть совершенный хисарон, называемый совершенным кли, в которое может войти совершенный свет.

Получается, что то, что Творец раскрывает человеку зло, – это для того, чтобы дать ему помощь. То есть, что нет света без кли. Поэтому, когда зло еще не раскрыто полностью, у него нет полного кли. И надо объяснить, что такое «полное кли», то есть полное желание для помощи Творца. Поскольку все то время, пока зло еще не раскрыто, человек иногда говорит, что если он укрепится, он, конечно же, сможет прийти к работе на отдачу. А иногда он говорит, что и Творец не может ему помочь. Поэтому, в то время, когда человек вкладывает силы в работу на отдачу, тогда силы, которые он вкладывает, не дают ему сбежать с поля боя, и он получает каждый раз бо́льшую потребность в помощи Творца. Получается, что трудная работа сама была причиной того, чтобы воскричал к Творцу, чтобы помог ему.

115. Рабаш. Статья 16 (1990). Что означает «из-за нетерпения и тяжелой работы» в духовной работе

Именно когда все зло раскрывается, тогда есть совершенное кли, в которое может войти весь свет. И из вышесказанного мы видим причину того, почему Творец ожесточил его сердце, то есть сердце, называемое желанием, каждый раз все больше сопротивлялось работе на отдачу. И по причине того, что мы должны тяжело работать, только благодаря страданиям в тяжелой работе, эти страдания приводят к крику к Творцу при совершенном желании, чтобы Творец помог ему выйти из-под власти Фараона, египетского царя. То есть, именно из низменного состояния, когда человек чувствует, что хуже всех людей, это дает ему толчок, чтобы закричать к Творцу от всего сердца, чтобы помог ему.

Египетское рабство

И помни, что рабом был ты на земле Египта

116. Рабаш. Статья 44 (1991). Какова причина, по которой Исраэль удостоились унаследовать землю, в духовной работе

«Помни, что ты был рабом в земле египетской и Всесильный, твой Творец, вывел тебя оттуда», что это значит в духовной работе. Человек должен помнить, что у него было падение до того, как пришел к подъему. Т.е. что Творец дал ему ощутить зло в себе. Другими словами, человек должен верить, что это ощущение, что он является египетским рабом, т.е. что не в его власти сделать что-либо ради пользы Творца, а все, что он делает, - ради пользы египтян, которые в человеке. Это приходит от Творца.

117. Рабаш, 607. И помни, что рабом был ты

«И помни, что рабом был ты на земле Египта».

Этот стих указывает нам на то, что человек, находящийся во время подъема, должен изучить, что было у него во время падения. Ведь во время падения разговаривать не с кем, ибо тогда человек находится без сознания по отношению к духовной жизни, и в это время он беспокоится только о том, как наполнить свое тело наслаждениями, и ему не важно, откуда приходят к нему эти наслаждения, главное – «дай». Однако во время подъема человек может научиться и выиграть от состояния падения, и потому: «И помни».

118. Рабаш. Статья 15 (1991). Что означает благословение: «сотворивший для меня чудо в этом месте» в духовной работе

Быть рабом плохо, и все равно есть иногда такое, что человек хочет остаться рабом. Если так, то почему сказано: «И помни, что рабом был ты в Египте»? А кто говорит, что быть рабом так уж плохо? Но ведь есть люди, которые хотят быть рабами, как сказано выше, что раб сказал, что любит своего хозяина. Но изгнание – это согласно страданиям и боли, которые ощущаются в изгнании. В этой мере можем получить радость от освобождения. И это как свет и кли, то есть переносимые страдания от чего-либо – это келим, в которые можем получить свет, если освободимся от страданий.

Поэтому в египетском изгнании, говорит Писание: «И помни, что рабом был ты в Египте», – это означает, что быть рабом настолько плохо, что в Египте народ Израиля ощущал страдания. Поэтому говорится – помни, то есть необходимо помнить страдания, которые перенесли там. И тогда есть место радости при освобождении из Египта.

119. Рабаш, 921. Необходимость действия снизу

В египетском изгнании, когда Фараон давал им свои наслаждения, они были порабощены Фараоном, и не могли выйти из изгнания. Но после того как они выполнили действие, то есть пробудились к выходу из изгнания, поскольку это действие определяется как выбор, тогда Творец разбил его силы наверху, то есть забрал у него все наслаждения, благодаря которым был порабощён народ Израиля.

А когда ему нечего дать, это значит, что Творец разбил его силу и сжёг её в реке Динур (огненной реке), то есть забрал у него всю его отдачу. Получается, что ситре ахре нечем властвовать над человеком. Поэтому у них появилась возможность выйти из изгнания. И тогда они вошли во власть святости, т.е. начали ощущать вкус в силе отдачи. Получается, что стали тогда рабами святости.

120. Рабаш, 921. Необходимость действия снизу

Над человеком властвует наслаждение, а рабом называется тот, кто порабощён наслаждением. И когда наслаждением человека является получение, они

- Песах -

называются «рабами Фараона». А если его наслаждение от отдачи, он называется «рабом Творца». И без наслаждения невозможно существовать.

И не в силах человека разбить наслаждение, а только Творец может его разбить тем, что забирает у него свет, когда ему нечего дать творениям. И это называется разбиением силы ситры ахра.

И человек должен только раскрыть, что хочет силу отдачи. И пусть просит у Творца, чтобы дал ему эту силу. И это называется выбором со стороны человека, и только это является пробуждением снизу.

121. Рабаш, 932. Первое обновление

Когда человек находится в Египте, он не может быть игуди, поскольку находится в рабстве у Фараона, царя Египта. А когда он является рабом Фараона, он не может быть рабом Творца.

И это означает «потому что Мне сыны Исраэля», Мои рабы они, и не рабы рабов. Потому что когда человек работает на себя, он не может быть работником Творца, так как невозможно служить одновременно двум царям. И только после того, как человек выходит из Египта, то есть из эгоистического получения, он может стать работником Творца.

От изгнания к освобождению

122. Рабаш. Письмо 66

Невозможно выйти из египетского изгнания прежде, чем входят в это изгнание. Только тогда можно говорить, что выходят из изгнания.

- Песах -

И об этом сообщает нам автор Аггады: мы должны знать, что изначально идолопоклонниками были наши праотцы, то есть, что были в изгнании под властью идолопоклонников – и только тогда приблизил Творец праотцов. Но если не почувствовали бы себя под властью идолопоклонников, то нельзя было бы сказать, что Творец приблизил их. Только когда человек удален от Творца, можно сказать, что Творец приблизил его. И всегда должно отсутствие чего-либо предварять обладание этим, ведь отсутствие – это кли, а обладание – это свет, наполняющий недостаток и тьму.

123. Рабаш, 936. Время избавления

Вот приближается день освобождения, и на нас возложено лучше подготовиться для света освобождения, и это выход из рабства на свободу. Известно, что невозможно зыйти из изгнания, если не были в изгнании. Известно, что святая Тора вечная и действует в каждом поколении. И так же мы говорим в Агаде – в каждом поколении человек должен представлять себя выходящим из изгнания.

Поэтому необходимо знать, что такое изгнание, в котором мы находимся. И каждое поколение должно выйти из этого горького изгнания.

124. Рабаш. Статья 6 (1986). По поводу уверенности

Чтобы мы достигли желанной, доброй и обширной земли, необходимо сперва пройти этап формирования сосудов, т.е. находиться в земле Египта и видеть себя рабами, работающими на Фараона, царя египетского. Тогда муки изгнания порождают потребность в молитве к Творцу, чтобы Он вывел нас из изгнания, как сказано:

«И застенали сыновья Исраэля от работы, и возопили, и поднялся их вопль к Творцу». Таким образом, изгнание – это сосуд, а избавление – это свет и изобилие.

125. Рабаш, 91. Горечь изгнания

Когда приходит избавление, мы чувствуем, что всё изгнание было наполнено горечью. Но до избавления ещё не можем осознать, что изгнание такое горькое.

И в этом превосходство света над тьмой: когда видим свет, тогда мы можем видеть и тьму. А если нет понимания того, что разум находится пока в плену эгоизма, нет возможности отделить одно от другого.

126. Бааль Сулам. Письмо 14

В той мере, в которой сыновья Исраэля думали, что египтяне поработают их и сбивают со служения Творцу, в этой мере действительно были они в египетском изгнании, и вся забота Избавителя была лишь раскрыть им, что нет здесь вмешательства другой силы, и «Я это, а не посланник», ибо нет никакой силы кроме Него. И это был действительно свет избавления.

127. Рабаш, 71. Суть изгнания

«Когда Исраэль в изгнании, Шхина – с ними». Это значит, что если человек приходит к падению, то для него духовное находится в падении. Но ведь есть правило – «заповедь влечет за собой заповедь». Почему же он пришел к падению? Ответ: сверху дают ему падение, чтобы он почувствовал, что находится в изгнании, и чтобы просил милосердия, и тогда его вытащили бы из изгнания, что и означает спасение. Но невозможно спасение, если прежде не было изгнания.

128. Бааль Сулам. Шамати, 204. Цель работы - 2

До того, как есть ощущение изгнания, невозможно избавление. А когда приходят к 49-м [вратам], то чувствуют изгнание. А в 50-х вратах Творец избавляет. И нет различия между «изгнанием» 'гола' и избавлением 'геула', кроме буквы «алеф», означающей Властелина 'алуф' мира. Поэтому и изгнание – если человек не постиг его как следует, ему не будет хватать его на данной ступени.

129. Рабаш. Статья 11 (1988). Какие две ступени предшествуют «лишма»

Когда ощущает изгнание, то кричит «из теснин воззвал я к Творцу, простором ответил мне Творец» (Псалмы 118:5). И понятие «простор» означает, как известно, широкий, просторный в свойстве «хасадим» (милосердии), когда Творец помогает ему свойством милосердия, т.е. дает ему отдающие келим.

И это означает, что он выходит из египетского изгнания и входит в состояние освобождения, так как теперь он уже может работать ради отдачи, поскольку ощущает важность величия Творца потому, что есть у него отдающие келим, называемые «подобие свойств». Ведь когда Творец дает ему расширение отдающих келим, уходят от него сокращение и скрытие, которые были у него из-за нахождения под господством клипы египетской, с ее вопросами и властями.

130. Рабаш, 933. Исход из Египта

«Рабами были мы ... и вывел Он нас». Это значит, что именно благодаря этим ограничениям мы сможем выйти из изгнания. Имеется в виду, что именно благодаря тому, что мы каждый раз видим изменения, подъемы и падения, благодаря борьбе, возникает место для молитвы. И тогда исполнится «и застонали сыны Исраэля от работы, и поднялся вопль их» (Шмот 2:23). Потому что именно когда изгнание раскрывается во всей своей мере, начинается избавление.

131. Рабаш. Статья 11 (1988). Какие две ступени предшествуют «лишма»

Известно, что нет света без кли. Т.е. что невозможно дать человеку что-либо насильно, ведь известно, что нет насилия в духовном. Поэтому, когда человек сожалеет и испытывает боль и страдания от того, что не способен выйти из любви к себе и работать только на благо Творца, он кричит Творцу, чтобы помог и дал ему то, что он просит. Т.е. если Творец даст ему это, и он сможет, отменив себя, подчиниться власти Творца и желать, чтобы лишь власть Единого существовала в мире, т.е. власть Творца, и в этом всё его избавление – это означает, что у него есть кли и необходимость в том, чтобы Творец помог ему.

И об этом сказано «и услышал Творец их стенания». Это означает, что после того, как у них появляется кли – желание и потребность, чтобы была у них способность работать на благо Творца, тогда приходит время «и услышал Творец их стенания». Т.е. тогда начинается избавление, чтобы вызволить их из-под египетских страданий.

- Песах -

132. Рабаш. Письмо 66

Если человек находится под этой властью, как и народы мира, получается, что он в изгнании, и тогда он в свойстве идолопоклонник – и тогда есть место для молитвы, чтобы Творец помог ему выйти из этого изгнания; и тогда можно сказать: и сейчас, то есть после того, как он в изгнании, и он идолопоклонник, можно сказать: и сейчас приблизили место его работы, что означает выполнять работу Творца и не быть под властью чуждой работы.

Это называется выходом из Египта, когда все действия – ради Творца. И к этому относится заповедь – «помни о выходе из Египта», ведь только после выхода из египетского изгнания можно выполнять заповеди по причине того, что это указания Творца, а не по иным причинам.

133. Рабаш. Статья 15 (1991). Что означает благословение: «сотворивший для меня чудо в этом месте» в духовной работе

Нужно знать, что изгнание, – то, что ощущает человек, что он находится в изгнании, – измеряется не самим изгнанием, а ощущением зла и страданий, которое он испытывает от того, что находится в изгнании. И тогда, когда он страдает от того, что пребывает под властью поработителей, когда вынужден делать все, что они требуют от него, и у него нет никакой возможности сделать то, что он хочет, а он вынужден служить и реализовывать все, что народы мира, находящиеся в теле человека, требуют, и у него нет никаких сил изменить им – в соответствии с мерой страданий, которые он ощущает и хочет сбежать от них, в этой мере он может насладиться освобождением.

134. Рабаш. Статья 6 (1986). По поводу уверенности

Во время изгнания, вкус которого человек чувствовал, – это когда ему открывалась картина отдачи лишь ради Творца, а не для собственной пользы, и он ощущал изгнание и вкус праха. А во время избавления, выходя из изгнания, он ощущает в работе на отдачу вкус желанной, доброй и обширной земли.

Итак, земля изгнания – это состояние, в котором мы ощущаем вкус страданий и постоянно ищем, как сбежать с этой земли. А выход из изгнания означает, что человек вступил в желанную, добрую и обширную землю, о которой мы говорим: «Благодарим Тебя, Творец...» Это и есть земля Исраэля, и к этому избавлению нам надо стремиться.

135. Рабаш. Статья 32 (1991). Что такое знамена в духовной работе

Когда свойство Исраэль в изгнании, то и Творец с ними в изгнании, то есть желание отдавать в изгнании, и так же и тот, кому хотим отдавать, тоже в изгнании, как сказано о Фараоне, который сказал: «Кто такой Творец, чтобы я слушал его голос?». Он отрицает величие Творца, и не дает поверить в величие Творца, и так или иначе свойство Исраэль в изгнании для них.

И сказанным можно объяснить то, о чем мы спрашивали – о чем говорят слова: «И если Исраэль освобожден, то как будто бы и Он спасен». То есть, какое отношение имеет освобождение Исраэля к освобождению Творца? Из вышесказанного следует, что изгнание Исраэля и изгнание Творца – одно и то же, ведь когда человек постигает и чувствует величие Творца, уже нет никакой власти у народов мира, все аннулированы перед

Творцом. Поэтому, получается, что все изгнание только от того, что не ощущают величие Творца.

136. Рабаш. Статья 32 (1991). Что такое знамена в духовной работе

Когда Исраэль, которые в нем выходят из изгнания и удостаиваются освобождения, то и Творец, который был во время изгнания скрыт от него по причине власти народов, Он виден сейчас, и ему раскрывается величие Творца. Потому что сейчас нет надобности в сокращении и скрытии, поскольку снято скрытие, согласно сказанному: «В той мере, в которой человек может создать намерение ради отдачи, в этой мере уходит сокращение и скрытие». И об этом сказано: «Ликовать будем при спасении твоем. И спасет Творец в этот день Исраэль. И «освобожден», - сказано, что когда Исраэль освобождается, то как будто бы и Он освобождается».

137. Рабаш. Статья 11 (1986). Истинная молитва основана на истинной потребности

В египетском изгнании сыновья Исраэля обрели сосуды, т.е. желание, чтобы Творец помог им выйти из изгнания. Ведь нет света без сосуда, и лишь когда молитва настоящая, поскольку человек видит, что нет у него никакой возможности спастись, но только Творец может помочь ему, – это называется истинной молитвой.

138. Рабаш. Статья 15 (1990). Что означает благословение: «сотворивший для меня чудо в этом месте» в духовной работе

В египетском изгнании, говорит Писание: «И помни, что рабом был ты в Египте», – это означает, что быть рабом настолько плохо, что в Египте народ Израиля ощущал страдания. Поэтому говорится – помни, то есть необходимо помнить страдания, которые перенесли там. И тогда есть место радости при освобождении из Египта.

139. Рабаш. Статья 16 (1990) Что означает «из-за нетерпения и тяжелой работы» в духовной работе

Поскольку малхут до сих пор находилась в изгнании, поэтому ее руки были коротки, чтобы спасти Исраэль. Тогда как при выходе из изгнания, наоборот, она дает дух (руах) человеку, чтобы он находился в приподнятом состоянии.

Поэтому когда пришел Моше и сообщил об освобождении, они не могли поверить в это, т.е. что выйдут из египетского изгнания, как написано: «И вывел Я вас из египетских страданий, и спас Я вас от работы на них». Т.е. не будет у вас не только именно тяжелой работы, но и просто никакой работы у вас не будет, в это никак не могли поверить – как такое возможно?

Другими словами, если бы верили в это, то силой веры вышли бы из изгнания. Т.е. малхут, которая называется духом (руах), поднимется вверх по важности.

140. Рабаш. Статья 16 (1990). Что означает «из-за нетерпения и тяжелой работы» в духовной работе

Когда у человека есть вера, он не убегает из системы, то есть, когда говорит, что он видит, что Творец, страшно сказать, не слышит его молитву, поэтому ему некому молиться. Но он верит, что Творец слышит его молитву, и Творец сообщает ему о том, что Он знает, в каком низменном состоянии находится человек, что никогда бы не подумал, что он настолько погружен в любовь к себе.

Поэтому каждый раз он укрепляется, и не перестает молиться Творцу, и говорит, что Творец, несомненно, хочет, чтобы ему раскрылось истинное желание, чтобы его вызволили из этого изгнания. Но, как бы то ни было, он не перестает благодарить Творца за то, что раскрыл ему его истинное состояние. И так же он стоит и молится Творцу, хотя видит, что Творец слышит молитву, потому что раскрыл ему зло, и несомненно Он поможет ему так же и выйти из этого зла, что означает освобождение. То есть он верит, что Творец дал ему понять, что он находится в изгнании, и, конечно же, потом вызволит его из изгнания.

141. Рабаш. Статья 11 (1986). Истинная молитва основана на истинной потребности

Вся боль и все страдания, которые человек испытывает, вызваны тем, что он не может работать для Творца. Человек хочет работать на отдачу, но тело, порабощенное эгоистическими силами, не дает ему выстроить это намерение. И тогда человек взывает к Творцу о помощи, ибо видит, что находится в изгнании среди сил скверны, которые властвуют над ним, и не видит впереди никакой возможности выйти из-под их власти.

Тогда-то его молитва и зовется истинной молитвой – ведь человек не в силах выйти из этого изгнания. Сказано об этом: «И вывел Исраэль из среды египтян, ибо навеки милость Его». Поскольку это против природы, только Творец может вывести Исраэль из этого изгнания.

- Песах -

Всякого новорожденного мальчика бросайте в Нил

142. Шмот 1:16, 1:22

И сказал он: «Принимая роды у евреек, не спускайте глаз с родильных кресел, если сын - умертвите его, а если дочь - пусть живет»... И повелел Фараон всему своему народу: «Всякого новорожденного мальчика бросайте в Нил, а всякой девочке - дайте жизнь!».

143. Рабаш, 923. И сказал он: принимая роды у евреек

Когда человек начинает идти путем Творца, фараон, царь египетский, – это царь, который властвует над телами, чтобы они удерживали работающих ради отдачи, так чтобы тела сопротивлялись, чтобы они не смогли прийти к желаемому совершенству, которое означает, что все дела его будут ради небес.

Поэтому он [фараон] сказал, т.е. дал приказ, когда работающие занимаются Торой и заповедями, что называется «еврейки», ибо работа в Торе и заповедях относится к работникам Творца. В то же время «египтянки» называется, когда человек занимается материальными делами, ведь такими действиями занимаются и египтяне. И только когда занимаются Торой и заповедями, они называются «еврейками».

144. Рабаш, 923. И сказал он: принимая роды у евреек

«Не спускайте глаз с родильных кресел» – т.е. когда человек говорит, что он желает понять, что он делает, т.е. с какой целью он занимается Торой и заповедями. И если он является «сыном», т.е. работа его направлена на отдачу, и таково желание человека во время его занятий Торой и заповедями, «умертвите его» – т.е. не давайте никакой жизненности и никаких сил, чтобы он прекратил свою работу.

«А если дочь», т.е. намерение его находится в свойстве «некева», т.е. ради получения вознаграждения, – «пусть живет». Вы можете давать ему силы и жизненность, поскольку этот человек не желает выйти из Египта и его не нужно бояться. Поэтому вы можете помочь ему, пусть делает то, что он хочет, пусть даже будет дотошен в разных мелочах, ведь в любом случае, он останется у нас в Египте. И не стоит работать впустую, ведь в любом случае, он – наш.

145. Рабаш 923. И сказал он: принимая роды у евреек

Если это сын, т.е. намерение его в этом – чтобы прийти к «ради небес», а не ради собственной выгоды, от этого он может удостоиться свойства Избавителя Исраэля, называемого свойством Моше, как сказали наши мудрецы: «Распространение Моше происходит в каждом поколении».

А если он удостоится свойства Моше, называемого Избавителем Исраэля, который спасет их, выведя из Египта, – надо видеть [это] заранее, чтобы помешать ему достичь состояния выхода из египетского изгнания.

146. Рабаш 923. И сказал он: принимая роды у евреек

Как можно убедиться, что он работает ради отдачи, ведь он всё еще находится в Египте, что означает свойство «ради собственной выгоды», а не ради отдачи. Но сейчас он хочет удостоиться этого, и об этом сказано: «Он передал им признак: захар (мужское свойство) – лицом вниз, некева (женское свойство) – лицом вверх».

Ибо, что такое лицевая и обратная сторона («паним» и «ахор»), объясняется в «Предисловии к ТЭС», так как когда мы видим человека сзади, мы не знаем, действительно ли это тот человек, о котором мы думаем. Возможно, это другой, ведь мы можем ошибаться. Тогда как, если мы видим товарища спереди, у нас нет никаких сомнений.

Поэтому, когда желают указать на какую-либо вещь, о которой разумом понимают с абсолютной уверенностью, что тут не может быть никакой ошибки, это называется «паним». А вещь, которая не [совсем] ясна с точки зрения разума, называется «ахораим».

Поэтому «паним» называется свойством знания, так как он работает в служении Творцу только в свойстве знания. И это называется, что «паним» для него важнее по значимости, ибо главным для него является знание. А «ахораим» – когда он находится только в свойстве веры.

147. Рабаш, 923. И сказал он: принимая роды у евреек

«Бросайте его в Нил», т.е. не давайте ему настраиваться даже и в материальных действиях ради небес, что называется свойством сына. «А всякой девочке – даруйте жизнь» – только когда его намерение в получении ради получения, тогда вы можете дать ему жизненность и силу, чтобы они совершали материальные действия.

В то время как если это сын, он в это же время может удостоиться свойства Моше, называемого Избавителем Исраэля, который выведет их из египетского изгнания и приведет их в Святую Землю.

Моше

Я вытащила его 'мешетиу' из воды

148. Рабаш, 684. Моше

Почему учитель наш Моше был назван именно именем «Моше», которое дала ему дочь фараона? И следует сказать, что благодаря спасению, ибо «я вытащила его 'мешетиу' из воды». В отношении работы имеется в виду, что человек тонет в злонамеренных водах, называемых свойствами «что и кто», а благодаря этому его вытаскивают из злонамеренных вод.

Верный пастырь

149. Рабаш. Статья 13 (1988). Что означает, что предводитель народа – это и есть народ, в духовной работе

Известно, что Моше называется на языке Зоара «верным пастырем». Мой отец и учитель (Бааль Сулам) объяснял, что Моше питал народ Исраиля верой. И сказал, что у человека есть силы, чтобы осуществить Тору и заповеди в полном объеме, но недостаёт лишь веры. И насколько у человека есть вера, настолько он способен отдавать силы работе.

150. Рабаш. Статья 17 (1991). Что означает: «Ибо ожесточил Я сердце его» в духовной работе

У человека есть свойство Моше, свойство верного пастыря (который является пастырем веры для всей общности Исраэля). Эта сила пробуждает человека увидеть истину – что никогда человек не достигнет свойства «человек» собственными силами, и потому сказано: «И увидел, что нет ни одного человека» – это заставляет его просить у Творца, чтобы Он дал ему свойство веры в Творца, с помощью которого он придет к слиянию с Творцом.

151. Рабаш. Статья 13 (1988). Что означает, что предводитель народа – это и есть народ, в духовной работе

Сказал рабби Шимон: «Счастлив удел Исраэля, ведь такой верный пастырь как Моше среди них». Это означает, что живёт внутри народа Исраэля свойство веры, называемая: «Моше – верный пастырь». Ведь тогда, если есть у них вера, то уже есть у них сила заниматься Торой и заповедями. Т.е. есть в каждом человеке вера в Творца, и это называется «Моше – верный пастырь». И будет тогда весь народ праведниками, иными словами, все органы человека, т.е. все его мысли и желания, называемые его «органами», и это называется «народом».

И это объясняет сказанное: «И вспомнил древние дни» – это Творец. «Моше, Его народ» – ибо Моше был равноценен всему народу Израиля». И учим отсюда, что «предводитель народа – он и есть весь народ», так как вера, которая есть в человеке – это и есть весь человек.

152. Рабаш, 17. Шхина

Сказали наши мудрецы «Моше равноценен 600 000», – т.е. учитель наш Моше удостоился такой меры раскрытия Творца, которая была уготована для раскрытия всему Исраэлю. И потому сказано: «Шхина говорит устами Моше», т.е. Моше удостоился общего раскрытия, называемого «Шхина».

153. Рабаш, 711. Не восстал пророк, как Моше

Моше называется верным пастырем, а также зеркалом, которое светит, т.е. он всегда светил. И об этом сказано, что «во всем доме Моем доверенный он». И это свойство Моше.

Однако в Моше было свойство Шломо и свойство Йосефа. Как сказано: «И взял Моше кости Йосефа». И в этом смысл того, что все они были сказаны Моше на Синае. И это означает, что Моше был равноценен 600 000, т.е. он включал в себя всех. А когда рассматривают уровень Моше, говорится о его особой ступени, называемой свойством Моше.

Как сказали наши мудрецы по поводу трепета – относительно Моше, «малой вещи», так как суть Моше есть свойство более высокое, но он, безусловно, включал в себя все свойства.

154. Рабаш, 228. Моше – это свойство веры

Родился Моше – раскрылась вера. Т.е то, что становится видно, что есть недостаток веры, приводит к привлечению веры, и это называется, что в нем рождается Моше.

155. Рабаш. Статья 13 (1988). Что означает, что предводитель народа – это и есть народ, в духовной работе

Вся тяжесть в работе на Творца это лишь недостаток веры. Ведь когда человек удостаивается совершенной веры, тогда он страстно желает аннулировать себя перед Творцом, как свеча пред факелом. И сразу же все «органы», т.е. мысли и стремления человека, подчиняются тому, что обязывает их делать сила его веры. И об этом сказано: «Если он удостоился, то и все его «органы» праведны, так как от веры [в] Творца исходят мысли и стремления праведников.

156. Рабаш. Статья 13 (1988). Что означает, что предводитель народа – это и есть народ, в духовной работе

Если предводитель народа «не удостоился», т.е. нет у него чистой веры, т.е. совершенной, а есть лишь частичная вера, (как объяснено в ТЭС, п.14): «Конечно же, тогда весь народ не удостаивается». Что означает: все его «органы» совершают поступки, характерные для того, у кого нет совершенной веры. И наказываются они за него – т.е. сами они невиновны, в то время как их мысли и желания не соответствуют тому, у кого есть вера.

Таким образом, если бы в их предводителе была совершенная вера, то «органы» слушались бы его, и были бы мыслями и желаниями праведников. И потому они страдают из-за него, т.е. из-за того, что нет у него совершенной веры.

157. Рабаш. Статья 25 (1987). Что такое серьезность в духовной работе

Сказано о Моше: «Тяжел на уста и тяжел на язык я». Ведь Моше называется «верным пастырем», поскольку свойство Моше называется «вера». А в вере нет «уст и языка», поскольку «уста и язык» означает, что он объясняет эти вещи с помощью разума и знания. А свойство Моше – это свойство веры выше знания.

158. Рабаш, 900. Две ступени

Ступень Моше, т.е. свойство скрытых хасадим - это свойство «глаз не видел …», т.е. скрытые хасадим «... Всесильного, кроме Тебя», другими словами, что вся его работа в свойстве «Он великий и правит [всем]», когда не нужно никакой оплаты (компенсации), кроме Творца, в этом вся его жизненная сила, это то, чем он служит Творцу.

Моше обращается к народу

159. Рабаш, 877. Три молитвы - 2

До того, как Моше пришел к народу Израиля с поручением от Творца, который желает вывести их из Египта, народ Израиля занимался работой Творца, но они были в порабощении фараона, царя Египетского. А «фараон, царь Египетский» – это желание получать, которое есть в творениях, когда человек не способен делать ничего, кроме как ради собственной выгоды. И оно властвует над всеми творениями и притесняет всех, кто хочет выйти из-под его власти, т.е. работать на благо ближнего.

А Моше пришёл к народу Израиля и сказал им, что Творец желает вывести их из-под власти фараона, т.е., вывести каждого, принадлежащего народу Израиля, из-под власти его собственного фараона, который существует у каждого [человека] частным образом.

160. Рабаш. Статья 16 (1990). Что означает «из-за нетерпения и тяжелой работы» в духовной работе

Когда пришел Моше и передал им известие об избавлении, они не могли поверить этому, т.е. что они вышли из египетского изгнания, другими словами, как сказано: «и Я выведу вас из-под тягот египетских, и спасу вас от порабощения их». Т.е. что не будет у них не только тяжелой работы, но даже и просто работы не будет у них. В это они не могли поверить, как может быть такое.

Т.е. если бы они поверили в это, то силой веры они вышли бы из изгнания. Т.е. малхут, называемая духом, поднялась бы вверх по важности.

161. Рабаш. Статья 16 (1990). Что означает «из-за нетерпения и тяжелой работы» в духовной работе

Сказано: «И говорил Моше так сынам Исраэля (т.е. известие об избавлении), но не послушали они Моше из-за нетерпения (букв.: короткого духа) и из-за тяжелой работы». Что означает, что «недостаток духа» – это малхут, рука которой была коротка для спасения Исраэля. И следует объяснить, что, как известно, основная работа относится к свойству малхут – как говорит великий Ари, египетское изгнание заключалось в том, что свойство даат, относящееся к святости, пребывало в изгнании, т.е. малхут небес, ведь следует принять ярмо малхут небес из-за того, что «Он велик и правит», т.е. не для получения вознаграждения, а необходима работа ради великого наслаждения от того, что человек удостоился служить Царю по причине важности Царя, – это было в изгнании. Т.е. не была раскрыта важность святости, и это называется «Шхина во прахе».

Претензии народа к Моше

162. Рабаш. Статья 15 (1990). Что означает, что пока не пал правитель египетский, не было ответа на их стенания, в духовной работе

Когда Моше пришёл к народу, он говорил с ними относительно фараона, который находится в каждом из них, то есть с желанием получать в их сердце. Он сказал им, что хочет, чтобы свойство фараона в них не властвовало над их свойством Исраэль, а дало бы им работать ради Творца, а не тела. Когда услышал фараон, находящийся в народе, о чём говорит им Моше, о работе ради Творца, то они поняли, что такое отдача, а не получение. Но тут же ослабли в работе, поскольку тело сопротивлялось изо всех сил, только бы они не совершали ни единого действия ради святой отдачи.

То есть теперь им было трудно действовать даже ло лишма. Ведь прежде, чем пришёл Моше, у них были силы для работы, поскольку ещё не знали, что значит «ради Творца». А когда Моше пришёл и объяснил им, что такое отдавать и ничего не получать, то фараон в каждом из них начал задавать вопросы:

- Песах -

1. Как сказано, фараон спрашивал: «Кто такой Творец, чтобы я слушался Его голоса?»

2. А потом задаётся вопрос "грешника": «Что вам эта работа?»

163. Рабаш. Статья 15 (1990). Что означает, что пока не пал правитель египетский, не было ответа на их стенания, в духовной работе

Почему, когда Моше пришёл к Творцу, положение народа ухудшилось. Это не потому, что они стали хуже, а вследствие того, что Моше дал им понять, что значит работать ради Творца, как сказано, «С того времени, как я пришел к фараону говорить от имени Твоего», то есть работать ради Творца. А свойство фараона должно было оставить свою власть, и тогда появилось место для раскрытия зла.

Получается, благодаря объяснению Моше понятия «ради отдачи», они продвинулись в духовном и достигли меры истины, осознавая, насколько злое начало управляет ими. Однако прежде, чем Моше пришёл к ним в качестве посланника Творца, они ещё не видели истину, и как они далеки от Творца. Из этого следует, что несмотря на то, что действия их стали хуже, но в свойстве истины они продвинулись. Только теперь они обрели келим, которые может наполнить Творец Своей помощью, согласно сказанному мудрецами, «Пришедшему очиститься помогают».

164. Рабаш. Статья 14 (1987). Связь между песахом, мацой и марором

И следует объяснить претензии, которые были у них к Моше, когда они сказали: «Взглянет ... и осудит и т.д.».

Это означает, что они ссорились с Моше, поскольку Моше сказал им, чтобы они верили в Творца, и вышли они из-под власти тела, а в теле властвует фараон, царь египетский, «притесняющий» святость. И они начали работу в сердце и разуме, и увидели, что тело, т.е. свойство фараона, начало властвовать над ними, т.е. всему, что они хотят сделать в духовной работе, тело сопротивляется сильнейшим образом. А до того, как они начали идти путем Моше, у них были силы работать, а сейчас, что бы они ни делали, это противно телу, как сказали они Моше: «Что вы омерзили дух наш в глазах фараона», – т.е. телу нашему противен дух наш в духовной работе с того момента, как мы начали идти путем отдачи.

165. Рабаш. Статья 14 (1987). Связь между песахом, мацой и марором

Они досадовали на Творца, почему сейчас они стали хуже, чем до того, как Моше пришел к ним как посланец Творца, с тем, что он хочет вывести их из изгнания. И почему же сейчас они видят, что они еще больше входят в изгнание, ведь фараон господствует над телами с большей силой и с помощью еще более логичных мыслей каждый раз подбрасывает нам новую претензию? В таком случае, отсюда следует, что было лучше до прихода к ним Моше в качестве посланца Творца. Но сейчас они видят, что тела их, т.е. свойство фараона, полностью господствуют над сынами Исраэля, т.е. вместо того, чтобы у них было приподнятое состояние духа в тот момент, когда они знают, что идут по истинному пути, – а что у них было? Наоборот! Ведь в глазах тела, которое называется фараоном, какой дух был у них? Как сказано: «Что вы омерзили дух наш в глазах фараона», – т.е.

тело говорило им: какое состояние духа есть в работе на отдачу?

А «омерзил [дух]» означает дурной дух, т.е. они не могут терпеть этот дух. Т.е. они не могут терпеть это состояние духа, и хотели бы сбежать, как убегают от вони.

Претензии Моше к Творцу

166. Рабаш. Статья 15 (1990). Что означает, что пока не пал правитель египетский, не было ответа на их стенания, в духовной работе

После того, как народ Исраэля услышали из уст Моше, что нужно работать ради Творца, началось настоящее сопротивление зла, которое в человеке. И об этом сказано: «И обратился Моше к Творцу, и сказал: Творец! Для чего ты причинил такое зло этому народу, зачем ты послал меня? Ибо с того времени, как я пришел к фараону говорить от имени Твоего, он начал хуже поступать с народом этим». То есть тело, называемое «фараон», начало противиться духовной работе.

167. Рабаш, 877. Три молитвы - 2

«С тех пор, как я пришел к фараону говорить от имени Твоего, стал хуже народ этот ...». Т.е., как сказано выше, что когда Моше, учитель наш, пришел говорить «от имени Твоего», т.е. чтобы они работали ради Творца, «стал хуже народ этот», они стали хуже. Т.е. до того, как пришел Моше, говоря, что следует работать только ради небес, все они совершали работу Творца и считали себя праведниками. И у них были силы на работу, так как энергия, позволяющая знать, ради чего они работают, была ясна для них.

Иное дело, после того как пришел Моше со своей миссией [сообщить], что нужно работать ради небес, тогда они стали хуже. В таком случае, согласно этому для них было бы лучше, если бы они не начинали работу в лишма.

168. Рабаш. Статья 15 (1990). Что означает, что пока не пал правитель египетский, не было ответа на их стенания, в духовной работе

Вопрос Моше был вполне допустим. То есть, разумом понимают, что если выполнять Тору и заповеди, которые Творец указал нам исполнять, то таков уклад работы: когда занимаются путём истины, разумеется, работа должна быть более жёсткая, так как идут по пути истины.

Однако ло лишма не относится к пути истины. Поэтому, когда Моше пришёл говорить с народом от имени Творца, то их работа должна была стать более усердной, так как надо теперь преодолеть зло, находящееся в свойстве истины. Но что увидел Моше? Сказано: «С того времени, как я пришел к фараону говорить от имени Твоего, стало хуже этому народу». Иными словами, работа по преодолению зла стала тяжелее. Не то, чтобы они стали лучше и обладали большей силой по преодолению зла, а наоборот, зло стало сильнее.

169. Бааль Сулам. Письмо 10

Сказано: «И ответил Моше, и сказал: "Но ведь не поверят они мне... ибо скажут: «Не открывался тебе Творец»"«. Т.е., - поскольку «святые уста» находились в изгнании, что называется, «ибо косноязычен я, и тяжело мне говорить». Потому Моше, пастырь верный, говорит Творцу: «Но ведь не поверят они мне», ибо даже если я соединю Исраэль с собой и притяну на них некоторый свет свыше, ведь клипа Паро высосет и отберет его у них. И хотя и соединены они со мной, все равно не послушают они голоса моего». Дело в том, что, хотя у клипы Паро и есть власть над ними, и уста и речи их в изгнании, – все равно, если бы верили в пастыря верного как следует, могли бы сыновья Исраэля услышать голос Моше, который выше уст и речей. И если бы укрепились в этом, конечно, спаслись бы от клипы Паро.

170. Рабаш. Статья 15 (1990). Что означает, что пока не пал правитель египетский, не было ответа на их стенания, в духовной работе

Невозможно дать лишь наполовину, а необходимо сначала раскрыть всё зло полностью, и затем приходит помощь свыше на это полное раскрытие. Поэтому после того, что Моше сказал: «Для чего ты причинил столько зла этому народу, а избавить - не избавил его», раскрылось в них зло в полную силу. Следовательно, сейчас пришло время для получения избавления свыше. Поэтому Творец сказал «теперь», то есть, теперь увидишь, что Я пошлю им необходимую помощь, как сказано, «сильной рукой отошлю их и сильной рукой выведу их из земли этой». Ведь только теперь настало время, когда злое начало уже раскрылось в них».

171. Рабаш. Статья 15 (1990). Что означает, что пока не пал правитель египетский, не было ответа на их стенания, в духовной работе

Необходимо понять возражение Моше, который сказал, что «с того времени, как я пришел к фараону говорить именем Твоим, он начал хуже поступать с народом этим; а избавить - не избавил Ты народа Твоего. Следовательно, претензия Моше была справедливой. Это следует из ответа Творца, что Моше говорил правду. Только Творец сказал ему: «Теперь увидишь, что Я сделаю фараону». То есть, что он увидит, что Творец совершит над фараоном. Казалось, надо было написать «ты увидишь» («теперь» созвучно со словом «ты»), то есть, что Моше увидит, то есть слово "ты" (ата) начинается с буквы алеф. Но почему написано с буквой аин слово ата («теперь»)? Означает, что сейчас он увидит. То есть до того, как он пришел к Фараону, и тот начал хуже поступать с этим народом, не могло быть выхода из Египта, и только сейчас есть возможность сильной рукой вывести и отослать их.

172. Рабаш. Статья 14 (1987). Связь между песахом, мацой и марором

Недовольство Исраэля Моше передал Творцу. И спросил Моше: «Зачем Ты послал меня?».

И отвечал Творец Моше, как сказано: «И сказал Творец Моше: "Теперь увидишь ты, что сделаю Я с фараоном, ибо [вынужденный] сильной рукой он отпустит их"».

Сильной рукой Он отпустит их

173. Рабаш, 877. Три молитвы - 2

«И сказал Творец Моше: Теперь увидишь, что сделаю Я с фараоном, ибо из-за крепкой руки он отпустит их». И ответ был: не то, что они сказали неправду, но то, чего Я желаю от них, – чтобы они почувствовали истину: насколько они далеки от правды, т.е. от работы ради небес. И тогда, когда с их стороны будет такое требование: что они неспособны работать лишма, – тогда вы увидите, как Я дам вам эту силу работать ради Творца. Но Я не требую от вас, чтобы вы могли идти по пути истины, Мне только нужно, чтобы у вас было кли для получения высшего блага. Поэтому, когда вы начнете работать ради отдачи, вы увидите, что неспособны на эту работу, тогда Я дам вам то, что называется: «из-за крепкой руки он отпустит их». Как сказано: «И также Я услышал стенание сынов Исраэля, которых поработят египтяне, и вспомнил Я Мой завет … и Я выведу вас из-под ига египтян».

174. Рабаш. Статья 14 (1987). Связь между песахом, мацой и марором

Почему Он делает, чтобы работа на отдачу была такой тяжелой, – это потому, что Я хочу, чтобы раскрылась «сильная рука», как сказано: «ибо [вынужденный] сильной рукой он отпустит их и сильной рукой он изгонит их из своей страны».

А в каком случае нужна «сильная рука»? Это нужно именно, когда другой сопротивляется изо всех сил, тогда можно говорить о том, что нужно воспользоваться «сильной рукой». Но нельзя говорить, если другой – слабак, что нужно поступать с ним «сильной рукой».

175. Бааль Сулам. Шамати, 70. Рукою крепкою и яростью изливающейся

Если человек преодолевает все трудности и прорывает все заслоны, которые ему препятствуют, и если маленькими вещами оттолкнуть его не получается, тогда Творец посылает ему большие клипот и колесницы 'меркавот', чтобы они сбили человека с пути, [не давая ему] войти в слияние с Творцом, а не с чем-то другим. И это называется, что «рукою крепкою» Творец отталкивает его. Потому что, если Творец не проявит «крепкой руки», трудно оттолкнуть его, ведь у него есть большое желание слиться только лишь с Творцом, а не с чем-то другим.

Но того, у кого нет такого уж сильного желания, – когда Творец хочет оттолкнуть его, Он отталкивает его чем-то легким, давая большу́ю жажду материального. И он [т.е. человек] уже оставляет всю святую работу. И не нужно отталкивать его «рукою крепкою».

176. Бааль Сулам. Шамати, 70. Рукою крепкою и яростью изливающейся

Когда человек преодолевает трудности и помехи, невозможно с легкостью оттолкнуть его, а [сделать это можно] только «рукой крепкою». А, если человек преодолевает и «руку крепкую» и ни в коем случае не хочет сдвинуться с места святости, а хочет именно прилепиться к Творцу по-настоящему, но видит, что его отталкивают, – тогда человек говорит, что «ярость изливается на него», иначе бы ему дали войти, но «ярость изливается на него» со стороны Творца, поэтому ему не дают войти в царский чертог и прилепиться к Творцу.

Получается, что до того, как человек [пришел в состояние, что он] не желает сдвинуться со своего места, и прорывается, и хочет войти, нельзя говорить, что он чувствует, что «ярость изливается на него». Но после всех отталкиваний – когда его отталкивают, а он не сдвигается со своего места, т.е. уже раскрылась над ним «рука крепкая и ярость изливающаяся», – тогда исполнится: «буду Я властвовать над вами». Ибо только благодаря прорывам и большим усилиям раскрывается ему высшая власть (высшая малхут), и он удостаивается войти внутрь Царского чертога.

- Песах -

Моше поражает египтянина

177. Рабаш, 237. Свойства моха и либа (разума и сердца)

«И убил египтянина», – тем, что не давал наполнить его желание и отклонял его требования. И это называется, что он умертвил действие и мысль этого египтянина, который у него в сердце. Так же и наслаждение разума – только в том, что он делает, понимая, что он делает. А в той мере, в которой он делает вещи, противоречащие его разуму, – когда разум заставляет его [думать] иначе, – его страдания измеряются мерой противоречия его разуму.

А когда человек идет выше разума, в этом случае, когда ему дадут разум, вынуждающий его делать всю его работу, он может сказать, что принимает всё это ради отдачи, ведь со своей стороны, он может отказаться от этого разума.

И тогда он может удостоиться свойства света веры, ведь он может отказаться [от наслаждений], и намерение его не ради себя. И доказательство – что он делает всё, даже если это против разума. Как бы то ни было, он способен получить свет веры, и может быть уверен, что намерение его – отдавать.

Тогда как если он не может работать в свойстве веры, а может делать только то, что заставляет [делать] разум, т.е. [действовать] в согласии с желанием получать, он автоматически остается в сокращении. Поэтому нужно два вида работ – т.е. моха и либа.

178. Рабаш, 506. Избавил нас от руки пастухов

Творец обещал Моше, что выведет их из первой беды и из второй беды. Однако следует знать, что главный выход – из первой беды, т.е. выход из материальных страстей, ибо без этого невозможно прийти к духовным наслаждениям.

И об этом притча, приводимая в мидраше о «египтянине, который спас нас от рук пастухов», – т.е. то, что он [Моше] убил египтянина, т.е. что первую причину, нужно помнить также даже и потом, когда он приходит ко второму состоянию, т.е. изгнанию от духовных наслаждений, которые надо получать ради отдачи, но тело не согласно. Т.е. «убил египтянина» – имеются в виду материальные наслаждения, называемые свойством «египтянин».

В то же время, вторая беда потом – это уже свойство «Исраэль», т.е. у него есть духовные наслаждения, и, тем не менее, он находится в беде из-за того, что нужно преодолевать ради отдачи, и что нужно, чтобы Творец избавил его также и от этой беды.

Горящий терновник

179. Зоар для всех. Шмот. Статья «В пламени огня из куста терновника», п. 396

««Моше размышлял и думал: «Не хватало, чтобы был уничтожен Исраэль этой непосильной работой», как сказано: «И увидел их тяжкие труды». И поэтому: «И явился ему ангел Творца в пламени огня из куста терновника. И увидел он – вот терновник горит огнем, но терновник не сгорает». Иными словами, порабощены они тяжким трудом, «но терновник не сгорает»», – т.е. невозможно уничтожить их в изгнании, как мы уже говорили. «Счастлив Исраэль, так как Творец избрал их из всех народов, и назвал их сыновьями. Как сказано: «Сыны вы Творцу Всесильному вашему»».

180. Зоар для всех. Шмот. Статья «В пламени огня из куста терновника», п. 389

«Вот терновник горит огнем, но терновник не сгорает» (Шмот, 3:2). ««Вот терновник горит огнем» – чтобы совершить суд над грешниками, "но терновник не сгорает", – т.е. они не уничтожаются. "Горит огнем" – всё же это намёк на огонь ада». Другими словами, несмотря на то, что этот огонь был показан Моше, который был праведником, всё же это намёк на огонь ада, т.е. на грешников. «Однако: "Но терновник не сгорает"» – т.е. (огонь) не уничтожает их.

181. Рабаш, 516. По поводу сандалий

Что значит, сказанное по поводу Моше: «Сними свои сандалии с ног твоих» – если сандалия 'нааль' называется, что он запирает 'ноэль' претензии разведчиков? В соответствии с этим – что означает «сними сандалии свои»?

Следует сказать, что «ноги твои» 'раглейха' означает «привычку» 'рагилут', т.е. то, что есть у него от воспитания. А для того, чтобы не потерять воспитание, ему нужна сандалия 'нааль' от слова «замок» 'мануль', т.е. «запирать». Однако со свойством Моше, т.е. свойством Торы, наоборот – т.е. там следует отбросить сандалии и принять всё через Тору.

- Песах -

Знамения и чудеса

182. Бааль Сулам. Письмо 10

«И восстал новый царь над Египтом, который не знал Йосефа». Ибо во время падения в «материю» разуверятся они также и в величии Моше, пастыря верного. А потому, как же может Моше избавить их из-под столь дурной и сильной клипы? А потому послал Творец три знамения, чтобы Моше показал их пред сынами Исраэля, и научил его, как устроить эти знамения пред ними одно за другим. И обещал ему Творец, что поможет ему с небес, чтобы была возможность в руке его показать их. И когда примут сыновья Исраэля от него эти знамения, придут они слушать голос Моше, и тогда сможет он избавить их от этого горького изгнания.

183. Бааль Сулам. Письмо 10

Что такое эти три знамения. Знамение первое: превращение посоха в змею и змеи в посох. Знамение второе: когда вынимал руку не из-за пазухи, была она в проказе, как снег, а когда вынимал из-за пазухи, снова становилась она, как плоть его. Знамение третье, что при разливе вод Нила на сушу, становились они кровью.

- Песах -

Посох и Змей

184. Бааль Сулам. Шамати, 59.
По поводу посоха и змея

«И ответил Моше, и сказал: "Но ведь не поверят они мне..." И сказал ему Творец: "Что это у тебя в руке?" И ответил он: "Посох". И сказал Он: "Брось его на землю!" ...И превратился он в змея, и побежал Моше от него».

И следует объяснить, что есть только две ступени: либо святость, либо Ситра Ахра. А промежуточного состояния нет. Ведь из самого этого посоха получается змей, если бросить его на землю.

185. Рабаш. Статья 35 (1986), Пятнадцатое ава

«Сказал ему Творец: "Что это у тебя в руке?" Моше ответил: "Посох". И сказал Творец: "Брось его на землю". Моше бросил его на землю, и тот превратился в змея. И побежал Моше от него». Сказал Бааль Сулам: руки Моше – это категория веры. И по важности она находится внизу, так как человек стремится лишь к знанию. Порой он видит, что, рассуждая логически, у него нет никакой возможности достичь желаемого. Аргументирует он это тем, что уже вложил в работу большие усилия, чтобы всё делать ради отдачи, и не сдвинулся ни на волос. В таком случае тело говорит человеку: «Это приведет тебя в отчаяние. Не думай, что сможешь когда-нибудь добиться успеха. Так что оставь-ка ты этот путь».

В ответ сказал ему Творец: «Брось его на землю» – то есть так ты сделаешь перед народом Исраэля.

186. Бааль Сулам. Шамати, 59.
По поводу посоха и змея

Смысл вопроса: «Что это у тебя в руке?» Ведь «рука» означает «постижение», от слов «если достанет рука». Посох 'матэ́' – т.е. все его постижения построены на свойстве «ниже 'ма́та' по важности», что означает веру выше знания.

(Ибо свойство веры считается в глазах человека свойством низким по важности, свойством низости. А человек ценит те явления, которые облачаются внутрь знания. Иначе, если разум человека не постигает их, и они противоречат знанию человека, и человек должен тогда сказать, что вера находится по важности выше его знания. Получается, что тогда он принижает свое знание и говорит, что то, что он понимает внутри знания – это противоречит пути Творца, – в таком случае, вера находится у него выше по важности, чем его знание.

Ведь все умозаключения, противоречащие пути Творца, вызваны тем, что этот разум ничего не стоит, ибо «есть у них глаза, но не видят они, есть у них уши, но не слышат они». Т.е. он отменяет всё, что он слышит и видит. Это называется, что он идет выше знания. И так представляется человеку свойство низости и катнута.

187. Бааль Сулам. Шамати, 59.
По поводу посоха и змея

Для человека, у которого нет другого совета, и он должен идти путем веры, вера кажется низостью. Тогда как по отношению к Творцу, который мог бы поместить Свою Шхину не на деревьях и камнях, но выбрал именно этот путь, называемый верой, Он, безусловно, выбрал это, потому что это лучше и успешнее. Выходит, что для Творца вера не называется низкой по важности, а, наоборот, именно у этого пути есть многочисленные достоинства, но в глазах творений это называется «внизу».)

А, если бросают посох на землю и хотят работать с более высоким свойством, т.е. внутри знания, и пренебрегают свойством «выше знания», и эта работа кажется низкой, из его Торы и работы сейчас же получается свойство змéя, что называется «первородным змеем».

И в этом смысл слов: «Тот, кто проявляет высокомерие, – говорит ему Творец, – не можем Я и он пребывать в одном месте».

188. Бааль Сулам. Шамати, 59.
По поводу посоха и змея

Если он бросает свойство посоха на землю и возвышает себя, чтобы работать с более высоким свойством, – это уже змей. И нет промежуточного состояния, а либо змей, либо святость. Потому что вся его Тора и работа, которые были у него в свойстве посоха, – всё это вошло теперь в свойство змéя.

189. Бааль Сулам. Шамати, 59.
По поводу посоха и змея

Чтобы человек не оставался во власти Ситры Ахры, Творец произвел исправление, состоящее в том, что если человек оставит свойство «посоха», он сразу же падает в свойство «змéя», и он тотчас же попадает в состояние неудач. И у него нет никакой силы, чтобы укрепиться, если только он снова не получит свойство веры, называемое «низость».

Получается согласно этому, что сами неудачи являются причиной того, что человек снова примет на себя свойство посоха, т.е. свойство веры выше знания.

190. Бааль Сулам. Шамати, 59. По поводу посоха и змея

У них нет другого совета, кроме как принять на себя свойство веры выше знания, называемое «посох». И посох этот должен быть в руке, и не [следует] бросать этот посох. И потому сказано: «Расцвел посох Аарона», т.е. все цветения, которые были у него в работе Творца, происходили именно на основе посоха Аарона.

И это, потому что Он хотел дать нам признак, чтобы [мы могли] знать, идет ли он по пути истины или, страшно подумать, нет. Он дал [нам] признак, чтобы мы могли узнать только фундамент работы, т.е. на какой основе он работает. Если основой его является посох – это святость. А если его основой является [свойство] «внутри знания» – это не путь, который приведет к святости.

191. Бааль Сулам. Три знамения

«И он бросил его на землю», т.е. власть была отдана клипе, «и тот стал змеем, и бежал Моше от него», т.е. он раскрыл им, что причина того, что они не слышали его до сего дня, – из-за этого змея, который бьет хвостом. И потому они поверили людям, которые хотели его убить и т.д. И потому: «И бежал Моше от Фараона».

Однако сейчас Творец дал ему эту силу: «Протяни твою руку и ухвати его за хвост», т.е. чтобы они не верили грешникам, а верили только ему. И тогда: «И стал тот посохом в его руке», ибо увидят они, что достигли полной и чистой веры, и змей больше не сможет поражать их.

- Песах -

Выход из Египта

По поводу выхода из Египта

192. Рабаш, 932. Первое обновление

Когда человек работает на себя, он не может быть работником Творца, потому что невозможно служить одновременно двум царям. И только после того, как человек выходит из Египта, то есть из эгоистического получения, он может стать работником Творца. И тогда он может удостоиться Торы. Из этого выходит, что первое обновление – это выход из Египта.

193. Рабаш. Письмо 66

Если человек находится под этой властью, как и народы мира, получается, что он в изгнании, и тогда он в свойстве идолопоклонник – и тогда есть место для молитвы, чтобы Творец помог ему выйти из этого изгнания; и тогда можно сказать: и сейчас, то есть после того, как он в изгнании, и он идолопоклонник, можно сказать: и сейчас приблизили место его работы, что означает выполнять работу Творца и не быть под властью чуждой работы.

Это называется выходом из Египта, когда все действия - ради Творца. И поэтому связывают заповеди – «в память о выходе из Египта», ведь только после выхода из египетского изгнания можно выполнять заповеди по причине того, что это указания Творца, а не по иным причинам.

194. Бааль Сулам. Не время собирать стадо

Одиночке нельзя выходить из общества и просить за себя, даже для доставления наслаждения своему Создателю, а можно только за всё общество.... Ибо выходящий из общества, чтобы просить за свою частную душу, не созидает, а наоборот, приводит к разрушению своей души... И во время работы, когда человек молится в одиночестве, он поневоле выходит из общества и разрушает свою душу... Чтобы ни у кого из сынов Исраэля не было даже и поползновения требовать хоть что-нибудь в одиночку... Ибо ни у кого не было недостатка ни в чем, потому что сами они не ощущали себя отдельными личностями, и в этом была их сила, позволившая выйти из Египта «рукою сильною».

195. Рабаш, 922. Умножать, рассказывая об Исходе из Египта

Много рассказывать о выходе из Египта – это похвально. И надо понимать, почему нужно много рассказывать о выходе из Египта. И это до такой степени важно, что сказано: «Тот, кто много рассказывает, это похвально». И также надо понимать, когда говорят, что в каждом поколении человек должен видеть себя, как будто он вышел из Египта. Известно, что в отношении света ничего нельзя добавить, а только – в отношении келим, поэтому «много» – это относится к келим, что означает недостаток ощущения изгнания. А когда приходит ощущение изгнания, тогда он ощущает, что он сам находится в Египте. Если так, то как же он может восславлять выход из Египта, если сам находится в

Египте? И объяснением этому служит то, что он должен видеть себя, как будто он уже вышел из Египта.

196. Рабаш, 934. Обязанность рассказать об исходе из Египта

«А даже если мы все мудрецы... на нас возложена заповедь рассказывать о выходе из Египта». Надо сказать, что даже если мы уже изучаем Тору и все понимаем, все равно должны пробудить корень выхода народа Израиля из изгнания фараона. Потому что главное – это выход из клипы и вход в святость, потому что остальные ступени называются причиной и следствием. Поэтому мы должны восславлять и восхвалять Творца за это, и благодаря этому распространяется радость во всех мирах. Т.е. от того, что мы ощущаем важность свободы от клипот, в этой мере растет радость. И в мере нашей радости мы сможем восхвалять и восславлять. Поэтому каждый год необходимо пробуждать корень.

Чудо выхода из Египта

197. Рабаш. Статья 11 (1990). Что означает в духовной работе, что ханукальный светильник ставится слева от входа

Чудом называется то, чего человек не в силах достичь, т.е. невозможно достичь, а должно быть чудо свыше, и только таким образом оно и называется «чудом».

Поэтому, когда человек приходит к состоянию, что есть в нем уже осознание зла, что не может он выйти из-под власти народов мира, которые в нем, что Исраэль в нем находится в изгнании под их игом. И не видит он никакой возможности выйти из-под их власти. Поэтому Творец помогает им и выводит из-под власти народов мира, и наоборот, народ Израиля управляет ими, это называется «чудом».

198. Рабаш. Статья 11 (1990). Что означает в духовной работе, что ханукальный светильник ставится слева от входа

Творец вывел их из земли египетской. Это означает, что Творец избавил их от страданий в Египте. И в это чудо человек обязан верить, как и при выходе из Египта. И каждый, занимающийся работой Творца, должен верить, что Творец выведет его. Ведь это настоящее чудо – когда в действительности выходят из-под власти эгоизма и беспокоятся только лишь о благе Творца.

199. Рабаш. Статья 17 (1990). Какую помощь получает пришедший очиститься

Человек способен изменить свою природу только лишь при помощи Творца. То есть Он её создал, и Он может её изменить. Это и называется "выходом из Египта", которое было чудом. Поэтому сказано «пойдём», то есть они оба пошли, как говорится «пошли вместе», Творец и Моше.

200. Рабаш. Статья 40 (1990). Что означает: «Ибо вы малочисленнее всех народов» в духовной работе

Человек видит, что у него нет никакой возможности работать с желанием отдавать и не ради собственной выгоды. Такое возможно только как чудо с небес. На самом деле это называется выходом из Египта. То есть выйти вообще из разума, который у него есть со стороны природы, когда невозможно сделать никакого движения без наслаждения. И здесь он просит Творца, чтобы дал ему силу работать там, где у него нет никакого вкуса и ощущения, а только веря в то, что Творец наслаждается от этой работы, поскольку он весь в отдаче.

И умер царь египетский

201. Рабаш. Статья 11 (1988). Какие две ступени предшествуют «лишма»

Следует объяснить, что означает «и умер царь египетский». Т.е. ту работу, когда они работали ради собственной выгоды, называемую «клипой египетского царя», они уже прекратили выполнять для него, так как почувствовали, что состояние, когда они работают ради себя, называемое властью египетского царя, подобно смерти, и поэтому приняли на себя обязанность работать ради небес. Но тогда уже не было у них сил работать, потому что египетский царь господствовал над ними.

Получается, что ради собственной выгоды они не хотят работать, а ради пользы Творца работать не способны. Как сказано в Торе: «и стенали сыны Израиля от работы, и возопили, и поднялся вопль их к Творцу от работы».

202. Бааль Сулам. Шамати, 159. И было, спустя много времени

Работа в Египте была им чрезвычайно мила. И это называется: «Перемешались они с народами и научились делам их». Т.е., если Исраэль находятся под властью какого-либо народа, то этот народ господствует над ними. И нет у них возможности выйти из-под их власти. В таком случае, они ощущали достаточный вкус в этой работе и не могли спастись.

И что же сделал Творец? «И умер царь египетский». Т.е. они потеряли это служение. И, как бы то ни было, не могли больше работать. Т.е. они поняли, что когда нет совершенства мохин, то и служение это не находится в совершенстве. Поэтому: «И застонали сыны Исраэля от работы». Работы – т.е. у них не было удовлетворения в работе, т.е. у них не было никакой жизненной силы в этом служении. И в этом смысл слов: «И умер царь египетский», т.е. вся власть царя египетского, который питал и обеспечивал их, умерла. Поэтому у них возникло место для раскрытия молитвы. И они сразу же были спасены.

203. Рабаш. Статья 16 (1985).
Чем более изнуряли его

Всё то время, пока была дана их правителю власть над Исраэлем, не были услышаны стенания Исраэля. Когда же пал их правитель – как сказано, «умер царь Египта» – сразу же: «застенали сыновья Исраэля от работы и возопили, и поднялся вопль их к Творцу». Но до того часа они не получили ответа на свои стенания».

Это дает основание сказать, что если не пришло время низложить правителя Египта, то нет возможности для выбора, чтобы они раскаялись и смогли выйти из изгнания. Ведь сказано: ««в течение тех многочисленных дней» – которые были многочисленными для пребывания Исраэля в Египте, пока им не настал конец. И когда подошел конец их изгнанию, сказано: «умер царь Египта». Смысл в том, что правитель Египта был низвержен со своей высоты и пал от своей гордыни. И потому сказано о нем: «умер царь Египта», так как падение считается для него смертью. И когда пал царь Египта, т.е. их правитель, вспомнил Творец об Исраэле и услышал их мольбу».

204. Рабаш. Статья 16 (1985).
Чем более изнуряли его

Сказано в Зоаре: «Когда подошел конец их изгнанию – умер царь Египта, так как падение считается для него смертью. И когда пал царь Египта, т.е. их правитель, вспомнил Творец об Исраэле и услышал их мольбу». Следовательно, есть основание полагать, что никакая молитва не поможет, пока не настанет время. А раз так, ничего не поделаешь, ведь Творец не услышит их мольбу?

Из вышесказанного поймем эти вещи как есть. Тот же вопрос подняли мудрецы, трактуя строфу «Я, Творец, в свой срок ускорю это». И пояснили: «удостоятся – ускорю, не удостоятся – в свой срок». Иными словами, когда наступит время, тогда от Творца придет пробуждение, благодаря которому сыновья Исраэля раскаются (букв. вернутся). Таким образом, выбор относится к времени, как сказано в «Предисловии к Книге Зоар».

Из вышесказанного следует, что человеку не следует рассуждать о сроке избавления. Сказано, что до тех пор их мольба не была принята, – и речь идет о сроке количества и качества страданий. Есть определенное время, за которое страдания завершатся.

205. Рабаш. Статья 15 (1990). Что означает, что пока не пал правитель египетский, не было ответа на их стенания, в духовной работе

Когда они удостоились увидеть, что «умер царь Египта» – то, что книга Зоар называет «падением их правителя», - тогда это знание, что они думали, что есть правитель Египта, который обладает властью и задерживает их стенания, чтобы не были они услышаны «наверху», - ушло из народа Израиля.

Теперь они удостоились увидеть, что не было никакого правителя Египта, задерживавшего молитву Исраэля, чтобы она не была принята. Творец же слышал их молитву, и Он отяготил их сердце, то есть именно Творец желал, чтобы раскрылась истинная форма зла, которая называется «желанием получать для себя». Значит, Он, действительно, слышал их крик.

206. Рабаш. Статья 15 (1990). Что означает, что пока не пал правитель египетский, не было ответа на их стенания, в духовной работе

Кто способствовал падению власти их правителя? - То, что они всё время работали и не убежали от этой работы, пока не появилось место для раскрытия зла, и тогда, само собой, удостоились истины. То есть поняли, что не было никакого правителя, - просто они так думали.

Следовательно, оба вопроса разрешились одновременно.

Из сказанного следует, что необходимо очень укрепиться, чтобы не убежать от этой работы, и верить, что «Творец слышит молитву каждого», и что нет никакой иной силы в мире, а есть только одна сила, и это - сила Творца. И Он всегда слышит всё то, с чем к Нему обращаются.

- Песах -

И застонали от работы

207. Бааль Сулам. Шамати, 159. И будет в эти большие дни

«И было, спустя много времени: умер царь Египта, и застонали сыны Исраэля от работы, и возопили – и вознесся этот вопль от работы их ко Всесильному. И услышал Всесильный стенание их». Другими словами, они переживали настолько большие страдания, что не было возможности выносить их. И были так настойчивы в молитве, что «и вознесся этот вопль их ко Всесильному».

208. Рабаш. Статья 14 (1987), Связь между песахом, мацой и марором

Сказано: «И застонали сыны Исраэля от работы», – о какой работе говорится? Следует сказать: о духовной работе, которая называется тяжкой работой, поскольку тяжело было им работать ради отдачи, так как египтяне и фараон, царь египетский, передавали им свои мысли и желания. Другими словами, поскольку египетская клипа – это главным образом эгоистическая любовь, египтяне властвовали над народом Исраэля, чтобы и народ Исраэля шел по их пути, называемом «эгоистическая любовь». И Исраэлю было тяжело преодолевать эти мысли, и поэтому сказано: «И застонали сыны Исраэля от работы».

- Песах -

209. Бааль Сулам. Шамати, 86. И построили несчастные города

Служение должно быть в свойстве веры выше знания и в свойстве отдачи.

Однако они видели, что у них нет собственной силы, позволяющей выйти из-под власти Фараона. Поэтому сказано: «И стенали сыны Исраэля от работы». Ибо они боялись, что они останутся там, в изгнании, навечно. И тогда: «...и вознесся вопль их к Творцу», и они удостоились выйти из египетского изгнания.

210. Рабаш. Статья 36 (1990). Что значит, что сыны Эсава и Ишмаэля не хотели принимать Тору, в духовной работе

«И застонали сыны Исраэля от работы, и возопили - и вознесся их вопль от работы к Творцу». Т.е. благодаря тому, что просили помощи, нужно было дать им каждый раз новые света, как сказано в книге Зоар, что помощь, которую дают свыше – это свойство «святой души», и с помощью этого была у них, у народа Израиля, потребность в больших светах, потому что иначе не могли выйти из-под власти Египта.

Выходит, что ответ Творца был в том, что Творец даст им потребность просить помощи. И это значит, что каждый раз Он раскрывает им больше зла, чтобы они всегда просили бы большей помощи. И таким образом раскроется им свет цели творения.

211. Рабаш, 933. Исход из Египта

Именно благодаря тому, что мы каждый раз видим изменения, подъемы и падения, благодаря борьбе, возникает место для молитвы. И тогда исполнится «и застонали сыны Исраэля от работы, и поднялся вопль их» (Шмот 2:23). Потому что именно когда изгнание раскрывается во всей своей мере, начинается избавление.

И это показывает нам порядок изгнания и избавления, которые были тогда в Египте. И этот порядок мы должны продолжать до Окончательного Исправления.

212. Рабаш. Статья 11 (1986). Истинная молитва

Для того, чтобы [человек] молился из глубины сердца, есть здесь два условия:

1. Чтобы его работа была против природы. Это значит, что он желает выполнять все действия только для того, чтобы отдавать, и он хочет выйти из любви к себе, – тогда можно сказать, что у него есть потребность (хисарон).

2. Когда начинает [пытаться] самостоятельно выйти из любви к себе и вкладывает в это усилия, но не может сдвинуться из своего состояния ни на йоту. И тогда он начинает нуждаться в Творце, чтобы помог ему. И вот тогда его молитва истинна, поскольку он видит, что своими силами не способен сделать даже самую малость. И тогда, когда он взывает к Творцу, чтобы помог ему, его знание основано на работе, как сказано: «застенали сыновья Исраэля от работы». Иными словами, благодаря тому, что работали, желая достичь ступени, на которой они смогут быть в отдаче Творцу, и видели, что не могут выйти из своей природы, – вот тогда они молились из глубины сердца.

213. Рабаш. Статья 38 (1990). Что значит: «Чаша благословения должна быть полной» в духовной работе

Когда человек уже находится близко к тому, чтобы получить помощь сверху, т.е. "близко" означает, что у него уже есть кли, желание отдавать – с этих пор и далее, - тогда он видит, что только Творец может его спасти. Как сказал мой отец и учитель, что это самая важная точка в работе человека, когда у него уже есть тесная связь с Творцом, поскольку он видит на сто процентов, что ему ничего не поможет, а только сам Творец может ему помочь.

И хотя он верит в это, все равно не всегда ему светит эта вера, что именно сейчас – это то время, когда он наиболее готов к тому, чтобы получить спасение от Творца, что именно сейчас он может спастись, что Творец приблизит его. То есть даст ему желание отдавать и выведет из-под власти любви к себе, что означает выход из Египта. То есть он выходит из-под власти египтян, которые заставляли страдать Исраэль тем, что не позволяли им выполнять духовную работу.

И возопили, и вознесся вопль их

214. Рабаш. Статья 11 (1988). Какие две ступени предшествуют «лишма»

Сказано: «И стенали сыны Израиля от работы, и возопили, и поднялся вопль их к Творцу от работы». Т.е. это означает, что то, что они «возопили, и поднялся вопль их» происходило «от работы на Творца». Т.е. от того, что они хотели, чтобы их работа была на благо

Творца, а не для собственной выгоды, но не были способны на такую работу – из-за этого был их вопль.

215. Зоар для всех. Глава Шмот. Статья «Стон, крик и вопль», п. 354

В чем различие между криком и воплем? Вопль может быть только в молитве, как сказано: «Услышь, Творец, молитву мою и воплю моему внемли», «К Тебе, Творец, вопль мой», «Возопил я к Тебе, и Ты исцелил меня». Таким образом, вопль означает слова молитвы.

«Крик» означает, что кричит и ничего не говорит, – без речи. Посему крик важнее всех их, потому что крик – он в сердце, и он ближе к Творцу, чем молитва и стон, как сказано: «То когда он будет криком кричать ко Мне, услышу Я крик его».

Стон, крик и вопль – это проявления мысли, голоса и речи, и это Бина, Зеир Анпин и Малхут. И потому крик, в котором нет речи, лучше принимается Творцом, чем речь молитвы, потому что к речи, которая открывается, есть возможность придраться обвинителям. Но к крику, раскрывающемуся лишь в сердце кричащего, нет возможности придраться обвинителям. И он также принимается лучше, чем стон, который раскрыт только в мысли стенающего, в Бине, и с помощью него нижний не способен как подобает слиться с Творцом. И потому крик принимается лучше.

216. Зоар для всех. Глава Шмот. Статья «Стон, крик и вопль», п. 355

И кричал он к Творцу всю ночь, то есть оставил всё, – стон и вопль, и избрал крик, потому он ближе всего к

Творцу. И об этом сказано: «А теперь вот крик сынов Исраэля дошел до Меня».

217. Рабаш. Статья 17 (1990). Что означает «легкие заповеди, которые человек попирает своими ногами» в духовной работе

Зло - в сердце человека. И человек не способен победить его, и должен кричать к Творцу, чтобы помог ему, вывел его на свободу из-под власти фараона, царя египетского. И чем (Творец) помогает ему? Как сказано в книге Зоар, святой душой. Т.е. всякий раз, когда он просит помощи, он получает святую душу.

218. Рабаш. Статья 14 (1987). Связь между песахом, мацой и марором

Когда человек видит истину, как она есть, т.е. он видит, насколько он погружен в эгоистическую любовь, и в его теле нет ни одной искорки, которая позволила бы ему делать что-нибудь на отдачу, и так как в этом состоянии человек уже дошел до истины, т.е. пришел к осознанию зла, и [к тому,] что у него нет никакого способа получить силы, чтобы помочь себе, у него есть только один вариант – кричать к Творцу, чтобы Он помог ему, как сказано: «И застонали сыны Исраэля от работы и возопили, и вознесся к Творцу вопль их от работы».

Как сказали мудрецы: «Пришедшему очиститься помогают». И книга Зоар спрашивает: «Чем?». И отвечает: «Святой душой».

219. Рабаш. Статья 11 (1986). Истинная молитва основана на истинной потребности

Сказано: «И вознесся вопль их от работы к Творцу...» – т.е. самые большие страдания, все их стенания, были только от работы, а не от каких-либо других причин. И возопили, что не в силах сами выйти из собственного эгоизма и работать ради Творца, и это было их изгнание, причинявшее страдания, во власти которых они себя ощущали.

Из этого видно, что в египетском изгнании они заработали сосуды (келим), т.е. желание, чтобы Творец помог им выйти из изгнания. Только когда человек видит, что нет у него никакой возможности спастись, а лишь Творец может помочь ему – это и называется истинной молитвой.

220. Рабаш. Статья 34 (1991). Что означает: «Вкушает плоды их в этом мире, а фонд накапливается в мире будущем» в духовной работе

Те люди, которые говорят, что хотели бы убежать от работы, но некуда им идти, так как больше ни от чего не получают удовлетворение, такие люди не уходят от работы. И есть у них подъёмы и падения, но они не отчаиваются. И об этом сказано: «И застонали сыны Исраэля от работы, и возопили, и вознесся вопль их от работы к Творцу...» То есть, они стонали от работы в том, что не продвигались в работе Творца, что не могли работать ради отдачи и наслаждения Творца. И тогда удостоились выхода из Египта, который называется в духовной работе «выходом из власти желания получать и входом в работу на отдачу».

221. Рабаш. Статья 16 (1985). Чем более изнуряли его

Дважды сказано: «от работы». Следует объяснить, что все стенания были от работы – оттого что они не могли работать ради отдачи. Они страдали, не будучи в силах действовать на отдачу из-за клипы Египта. И потому дважды сказано «от работы»:

1. У всех их стенаний была одна причина, и недоставало им лишь одного. Они не желали никаких излишеств и никакой оплаты, а единственный недостаток, из-за которого они испытывали страдания и боль, состоял в том, что они ничего не могли сделать ради отдачи. Говоря иначе, они хотели бы, чтобы у них было желание доставить удовольствие Творцу, а не себе, – и не могли. И об этом сожалели. Таким образом, они хотели хоть немного ухватиться за духовное.

2. Второй раз сказано «от работы» – касательно того, что «поднялся вопль их к Творцу». Он услышал их стенание потому, что они просили лишь работы. Именно на это намекает вторичное употребление слов «от работы».

Таким образом, всё изгнание, которое они ощущали, было вызвано только тем, что они находились под властью клипы Египта и ничего не могли сделать ради одной лишь отдачи.

222. Рабаш. Статья 11 (1988). Какие две ступени предшествуют «лишма»

Известно, что нет света без кли. Т.е. что невозможно дать человеку что-либо насильно, ведь известно, что нет насилия в духовном. Поэтому, когда человек сожалеет и испытывает боль и страдания от того, что не способен выйти из любви к себе и работать только на благо Творца, он кричит Творцу, чтобы помог и дал ему то, что он просит. Т.е. если Творец даст ему это, и он сможет, отменив себя, подчиниться власти Творца и желать, чтобы лишь власть Единого существовала в мире, т.е. власть Творца, и в этом всё его избавление – это означает, что у него есть кли и необходимость в том, чтобы Творец помог ему.

И об этом сказано «и услышал Творец их стенания». Это означает, что после того, как у них появляется кли - желание и потребность, чтобы была у них способность работать на благо Творца, тогда приходит время «и услышал Творец их стенания». Т.е. тогда начинается избавление, чтобы вызволить их из-под египетских страданий.

223. Рабаш, 584. Лик Творца – к творящим зло

Те, кто хочет идти путем Творца по дороге истины, именно эти люди видят, что они всегда творят зло, и они кричат к Творцу, чтобы Он спас их и помог выйти из состояния зла. И всё, что они могли сделать, [они сделали,] и не могут освободиться от зла, как объясняется по поводу выхода из Египта, «и стенали сыны Исраэля от работы ..., и вознесся их вопль к Творцу», и вывел Он их из Египта.

Так следует объяснить и тут, т.е. что Творец посветил им Своим ликом, и тогда то скрытие, которое было у них, автоматически ушло от них. Т.е. благодаря [свойству] «лик Творца – к творящим зло» лик Творца отменяет даже память о зле. И таков смысл стиха «чтобы истребить с земли память о них», т.е. «земля» 'эрец', как известно, от слова «желание» 'рацон' – даже воспоминания о злом желании не пробудится у них, благодаря тому, что «кричали, и Творец слышит и от всех бед их избавил их».

224. Бааль Сулам. Письмо 57

Сказано: «И возопили сыны Исраэля от работы ... и вознесся вопль их». Ибо [сыны] Исраэля как целое пришли в тот момент к состоянию отчаяния, страшно подумать, «от работы». Как человек, черпающий [воду] дырявым сосудом, черпает ее весь день, и нет у него ни капли воды утолить свою жажду, так же и сыны Исраэля в Египте, сколько бы они ни строили, поглощалось построенное тут же землей, как сказали мудрецы.

Так же и не удостоившийся любви Творца, всё что он делал в своей работе по очищению души вчера, как будто сгорело дотла назавтра. И каждый день, и каждую секунду, нужно начинать заново, как будто он ничего не делал никогда. И тогда: «И возопили сыны Исраэля от работы». Ибо увидели ясно, что они действительно не способны на то, чтобы вышло что-то из их самостоятельной работы. И поэтому были вопль их и молитва совершенными, как полагается, и поэтому: «и вознесся вопль их». Ибо Творец слышит молитву, но только совершенной молитвы ждет Он.

И вытекает из сказанного, что как малое, так и большое достигается только силой молитвы, а всё усилие и работа, которую мы обязаны [совершить], – это только, чтобы раскрыть ничтожность наших сил и нашу низость, что не способны мы ни на что собственными силами, потому что тогда мы готовы излить совершенную молитву перед Творцом.

225. Бааль Сулам. Письмо 57

Нет более счастливого момента в существовании человека, чем когда он чувствует себя отчаявшимся в собственных силах, иными словами, что он уже старался и сделал всё, что представляется в его силах возможным сделать, а исцеления нет. Ибо тогда он готов к совершенной молитве о помощи к Творцу. Ведь он твердо уверен, что его собственная работа не принесет ему пользы, а до тех пор, пока он чувствует некоторую силу в своей собственной работе, молитва его не совершенна. Ибо злое начало спешит сказать ему, что сначала он обязан сделать то, что в его силах, а потом будет он желанен Творцу.

И об этом сказано: «Возвышен Творец, и низкий увидит». Ибо после того, как человек прилагает усилие в разного рода работах и отчаивается, он достигает по-настоящему низкого состояния. Т.е. он знает, что он самый низкий из всех людей, ибо нет у него ничего полезного в строении его тела. И тогда молитва его совершенна, и он получает ответ из щедрой руки Его.

Заимствование келим египтян

226. Рабаш. Статья 14 (1986). Для чего нужно брать келим взаймы у египтян

«И сказал Творец Моше: "Скажи народу, чтобы каждый взял в долг у знакомого и каждая у знакомой сосудов серебряных и сосудов золотых"». Из объяснения Бааль Сулама следует, что взять у египтян серебряные и золотые сосуды – значит взять их желания и томления,

- Песах -

т.е. все трудные вопросы, которые были у них на пути народа Исраэля.

227. Рабаш. Статья 14 (1986). Для чего нужно брать келим взаймы у египтян

Пожелал Творец, чтобы они взяли сосуды египтян – их трудные вопросы и их желания. Но взяли не на самом деле, а только в долг. Иными словами, им надо было взять сосуды египтян лишь для того, чтобы ощутить нужду в удовлетворении этих потребностей, но не так, чтобы сосуды эти действительно остались у них. Ведь эти сосуды – эти мысли и желания – не относятся к народу Исраэля. Речь идет лишь о заимствовании на время.

А потом надо вернуть их египтянам. Потом – т.е. после того, как сыновья Исраэля получат наполнение, относящееся к этим заимствованиям. Именно благодаря заимствованиям появляется возможность дать им наполнение. Как будто они получили света́, относящиеся к их сосудам – «сосудам получения ради получения», – но сразу же выбросили эти сосуды и использовали относящиеся к ним света́ – однако всё получили ради того, чтобы доставить удовольствие Творцу.

228. Рабаш, 914. Два противоречия

«Нефеш» без знания это тоже нехорошо, ведь необходимо знание в святости, называемое обогащением, ведь нет иного богатства - только в знании. И когда Творец хотел обогатить их, а у них не было подходящих келим, ведь всё было у них выше знания, тогда Творец посоветовал им позаимствовать келим у египтян. И это взятие взаймы келим было лишь для того, чтобы они смогли получить наполнение в эти келим, то есть оправдания,

- Песах -

отвечающие на их вопросы. Но после того, как приняли эти оправдания, тотчас же вернули келим египтянам, ведь шли путем выше знания. Таким образом, нет у них никаких затруднений, ведь одолжили вопросы у египтян только на время и затем вернули их им.

229. Рабаш. Статья 14 (1986). Для чего нужно брать келим взаймы у египтян

В отношении заимствования келим у египтян. Творец сказал Моше, чтобы он попросил сыновей Исраэля взять в долг сосуды у египтян. Мы спросили: почему Творец должен был просить это у них? И почему народ Исраэля не захочет позаимствовать эти сосуды? Ответ таков: когда Моше и Аарон пришли с поручением от Творца, чтобы вывести народ Исраэля из изгнания, «поверил народ, и услышали» – верой выше знания, и не нуждались более ни в чем, и не было у них никакой нужды в высоких ступенях, но было достаточно им того, что они смогут заниматься Торой и заповедями безо всяких помех со стороны египтян.

230. Рабаш. Статья 14 (1986). Для чего нужно брать келим взаймы у египтян

Творец должен был попросить Моше обратиться с просьбой об одолжении к сыновьям Исраэля, чтобы они взяли в долг сосуды египтян – на время, чтобы у них было желание наполнить все те потребности, которые египтяне требовали удовлетворить. Он был обязан попросить, потому что сыновья Исраэля довольствовались тем, что есть, и всегда бежали от мыслей и желаний египтян. Теперь же им говорят прислушаться к трудным вопросам египтян.

Поскольку Творец обещал Аврааму, что «потом они выйдут с большим имуществом», постольку Ему было нужно, чтобы они позаимствовали сосуды египтян, а затем отдали им обратно. Иными словами, сыновья Исраэля не имеют ничего общего со своими заимствованиями и взяли их лишь на время, чтобы у них была возможность получить света́ под названием «наследование земли», которую Творец обещал Аврааму.

> 231. Рабаш. Статья 22 (1989). Что означает, что именно в канун Песаха задают четыре вопроса

Нет света без кли, т.е. нет наполнения без хисарона, а Авраам сказал Творцу, что он не видит, что они будут нуждаться в таких больших светах, которые называются «земля Исраэля». Поэтому Творец сказал ему: благодаря тому, что они будут в изгнании, и будут просить Творца, чтобы Он вывел их из изгнания. А каким образом Он выводит их? Это происходит только с помощью больших светов, ибо «свет в ней возвращает к источнику», – таким образом, у них уже будет потребность в больших светах.

И это он объяснил – что поэтому Творец сказал, чтобы они попросили (взаймы) келим у египтян, т.е. чтобы они взяли вопросы египтян только лишь взаймы, т.е. для того, чтобы получить света. А потом они вернут им эти келим, т.е. что они взяли их вопросы, чтобы понять ответы. И это, как сказано выше, потому что невозможно понять свет, иначе как из тьмы.

Вышли с большим достоянием

232. Тора. Глава Берешит, 15:7-8, 15:13-14

И сказал ему: «Я - Творец, который вывел тебя из Ур-Касдима, дабы дать тебе эту страну в наследие». Но тот сказал: «Творец! Как узнаю я, что буду наследовать ее?»... И сказал Он Авраму: «Знай, что пришельцами будет потомство твое в чужой стране, и служить будут им, а те будут угнетать их четыреста лет. Но и над народом, которому они служить будут, произведу я суд, а они после выйдут с большим достоянием.

233. Рабаш. Статья 14 (1986). Для чего нужно брать келим взаймы у египтян

Слыша злословие египтян, порочащих путь отдачи, народ Исраэля всегда бежал от них – бежал от этих мыслей, когда они приходили, чтобы запутать помыслы сыновей Исраэля и укоренить свои суждения в их сердцах.

И потому Творец знал, что они не захотят слышать трудные вопросы египтян, которые спрашивали: «Кто?» и «Что?». У них не было сосудов, которые позволили бы дать им большое имущество. Ведь нет света без сосуда – иными словами, невозможно дать человеку что-то, чего он не хочет. Поэтому если бы Творец спросил сыновей Исраэля: «Что вы хотите, чтобы Я вам дал?», они, конечно же, ответили бы: «Нам от Тебя ничего не нужно. Наоборот, мы стремимся лишь к отдаче Тебе, а не к тому, чтобы Ты совершал отдачу нам». В таком случае, как они могут получить благо и наслаждение, зовущиеся «большим имуществом?» Говоря иначе, Творец желает дать им ступени нэ́феш, ру́ах, нешама́, хая́ и йехида́, однако они не испытывают нужды в этом.

Поэтому пожелал Творец, чтобы они взяли сосуды египтян – их трудные вопросы и их желания.

234. Рабаш, 146. Страдания и радость

Нужно радоваться тому, что у него есть связь с духовным, и даже одно мгновение в день считается для него большим достоянием. Потому что даже малую вещь по количеству и качеству человек не способен оценить, если говориться о важных вещах, таких, как святость, Тора и заповеди.

Пасхальное жертвоприношение

235. Рабаш, 929. Пасхальное жертвоприношение

«Жертвоприношением» называется приближение к Творцу. «Песахом» называется то, что (Творец) приблизил их и переступил через зло, что есть в них, и смотрел только на их добрые деяния. И после того, как ощутили вкус горечи под гнётом египтян и захотели выйти из-под их власти, не получилось у них, и появились претензии к Творцу, что называется маца и мерива (ссора), как сказано: «Подстрекали против Творца» - почему Он создал их в такой низости.

И этому способствовало пасхальное жертвоприношение, - тому, что Творец приблизил их. Это называется «Опресноки с горькой зеленью пусть едят», т.к. опресноки и горькая зелень были причиной того, что смогли сделать жертвоприношение в Песах, ведь смысл в том, что Творец переступил через все недостатки (хисронот), которые были в них, и приблизились они к Творцу.

236. Рабаш. Статья 14 (1987). Связь между песахом, мацой и марором

Только благодаря маце и марору у человека формируется потребность в помощи Творца. А помощь Творца приходит в виде души, называемой свойством «Тора и Творец едины»...

А когда у него есть потребность, тогда Творец приближает человека, и это называется «пасхальная жертва», т.е. Творец переступает (пасах) через все его недостатки и приближает его к цели творения.

Пропуск и перескакивание

237. Рабаш. Статья 13 (1987). Почему праздник мацы называется «Песах»

По поводу Песаха, как сказали наши мудрецы: перескакивал и переходил «от египтянина к египтянину, а Исраэль посередине спасается». Т.е. каждое падение называется «египтянин», что означает, что он получает всё в эгоистическую любовь. А Исраэль посередине – т.е. подъем, когда он преодолел и сделал сейчас всё ради отдачи, а не ради собственной выгоды. Это состояние называется «Исраэль». Однако потом он снова падает. Выходит, что он снова падает в свойство «египтянина». И всё идет по кругу. А «Исраэль спасается» – т.е. что он спасается из Египта и входит в свойство «Исраэль».

А чтобы у человека было целое кли, и он был бы способен принять в него высшее благо, Творец переходит от египтянина к египтянину, т.е. Он принимает в расчет только свойство «Исраэль», которое есть между египтянами, и соединяет их в больший счет.

238. Рабаш. Статья 13 (1987). Почему праздник мацы называется «Песах»

Можно объяснить то, что сказано об этом месте, что Он миновал дома сынов Исраэля и только лишь египтяне были убиты. И как объясняет Раши, что «миновал», т.е. что Он перескакивает от египтянина к египтянину, а Исраэль посередине спасается, где имеется в виду, что все египтяне были убиты, и только все израильтяне, которые были посередине между египтянами, остались живы, – простое понимание будет, что все падения, которые были между подъемами, были стерты. И, естественным образом, остаются только подъемы. И получается у нас так, как будто бы никогда у них не было падений, потому что они были стерты, что будет означать, что египтяне были убиты. И теперь есть возможность, чтобы все подъемы, которые были у них, соединились и стали одним состоянием. Ведь есть много граней желания получать, исправленного ради отдачи, и, как бы то ни было, одно целое кли для получения света Избавления, называемое «исход из Египта», возникло, когда они вышли на свободу из египетского изгнания, где они пребывали в рабстве эгоистической любви, называемой «египетская клипа», как сказано: «И вывел народ Свой Исраэль из среды их на вечную свободу».

239. Рабаш. Статья 13 (1987). Почему праздник мацы называется «Песах»

«Песах» называется так, потому что Творец перескакивал через дома Исраэля, и тот, кто относился к Исраэлю, остался жив. Ведь, как известно, в духовном нет исчезновения, и самое маленькое свойство, относящееся к Исраэлю, осталось живо, и ничего не исчезает. И поскольку Творец спас Исраэль, этот праздник называется «Песах» – как обозначение действий Творца.

Поспешно

240. Рабаш. Статья 13 (1987). Почему праздник мацы называется «Песах»

Почему «песах» называется «поспешностью»? И как объяснил Раши, Песах называется «поспешностью», потому что Творец перепрыгивал и миновал «от египтянина к египтянину, а Исраэль посередине спасается». И мы видим, что пропуск конца означает, что Он ускорил конец, как будто бы еще не пришло время. И поскольку Он поторопился, Песах называется «поспешностью». И как будто Он должен был поторопиться, чтобы не проснулись египтяне, которые были среди израильтян. А для них еще не настало время пройти исправление, поэтому Он поторопился и спас то, что можно было спасти. Иными словами, только лишь свойство Исраэль получило тогда исправление, но не египтяне. Поэтому это называется «поспешностью».

241. Рабаш. Статья 13 (1987). Почему праздник мацы называется «Песах»

Сказано: «И ешьте его с поспешностью – песах [т.е. пасхальная жертва] это Творцу». И Раши объяснил, что «эта жертва называется «песах» от слова «пропускать» и «миновать», потому что Творец пропускает дома Исраэля из всей массы домов египтян, перескакивая от египтянина к египтянину, а Исраэль посередине спасается [от поражения]».

И следует понять, что такое «перескакивать» и «миновать» в духовной работе. Известно, что наша главная работа – прийти к слиянию с Творцом, что означает подобие по форме, и благодаря этому мы получаем келим, которые будут соответствовать получению высшего блага. И известно, что наши келим происходят от разбиения келим. «Разбиение келим» называется, когда хотят использовать получающие келим ради получения, и это свойство отделения от Творца, возникшее в высших мирах. И, кроме того, [оно произошло] из-за греха Древа Познания, когда келим упали в клипот, и мы должны поднять их, из-за того, что мы происходим из их [т.е. клипот] келим. И благодаря тому, что мы работаем с нашими желаниями получать, которые приходят оттуда [из клипот] с намерением ради отдачи, всякий раз исправляется часть тех келим, которые находятся в клипот, и мы поднимаем их в святость тем, что хотим пользоваться только лишь намерением ради доставления наслаждения Творцу.

242. Рабаш. Статья 13 (1987). Почему праздник мацы называется «Песах»

Мы сможем объяснить стих: «Ибо неспешно выйдете вы и не бегом уйдете». Не как это было в Земле Египетской, когда избавление было в спешке, как сказано выше, что Он перескакивал «от египтянина к египтянину, а Исраэль посередине спасается». И это было из-за того, что египтян надо было уничтожить, и только лишь народ Исраэля остался жив.

Другое дело в Гмар Тикуне, когда и свойство египтян тоже получит исправление – в этом случае нет необходимости спешить, потому что не нужно перескакивать от одного египтянина к другому, а Исраэль посередине остается в святости, но все египтяне получат свое исправление от Совершенного, поэтому не нужно спешки, т.е. перескакивания, а все свойства, которые были в клипот, будут исправлены в это время, как сказано: «И извлеку Я из плоти ваше сердце каменное, и дам Я вам сердце из плоти».

Я, а не посланец

243. Рабаш. Статья 8 (1987). Разница между милостью истинной и неистинной

Написано об исходе из Египта (в Пасхальной Аггаде): «И над всеми божествами Египта творить буду суды, – Я Творец, Я это, а не посланец, Я Творец, Я это, и не кто иной».

И это значит, что только Творец может помочь выйти из плена изгнания у Фараона, царя египетского, который держит человека, чтобы он не вышел из эгоистической любви и делал бы только такие действия, которые принесут пользу его эгоистической любви к себе самому. И у него нет никакого способа получить возможность сделать что-нибудь ради Творца. И тут приходит помощь Творца.

244. Рабаш, 915. «Я, а не посланец»

Как пишет Ари, перед избавлением Исраэль были в 49-и вратах скверны, пока не раскрылся им ... и не спас их, т.е. они удостоились [увидеть:] «Я, а не посланец».

[Бааль Сулам] сказал: тогда как до избавления они думали, что есть посланцы, в то же время избавлением называется, что они удостоились, что «Я это, а не посланец», т.е. нет никого кроме Него. Получается, что и до избавления они верили, что Творец помогает, однако существуют посланцы. А избавлением называется, что они удостоились [увидеть:] «Я, а не посланец».

245. Рабаш. Статья 8 (1987). Разница между милостью истинной и неистинной

Исход из Египта произошел благодаря самому Творцу, а не через посланца. Как объяснили [мудрецы]: «И над всеми божествами Египта творить буду суды, – Я Творец, Я это, а не посланец, Я Творец, Я это, и не кто иной».

Т.е. когда все способы и уловки человек уже использовал, – и это подобно посланцам, как врачи в предыдущем примере, – и они не помогли, человек может вознести молитву из глубины сердца, ведь у него нет никакой возможности обратиться за помощью, поскольку он уже перепробовал все способы, о которых мог подумать.

246. Рабаш. Статья 8 (1987). Разница между милостью истинной и неистинной

«И застонали сыны Исраэля от работы, и возопили – и вознесся вопль их от работы к Творцу». И мы объяснили, что значит, что крик их был от работы, – что «от работы», т.е. после того как уже сделали всё, что можно сделать в плане работы из того, что относится к ним, и увидели, что отсюда нет никакой помощи после всей этой работы, и потому был вопль их из глубины сердца. Т.е. что они увидели, что никакой посланец не может помочь им, а только лишь сам Творец, как сказано: «Я это, а не посланец». И тогда были спасены они и вышли из Египта.

247. Рабаш. Статья 15 (1990). Что означает, что пока не пал правитель египетский, не было ответа на их стенания, в духовной работе

В той мере, в которой сыны Израиля думали, что египтяне порабощают их и мешают им работать на Творца, - в этой мере действительно находились в египетском изгнании. А всё усилие Освободителя заключалось только в том, чтобы раскрыть им, что нет здесь иной силы: «Я это, а не посланец», потому что нет иной силы кроме Него, и это был действительно свет освобождения.

248. Рабаш. Статья 37 (1991). Что такое «Тора» и что такое «закон Торы» в духовной работе

Человек видит, что не может быть, чтобы у него были силы идти против природы.

И тогда у человека нет другого совета, кроме как обратиться к Творцу и сказать, что сейчас я достиг состояния, когда я вижу, что если Ты не поможешь мне, я пропал, и невозможно, чтобы когда-нибудь у меня были силы преодолеть желание получать, которое является моей природой. И только Творец может дать другую природу.

И человек говорит, что он верит, что это был исход из Египта, что Творец вывел народ Израиля из-под власти египтян, как объяснили мудрецы (в Пасхальной Аггаде): «И вывел нас Творец из Египта не посредством ангела, не посредством посланца, а сам Творец - Я, Творец, Я это, и не кто иной». Если так, он также видит сейчас, что только Творец может вывести его из-под власти желания получать и дать ему вторую природу.

249. Рабаш. Письмо 9

Тот, кто видит свою низость, видит, что идет путем, ведущим к работе в лишма, и благодаря этому у него есть место для настоящей молитвы из глубины сердца. Ведь он видит, что никто не поможет ему, кроме самого Творца, как объяснил мой отец и учитель по поводу избавления из Египта: «Я, а не посланец» – ибо все видели, что только сам Творец избавил их от власти зла.

А когда удостаиваются работы в лишма, гордиться, без сомнения, нечем, поскольку тогда видят, что это лишь подарок Творца, а не «сила и мощь руки моей». И нет чужой рукой посередине, которая помогла бы Ему. В таком случае, он ощущает свою низость, насколько служить царю является чудесным наслаждением, не знающим границ. А без помощи Творца, человек не согласен на это. И не существует низости, большей, чем эта.

250. Рабаш. Статья 13 (1986). Пойдем к Фараону - 2

Совершенство – это «познание Творца». Речь идет о том, чтобы познать и постичь Тору, зовущуюся «именами Творца».

Таким образом, недостаточно того, что у нас уже есть силы, чтобы реализовывать принципы Торы без всяких помех, поскольку это только лишь исправление, а не конечная цель. Окончательная цель в том, чтобы обрести знание Торы по принципу «Тора, Исраэль и Творец едины». Об этом и сказали мудрецы: «Так сказал Творец Исраэлю: «И вы узнаете, что Я ваш Творец, выводящий вас из-под египетского ига, – Я, а не посланник»». Это значит, что все должны прийти к знанию Творца, – что и есть Тора, зовущаяся «именами Творца».

Ни одного копыта не останется

251. Тора. Глава Шмот 10:26

«И скот наш пойдет с нами, ни одного копыта не останется, ибо из него возьмем мы жертвоприношения для служения Творцу, Всесильному нашему: ведь не знаем мы, как будем служить Творцу, пока не придем туда».

252. Дегель махане Эфраим (Знамя стана Эфраима). Глава Бо

«И также наш скот пойдет с нами, не останется ни копыта...» Всё, что есть у человека, как рабы и его, так и слуги, и скот, и даже все его принадлежности (келим) – всё это его искры, относящиеся к корню его души, и нужно вознести их к их корню... и все искры низких, все они соединены от начала [творения] до бесконечности, и когда у человека, к корню души которого они относятся, происходит подъем наверх, все они поднимаются с ним [вместе], и всё это происходит благодаря тому, что он действительно находится в слиянии.

Большой сброд: боящиеся Творца, работники фараона

253. Рабаш, 919. По поводу окружения

Главное окружение, которого надо остерегаться, – это окружение боящихся Творца, являющихся работниками фараона. А фараон, как сказал Ари, означает, что египетское изгнание значило, что знание святости находится в изгнании. И фараон забирал высшее благо, ибо его суть есть желание получать. И они называются работающими только ради своего блага, и нет у них никакого отношения к работе на отдачу, поскольку всё их намерение – только ради собственного наслаждения.

И главное, почему следует их остерегаться, – это потому, что внешне представляется, что они являются работниками, занимающимися Торой и молитвой с воодушевлением, тщательно соблюдающими разного рода тонкости. И поэтому они называются «боящиеся Творца», а иначе они бы так не назывались.

И, тем не менее, внутренне они находятся в рабстве у фараона, т.е. всё их намерение – только наполнить свои желания и собственные нужды, и у них нет никакого отношения к работе на отдачу. И такое окружение является помехой для работника Творца.

254. Рабаш, 919. По поводу окружения

Когда они работают, будучи работниками фараона, они не испытывают сопротивления со стороны тела, ибо и те силы, которые они прикладывают, [служат] только потребностям тела. И, само собой, здесь нет сопротивления, а наоборот, тело согласно предоставить силы.

Получается, что такое окружение является помехой для Исраэля, т.е. для того, кто хочет прийти к свойству «Исраэль», а не принадлежать к «работникам фараона». Ведь работник Творца впечатляется работой работников фараона, и служение работников фараона ему нравится. Поэтому он идет за ними и, автоматически, принимает их мысли и намерения и из-за этого отказывается от всех сил, которые он уже вложил в работу на отдачу. И, начиная с этого момента, у него нет никаких сил, которые позволили бы ему продолжать работу на отдачу.

255. Рабаш, 919. По поводу окружения

В окружении светских [букв.: «свободных»], не относящихся к боящимся Творца, – у них нет никакой связи с ним, поскольку он знает, что у них нечему учиться. И поэтому их мысли никак не соединяются, ведь он знает, что не следует учиться из действий и мыслей светских людей. Поэтому такое окружение не является помехой. В то же время «боящиеся Творца», являющиеся работниками фараона, представляют собой помеху для Исраэля, и от них следует отдаляться [букв.: бежать на расстояние выстрела из лука].

256. Рабаш. Статья 14 (1987), Связь между песахом, мацой и марором

Помеха была главным образом, когда египтяне говорили с Исраэлем языком страха перед небесами, и от этого языка происходят все помехи Исраэля. Тогда как если бы египтяне говорили на языке неверующих, Исраэль без сомнения убежали бы от их влияния, когда они приходили к ним со своими мыслями и желаниями.

257. Рабаш. Статья 14 (1987), Связь между песахом, мацой и марором

Когда они шли египетским путем, т.е. ради получения, тело давало им энергию, и им не было тяжело служить Творцу, ведь известно, что египтяне служили Творцу. Как сказали наши мудрецы по поводу слов (мидраш Танхума, гл. Бешалах, п. 8): «И взял он шестьсот колесниц», – (и если спросишь,) откуда у египтян был скот, ведь сказано: «И вымер весь скот египетский», – от боящегося слова Творца, как сказано: «Тот из рабов фараона, кто боялся слова Творца, загнал рабов своих и стада свои в дома», – и сказали мудрецы, что отсюда следует, что боящийся слова Творца станет препятствием для Исраэля.

А Раши приводит: «Отсюда рабби Шимон говорил: Самого хорошего египтянина убей, лучшему змею – размозжи голову».

258. Зоар для всех. Глава Насо. Статья «Древо жизни и Древо познания», пп. 95-97

Большой сброд – это народы земли, являющиеся тьмой, и называются не Исраэлем, а рабами, проданными Исраэлю, поскольку они, как животные.

— Песах —

А Исраэль называются человеком (адам). И в Исраэле есть животное и человек. Как сказано: «А вы, овцы Мои, овцы паствы Моей, вы – человек». «А вы, овцы Мои, овцы паствы Моей» – это народы земли, которые добродетельны со стороны добра. «Вы – человек» – это ученики мудрецов.

«Если бы народ Мой слушался Меня, Исраэль ...». Сказано «народ Мой» и сказано «Исраэль». «Народ Мой» – это народы земли. «Исраэль» – это ученики мудрецов. И о них сказано: «А сыны Исраэлевы уходили, ведомые десницей вознесенной».

259. Зоар для всех. Глава Бешалах. Статья «И Всесильный повернул народ», пп. 33-34

Сказано: «Не соревнуйся со злоумышленниками»... Это те, кто несет зло самим себе и тем, кто с ними соединяется»... «Не соревнуйся со злоумышленниками» означает – отдались от злоумышленников, чтобы не быть их товарищами и друзьями, (не быть) заодно с ними, дабы не навредили тебе дела их и не понес ты вины за их грехи.

«Если бы не было этого великого сброда, увязавшегося с Исраэлем, не было бы совершено это действие», (грех золотого) тельца, «и не умерли бы в Исраэле те, кто умер, и не причинили бы они Исраэлю всего, что причинили... Это действие и этот грех привели к изгнанию Исраэля».

260. Зоар для всех. Глава Ки теце. Статья «Бар Нафлей», п. 65

«И посмотрел он туда и сюда, и увидел, что нет никого» – из Исраэля среди грешников, которые были в этом поколении, но все они – большой сброд. И это будет в конце изгнания, и поэтому завершение избавления достигает великой бездны, т.е. четвертого изгнания.

Прыжок Нахшона

261. Сборник Шимони. Шмот, гл. 14, п. 234

Когда Исраэль стоял у моря, один сказал – я не пойду, и другой сказал – я не пойду (...) И пока стояли и советовались, прыгнул Нахшон, сын Аминадава и упал в морские волны. О нем сказано: «Спаси меня Творец, ибо дошли воды до души.

262. Рабаш. Статья 1 (1986). И пошел Моше

Человек, который уже начал работать, не отговариваясь тем, что подождет, пока Творец даст ему желание для духовной работы, и лишь тогда он приступит к ней. Напротив, он не желает ждать, потому что стремление работать и достичь истины толкает его вперед, хотя он и не видит возможности идти вперед самостоятельно, подобно Нахшону.

Однако же человек видит, что не может продолжать эту работу, и боится, поскольку груз духовной работы, который он сейчас несет, начинает падать с плеч. Тогда он начинает взывать о помощи – ведь он видит с каждым разом, что ноша, которую он на себя взял, вот-вот упадет.

- Песах -

Рассечение Конечного моря

> 263. Зоар для всех. Глава Бешалах. Статья «"И двинулся", "и вошел", "и простер"», пп. 178-179

В час, когда Исраэль расположились станом у моря, увидели они многочисленные толпы, несметные полчища, множество станов наверху и внизу, и все они шли, собравшись вместе, на Исраэль. Взмолились Исраэль «из теснины своей».

В тот час, когда Исраэль увидели бедствие со всех сторон, – море с его вздымающимися волнами встало перед ними, а за их спиной все эти бесчисленные толпы и станы египтян, а над ними нескончаемые обвинители, – они с воплем воззвали к Творцу.

> 264. Рабаш. Статья 18 (1990). Что означает, что субботняя речь не должна быть подобной будничной речи, в духовной работе

Когда народ Израиля приходят к состоянию, что им некуда бежать ото зла, т.е. видели они, что сила зла окружает их со всех сторон, и не видят они никакой возможности спастись естественным путем – это называется, что кли зла исчерпало себя. И тогда наступает момент, … когда Творец дает им свет, и этот свет возвращает их к источнику. Т.е. благодаря этому они выходят из-под власти зла, которое называется келим получения ради себя и удостаиваются отдающих келим. И об этом сказано: «Стойте и увидите спасение Творца, которое Он свершит для вас сегодня». Т.е. после того, как полностью формируется кли зла, появляется уже место для раскрытия света со стороны высшего. И это называется, что Творец дарит им келим отдачи.

265. Рабаш, 939. Исход из Египта и Дарование Торы

При выходе из Египта мы получили отдающие келим, т.е. келим де-хасадим. А рассечение Красного моря – это свойство ви́дения, т.е. света хохмы, которые принимаются в получающие келим. И там это произошло благодаря пробуждению свыше, как сказано: «Творец будет воевать за вас, а вы молчите».

266. Рабаш. Статья 18 (1990). Что означает, что субботняя речь не должна быть подобной будничной речи, в духовной работе

Когда всё зло исчерпало себя, они увидели, что нет другой естественной возможности выхода из эгоизма, как только благодаря чуду. Это означает, что зло выполнило свой долг, и теперь должна прийти помощь от Творца, посылая им свет для исправления келим, чтобы келим получения приняли форму отдачи. А это не относится к работе человека. Поэтому написано: «А вы молчите», то есть теперь настало время Творца, – того, что Он посылает.

267. Бааль Сулам. Шамати, 151. И увидел Исраэль египтян

В стихе: «И увидел Исраэль египтян мертвыми на берегу моря. …И устрашился народ Творца, и уверовали в Творца и в Моше, раба его» следует понять: какое отношение сюда имеет «И уверовали», ведь понятно, что чудо исхода из Египта и рассечения моря привело Исраэль к большей вере, чем они верили до этого? Но ведь сказали наши мудрецы: «Это Творец мой, и я прославлю Его», ибо рабыня видела на море больше, чем пророк Йехезкель. В таком случае, получается, что выход из Египта был связан с явными чудесами, ведущими к познанию Творца, что является противоположным понятию веры, потому что это не означает «выше знания». А когда они видят явные чудеса, тогда очень тяжело пребывать в вере. Ибо тогда, наоборот, [происходит] распространение знания.

Однако следует объяснить это так же, как объясняют слова: «И все верят, что он Всесильный веры». И стих этот говорит о величии Исраэля, ибо даже после того, как они увидели явные чудеса, не повредилось служение их Творцу, основанное на вере выше знания.

268. Зоар для всех. Глава Ваигаш. Статья «И будешь есть и насытишься, и благословишь», п. 58

Сказано: «Тяжело для Него пропитание человека, как рассечение Конечного моря. Ведь рассечение Конечного моря произошло, чтобы раскрыть в нем высшие тропы» – т.е. раскрыть свойство манулы с тем, чтобы утопить египтян. И получается, что тропы раскрывались в свойстве манулы для того, чтобы утопить египтян, а пути – в свойстве мифтехи для Исраэля. «И так же, как раскрываются в нем тропы и пути, так же оно расступается и раскрывается» – потому что в рассечении Конечного моря содержатся два противоположных действия, и так же, как тропы раскрывались с помощью манулы, а пути – с помощью мифтехи, так же и Конечное море расступалось и раскрывалось, чтобы утопить египтян и спасти Исраэль.

- Песах -

Казни египетские

Чем Творец поражает, тем излечивает

269. Дегель махане Эфраим (Знамя стана Эфраима). Глава Экев

Только когда захочет Творец заставить страдать врагов твоих, сделает [с ними], как сделал Он с египтянами посредством десяти казней, которые не происходили естественным путем. И будет это как чудо и удивление, и знак, и знамение, как сказано в Торе в нескольких местах «знамения». И будет чудо в чуде, как сделал Он в Египте, где был зараженный и исцеленный, зараженный – для Египта и исцеленный – для Исраэля. И каждая казнь, которую Творец насылал на Египет, содержала в себе великую милость для Исраэля.

270. Рабаш, 289. Творец придирчив к праведникам

Удар, который человек получает от Творца, т.е. когда отбирают у него вкус в работе. И тем самым Он лечит человека, потому что до этого нет у него никакой возможности работать ради Творца, кроме состояния «вера выше знания». Получается, что от удара, который он получил от Творца, от этого именно он сможет излечиться, тогда как в противном случае он останется отделенным.

И становится понятным сказанное мудрецами: «Тем, что Творец ударил, Он лечит» (Мехильта Бешалах). То есть, именно это и есть лекарство, иными словами, то, что дает человеку возможность работать в свойстве вера без всякой опоры.

271. Рабаш, 133. Всё это исправления

«Все болезни, которые Я навел на Египет, не наведу на тебя, ибо Я, Творец, – целитель твой».

Вопрос мудрецов – если «Я не наведу болезни», зачем же нужен врач?

И следует объяснить: раз Я – целитель, зачем же мне наводить на тебя болезни, если Я обязан лечить эти болезни?

А что Я выиграю, если наведу болезнь? Нет сомнения, что это из-за наказания. А если Мне нужно излечить болезнь, что это будет за наказание, ведь получится как будто Я произвожу напрасную работу. Поэтому Я не наведу на тебя болезнь. А то, что ты думаешь, что является болезнью, в этом ты ошибаешься. Ведь все состояния, которые ты ощущаешь, если ты приписываешь их Мне, всё это исправления, с помощью которых ты приблизишься ко Мне в слиянии.

272. Рабаш, 307. Нет травинки внизу

«Нет травинки внизу, у которой бы не было ангела, который бьет ее и заставляет расти». И надо спросить, для чего ее бить? Иначе не захочет расти? Но разве мы не видим, что по природе своей каждый хочет вырасти, а не оставаться на низком уровне?

И чтобы понять это, надо объяснить это с позиции духовной работы. Естественно, что постоянно, когда человек погружен в желание, он отказывается от всякого роста и желает оставаться на земном уровне. Но наверху есть сила, которая называется ангел, и это сила, воздействующая на него, бьет его и заставляет расти. То есть она бьет его с силой и заставляет расти, выйти из обыденного, несмотря на то, что человек создан с желанием получать, которое означает приземленность.

А относительно желания получать человек оставался бы на земном уровне, и у него никогда не появилась бы возможность выйти из своего желания. Но сила отдачи, существующая в мире, которая называется ангел, посылает ему такие страдания, чтобы у него не было удовлетворения от наполнения желания получать. А страдания, которые он ощущает, дают ему толчок выйти из обыденного.

273. Рабаш. Статья 14 (1989). Что означают слова «И возложи на сердце твое»

Все казни происходили с египтянами, а над сынами Исраэля не имели власти никакие казни. И почему Творец не вывел народ Исраэля от фараона силой? И в простом смысле есть много объяснений, а мы объясним это в смысле духовной работы.

Как известно, каждый человек – это маленький мир, состоящий из семидесяти народов мира. А народ Исраэля, т.е. свойство Исраэля в человеке, или свойство Яшар-Эль (прямо к Творцу), – другими словами, что бы он ни делал, всё это ради имени Его, – [это свойство] находится в изгнании среди клипот, т.е. семидесяти народов. А свойство египтян называется так, потому что они притесняют свойство Исраэль в нем, а фараон, царь египетский – это свойство, которое господствует над народом Исраэля и правит им. А Творец хочет, чтобы тело человека должно было сделать выбор, т.е. чтобы зло внутри человека покорилось.

274. Рабаш. Статья 14 (1986). Для чего нужно брать келим взаймы у египтян

Моше и Аарон пришли в Египет и говорили народу Исраиля, что Творец желает вывести их из Египта. Они произвели там все знамения, и десять казней, полученных египтянами, конечно же, должны были приближать народ Исраэля к духовному, а не вызывать противоположное действие, в результате которого они падали каждый раз в более глубокие врата скверны – пока не настало время, когда они должны были выйти из Египта. Иными словами, нужна была большая подготовка, чтобы получить свет избавления, – а в итоге, что же мы видим? В каком состоянии они оказались при избавлении? В 49 вратах скверны. Возможно ли такое?

Как объяснил Бааль Сулам, египетское изгнание было нужно для того, чтобы обрести сосуды египтян. Но только в долг, а потом вернуть им обратно.

275. Зоар для всех. «Новый Зоар, Лех леха». Статья «Как в дни выхода твоего из земли египетской покажу Я тебе чудеса», пп. 105-107

«Как в дни выхода твоего из земли египетской покажу Я тебе чудеса». В будущем Творец произведет избавление своим сыновьям, как в те дни, когда послал Творец, чтобы вызволить Исраэль из Египта. И поразил египтян этими казнями для Исраэля в месяце нисан. В чем разница между этим избавлением и египетским избавлением? Египетское избавление было от одного царя и от одного царства. Здесь избавление от всех царей, которые есть в мире, и от всех царств, что в мире. И тогда превознесен будет Творец во всем мире и на всей земле. И все познают правление Творца по всему миру. И все будут поражены высшими ударами вдвойне за грех свой в том, что не давали освободить Исраэль. И когда познают правление Творца, как сказано: «И стал Творец царем на всей земле», тогда все добровольно придут к Творцу в Исраэль, как написано: «И приведут всех своих братьев из всех народов как дар Творцу». Тогда смогут увидеть праотцы радость избавления сыновей своих, как и раньше, как написано: «В дни выхода твоего из земли египетской покажу Я тебе чудеса».

276. Зоар для всех. Глава Бешалах. Статья «Колесницы Фараона и войско его», п. 266

Все десять казней, совершенных Творцом в Египте, это все была одна рука. Потому что левая рука была включена в правую, и десять пальцев были включены друг в друга, соответственно десяти речениям, в которых Творец был назван после. И соответственно им всем, была та, что на море, – сильной и большой, и правящей. Как сказано: ... «Колесницы Фараона и войско его поверг Он в море». А в грядущем будущем должен Творец уничтожить ... всех покровителей и властителей Эдомских. Как сказано: «Кто это идет из Эдома...?»

277. Зоар для всех. Глава Ваэра. Статья «Возложи на сердце свое», п. 143

Нижнюю из всех ступеней – Малхут, называемую мечом Творца, полным крови, «Он поразил первой. И потому вода их превратилась в кровь». «От нижнего», – т.е. Малхут, «начал Творец поражать (их). И рука Его», – в которой есть десять пальцев, называемые десятью сфирот, «поражала каждым пальцем», – от Малхут до Кетера. «И когда Он дошел до их высшей ступени», которая является первенцем всех этих ступеней, т.е. соответствующая Кетеру, «Он сделал Свое, и прошел по земле Египта, и убил всех. Таким образом, Он убил всех первенцев в земле египетской, так как это – их высшая ступень и первенец всего».

278. Эвен эзра. Шмот 9, 1

Две казни были в воде: одна – когда вода превратилась в кровь и вымерла рыба, вторая – когда поднялись жабы из воды. И две – на земле: одна – от вшей, вторая – от скопища различных хищных зверей и гадов, как сказано: «Да извлечет земля существо живое». И две – в воздухе, так как причиной мора скота была не только жара или холод, как обычно, а мгновенно вымерло бесчисленное количество [скота], так как дух всей жизни, находящийся в сердце, зависит от воздуха, а вторая – казнь язвами, как сказано: «И назвал Всесильный свод, что над головами, небом». А седьмая казнь смешанная, из смерча бури и огня, как сказано: «Огонь полыхающий среди града». А восьмая казнь саранчой, принесённой издали ветром. А девятой была удивительная казнь, когда исчез свет обоих светил и звезд на земле египетской. А десятая – когда спустился губитель, посланный свыше, поразить первенцев.

Десять казней египетских

Кровь

279. Тора. Шмот 7:17-18

Так сказал Творец: «Так узнаешь ты, что Я - Творец: Вот Я ударяю посохом, который в руке моей, по воде, что в Ниле, и она превратится в кровь. А рыба в реке умрет, и смрадным станет Нил, и египтяне отчаются пить воду из Нила».

280. Рабаш, 832. Мёртвые рыбы

В Египте клипа египтян была на иудеях, и хотя ели они там живую рыбу, но свойство «Египет» называется «мёртвая рыба», как сказано «А рыба в реке умрет», в отличие от рыбы иудеев, которая была живой.

Если все заботы в том, чтобы достичь свойства отдачи - это тревога Исраэля, он беспокоится, почему он не в свойстве Исраэль. Тогда как беспокойство египтян в том, что они находятся под властью притеснителя, т.е. свойства хасадим и это «а рыба в реке умрет». Т.е подобное беспокойство приводит к свойству смерть, т.е. истощение сил, и человек не в состоянии что-либо сделать.

281. Зоар для всех. Глава Ваэра. Статья «Возложи на сердце свое», п. 144

Власть Фараона держалась на силе воды, как сказано: «Большое чудовище, лежащее среди рек его». Поэтому сначала река его превратилась в кровь.

282. Дегель махане Эфраим (Знамя стана Эфраима). Глава Тазриа

Тот, кто относится к свойству Исраэль, является источником живой воды, очищающей всякую скверну, и также делающий из этого истока «крови ее», т.е. кровь Творца 'дам Йа' – то, что сначала было кровью 'дам' стало человеком 'адам' с присоединением МА, т.е.

Властелина мира, с присоединением алефа к «крови» 'дам' возникает человек 'адам'.

283. Зоар для всех. Глава Ваэра. Статья «И станут кровью», пп. 135-137

««В час, когда желает Творец совершить возмездие над народами-идолопоклонниками, пробуждается левая сторона, и наполняется луна», т.е. Малхут, «кровью с этой стороны. Тогда наполняются кровью источники и ручьи внизу – все те, что в левой стороне. И потому суд их – кровь»».

««Когда кровь эта пробуждается на какой-либо народ, она является кровью убитых, так как пробудит на них другой народ, который придет и уничтожит их. Однако в Египте не хотел Творец приводить на них другой народ, который пробудит на них кровь», – т.е. уничтожит их, «так как Исраэль были среди них, и чтобы не пожалели об этом» Исраэль, «живущие на их земле. Но Творец поразил их кровью в их реках так, чтобы не могли они пить»».

««Поскольку правление их властвует в той реке, Творец наказал сначала их правление, чтобы первым был поражен их бог. Ибо Нил был одним из их богов. А также прочие их боги истекали кровью, как сказано: «И будет кровь на всей земле египетской, и на деревьях, и на камнях»»».

284. Сборник Шимони

«И наполнились кровью реки их», сначала наполняли бочки, и бочка Исраэля наполнялась водой, а бочка Египта наполнялась кровью, и снова наполняли кружки, и так и шло – эта кровью, а эта – водой, говорили Исраэлю:

будем пить я и ты из одной кружки, и израильтянин пил воду, а египтянин – кровь. Сказал р. Авин: вся вода, которую пил египтянин, он брал дорогой кровью, и оттуда обогатились Исраэль.

Жабы

285. Тора. Шмот 7:26 - 29

И сказал Творец обращаясь к Моше: «Иди к Фараону и скажи ему: так сказал Творец: отпусти народ мой, чтобы они служили мне! А если откажешься ты отпустить, то вот - я поражу всю область твою жабами. И воскишит Нил жабами, и поднимутся они, и придут в твой дворец, и в спальню твою, и на постель твою, и в дома слуг твоих, и к народу твоему, и в печи твои, и в квашни твои. И в тебе, и в твоем народе, и во всех слугах твоих окажутся жабы!».

286. Зоар для всех. Глава Ваэра. Статья «И воскишит река жабами», п. 153

««И поднялась жаба», ведь следовало сказать – жабы, во множественном числе. Но это была одна жаба, и она порождала (других), и наполнилась ими земля. И все они предавали себя огню... «Какое им, египтянам, дело до того, что все жабы бросались в огонь?» Но все они входили в огонь..., и забирались в хлеб и лопались, а из них выходили другие и впитывались в хлеб. И когда (египтяне) ели хлеб, он внутри них снова становился жабами, и прыгали и издавали голос, пока египтяне не умирали. Эта казнь была для них самой тяжелой из всех.

Сказано: «И на тебя, и на твой народ, и на всех твоих слуг поднимутся жабы» – т.е. они забирались внутрь их тела. «Фараон же был поражен первым и более других, ведь так и сказано: «И на тебя, и на твой народ, и на всех твоих слуг». Да будет благословенно во веки веков имя Творца, который наблюдает за делами людей, за всем, что они делают»».

287. «Маор ве-Шемеш». Глава Ваэра

«Жабы» 'цфардеа' – от слов «птица» 'ципор' знания 'деа', и поразил от свойства «есод», т.е. их соединение и наслаждение, и поместил в них «жабу». И потому сказано о них: «И зловонную стала земля», т.е. перевернулось наслаждение, и не могли они наслаждаться ни от чего из-за дурного запаха жаб.

Вши

288. Тора. Шмот 8:11-15

И увидел фараон, что стало легче, и укрепил сердце свое, и не послушался их, как и предсказал Творец. И сказал Творец, обращаясь к Моше: «Скажи Аарону: наведи посох свой и порази прах земли, и станет он вшами во всей стране египетской». И сделали так, и навел Аарон руку свою с посохом, и поразил прах земли, и появились вши на людях и на животных: весь прах земли стал вшами во всей стране египетской. И делали то же волхвы чарами своими, пытаясь вывести вшей, но не могли. И покрыли вши и людей, и животных. И сказали волхвы фараону: «Это перст божий», но укрепилось сердце фараона, и не послушал их, как и предсказал Творец.

289. Зоар для всех. Глава Ваэра. Статья «И воскишит река жабами», п. 171

»«Что означают вши, которых поднял прах земной? Смотри, всё, что порождается на земле, происходит от силы высшего правителя, от того, что посеяно над этим, и всё вершится по высшему подобию»«.

Скопище (аров)

290. Тора. Шмот 8:16-18

И сказал Творец, обращаясь к Моше: «Встань рано утром, и предстань перед Фараоном, когда он выходит к воде, и скажи ему: «Так сказал Творец: отпусти народ Мой, чтобы они служили Мне! Ибо если ты не отпустишь народ мой, то вот я насылаю на тебя, и на слуг твоих, и на народ твой, и в дома твои диких зверей, и наполнятся дома египтян дикими зверями, как и вся земля, на которой они живут. И отличу в тот день страну Гошен, в которой живет Мой народ, и не будет там диких зверей - дабы знал ты, что Я - Творец, владыка земли!»

291. Зоар для всех. Глава Ваэра. Статья «И воскишит река жабами», п. 168

«Скопище (аров ערוב)»..., т.е. Он перемешал различные (ступени) их мудрости, и не могли они их постичь. Но мало того, даже те» ступени их мудрости, «которые уже находились на земле, стали губительны для них на земле», т.е. стали вредящими, «и уничтожали пути их. «Скопище». Что означает «скопище»? Это смешение.

292. Зоар для всех. Глава Ваэра. Статья «И воскишит река жабами», п. 170

««И буду Я подстрекать египтян (досл. Египет) против египтян (Египта)» – высший Египет», их правителей, «против нижнего Египта. Ибо те воинства, которые наверху, поставлены над воинствами внизу, и перемешались все они, и перемешались их построения наверху, и не могли египтяне своими чарами установить связь с этими местами» их правителей наверху, «с которыми связывались сначала, так как были они перемешаны. И поэтому навел на них (Творец) казнь скопища – т.е. животных, перемешанных между собой»».

Мор (де́вер)

293. Тора. Шмот 9:1-4

И сказал Творец, обращаясь к Моше: Войди к Фараону и скажи ему: «Так сказал Творец, Всесильный евреев: отпусти народ Мой, чтобы они служили Мне!». Ибо если ты откажешься отпустить и будешь еще их держать, то вот – рука Творца будет на скоте твоем, который на пастбище: на лошадях, на ослах, на верблюдах, на коровах и на овцах – мор весьма тяжкий. И различие сделает Творец между скотом израильтян и скотом египтян, и не умрет ни одно животное из скота сынов Израиля.

294. Зоар для всех. Глава Ваэра. Статья «Вот, рука Творца будет», пп. 190-193

«То, о чем вы говорили, что Творец умертвил в Египте весь крупный и мелкий скот, так вот, было три вида смерти, которой умирал скот: мор; те, кого убил град; и те первенцы скота, которые умерли во время казни первенцев».

««И какой была их смерть? Ведь сказано вначале: «Вот, рука Творца будет на скоте твоем, который в поле». Почему обо всех (остальных) казнях не сказано: «рука Творца»? Но здесь «рука» – с пятью пальцами. Ведь вначале», о казни вшами, «сказано: «Это перст Божий». А тут все пять пальцев, поскольку каждый палец уничтожил один вид. И было пять видов, как сказано: «На конях, на ослах, на верблюдах, на крупном и на мелком скоте». И это пять видов для пяти пальцев, которые называются рукой. И поэтому: «Вот, рука Творца будет на скоте твоем... – мор очень тяжелый». Т.е. они умирали сами, и находили их мертвыми»».

««И поскольку египтяне не раскаялись, вернулись те же самые буквы слова «мор (де́вер דבר)" и уничтожили всех тех, кто остался. И мор (де́вер דבר)", буквы его, "стал градом (бара́д ברד). Но в чем разница между ними? Однако один", мор, "(происходит) спокойно, а другой", град, "в приступе ярости. И оба они были в том же месте, – в пяти пальцах"».

««Смотри, мор (девер דבר) – буквы, пребывающие в покое, спокойная смерть, когда помирали сами. Град (барад ברד) – когда буквы обращались в приступ ярости, и он уничтожал всё".

Язвы, нарывы

295. Тора. Шмот 9:8-12

И сказал Творец, обращаясь к Моше и Аhарону: «Наберите полные пригоршни печной золы, и пусть Моше бросит ее к небу на глазах у Фараона. И распространится она пылью по всей стране египетской; и будет от нее на коже людей и животных воспаление, образующее нарывы, во всей стране египетской». И взяли они печной золы, и предстали перед Фараоном, и бросил ее Моше к небу, и возникло воспаление, образующее нарывы на коже людей и животных. И не могли волхвы устоять перед Моше из-за нарывов, ибо волхвы были ими покрыты, как и все египтяне. И ожесточил Творец сердце Фараона, и не послушал он их, как Творец предсказал Моше.

296. Мальбим. Шмот, 9, 11

«Не могли маги» - в первых трех казнях, совершенных Аароном, пытались также египетские маги показать свою силу, но во время казней скопищем зверей и мором скота, совершенных Творцом, замолчали. До казни язвами, произведенной Моше и Аароном, они также хотели сделать что-то, но не могли устоять против Моше по двум причинам:

1) Так как маги сами покрылись язвами

2) Не могли сделать это ни на одном человеке, так как язвы были у всех в Египте.

И об этом сказано: «язвы были на магах», и они остались существовать навсегда - две казни вшами и язвами, пришедшие в качестве наказания, не были сняты с них никогда.

- Песах -

Град

297. Тора. Шмот 9:22-27

И сказал Творец, обращаясь к Моше: «Наведи руку свою на небеса, и низвергнется град на всю страну египетскую: на людей, и на животных, и на всякую траву полевую в стране египетской!». И навел Моше посох свой на небеса, и послал Творец раскаты грома, и град, и огонь полетели к земле, и обрушил Творец град на страну египетскую. И был град и огонь, занимающийся внутри града, сильный настолько, что не было такого во всей стране египетской с тех пор, как досталась она народу. И побил град по всей стране египетской все, что не было под крышей: и людей, и животных, всякую траву полевую побил град и всякое дерево полевое сломал. Только в стране Гошен, где пребывали сыны Израиля, не было града. И послал Фараон, и призвал Моше и Аhарона, и сказал им: «Согрешил я на этот раз; прав Творец, а я и народ мой – грешны.

298. Сборник Шимони

Сказал Творец: придет град, который белый, как снег, и взыщет с египтян, желавших уничтожить народ, чьи грехи Я в будущем убелю, как сказано: «Если будут грехи ваши, как багряное, – станут белыми, как снег».

- Песах -

Саранча (арбе)

299. Тора. Шмот 10:1-4

И сказал Творец, обращаясь к Моше: «Иди к Фараону, ибо ожесточил Я сердце его и сердце слуг его, дабы совершить Мне все эти знамения Мои на них, и дабы рассказывал ты сыну твоему и сыну сына твоего о том, как наказывал Я египтян, и о знамениях Моих, которые Я совершил в среде их, и познаете, что Я - Творец». И пришел Моше с Аhароном к Фараону, и сказали они ему: «Так сказал Творец, Всесильный Творец евреев: доколе ты будешь отказываться смириться предо Мною? Отпусти народ Мой, чтобы Мне служили они! Ибо если ты откажешься отпустить народ Мой, то наведу Я завтра саранчу в твои пределы. И покроет она лик земли, и нельзя будет видеть землю, и пожрет уцелевшее, что у вас осталось от града, и пожрет всякое дерево, растущее у вас в поле. И наполнятся ею дома твои, и дома всех слуг твоих, и дома всех египтян, чего не видали отцы твои и отцы отцов твоих с начала существования их на земле и до сего дня». И повернулся он, и вышел от Фараона.

300. «Маор ве-Шемеш»

Десять казней были совершены с помощью десяти сфирот, и от каждой сфиры вышла одна казнь Фараону. И Он поражал Фараона и исцелял Исраэль. И с помощью этого отменились четырнадцать свойств ситры ахра. И семь первых ударов вышли от семи свойств снизу вверх. И Ему пока нужно было сделать еще три казни от трех первых сфирот для того, чтобы отменилась Ситра Ахра во всём и вся, поскольку все то время, пока полностью не отменилась Ситра Ахра, не было возможности у Исраэля выйти из Египта. Поэтому сказал Творец Моше: «Пойдем к Фараону... и покажу тебе эти знамения». Т.е. что Он принесет ему еще три казни от трех первых сфирот. И на это указывало им слово «эле (אלה эти)», где алеф (א) указывает на Кетер, и это чудесная и укрытая вера, а ламед (ל) указывает на Хохму, и это «башня, парящая в воздухе», а хей (ה) указывает на Бину, и это высшая хей (ה). И Моше понял, что восьмая казнь придется по Фараону от Бины, как мы уже объясняли, и что есть в ней восемь АВАЯ, что в гематрии 208, и это как гематрия «саранча (арбе ארבה)», как уже упоминалось. И с помощью этого слова Он наносил поражения египтянам и исцелял Исраэль, так как это указывает на благословение «Умножу (арбе ארבה) потомство твое», а для египтян это стало казнью саранчой (арбе ארבה).

Тьма

301. Тора. Шмот 10:21-23

И сказал Творец, обращаясь к Моше: «Вознеси руку свою к небесам, и настанет тьма в стране египетской, и будет осязаема тьма». И вознес Моше руку свою к небесам, и настала кромешная тьма во всей стране египетской три дня. Не видели друг друга, и не вставал никто с места своего три дня, а у всех сынов Израиля был свет в жилищах их.

302. Агра (Виленский Гаон). Глас Элияу, глава «Бо»

«И сгустилась тьма». Необходимо сказать, что вот, свет - творение и тьма - творение, а не как говорят некоторые, что тьма - это отсутствие света. Но на самом деле это не так. [Тьма -] творение само по себе, только отторгнутое от света, поскольку заложил так Творец в основу творения. И в соответствии с этим изменил здесь Творец природу, поскольку сказано: и сгустилась тьма. Что означает, что тьма будет затмевать свет, а не свет тьму.

303. При цадик, глава «Шмот», 10

Удар тьмой – это девятый удар, соответствующий свойству хохма. Он соответствует речению «да будет свет», как написано: и у всех сынов Исраэля был свет в их жилищах, поскольку вышли они из клипы тьмы, от которой страдали египтяне, и удостоились свойства хохма и речения «да будет свет».

304. При цадик. Глава «Бо», 6

Во всех казнях была мера за меру из-за того, что совершали в Исраэле, и во время казни тьмой сказали [мудрецы], что причина ее – чтобы не было видно поражения грешников Исраэля, которые умерли во дни мглы. И следует понять, в чем согрешили египтяне так, что следовало осудить их на тьму. И об этом сказали [мудрецы], что это из-за того, что они не приняли власть Творца в восьми предшествующих казнях, они автоматически пребывают во тьме, ибо свет это: «Творец – свет для меня», когда принимают бремя малхут небес и ее господство. И тогда умерли также и грешники Исраэля. И поэтому сказано потом в Мидраше: «На что это похоже? На царя, на которого восстал раб его [и он сказал одному из слуг: Иди и накажи его 50 ударами плетью. И он пошел и наказал его 100] и добавил ему от себя. [Так Творец послал на Египет тьму,] а тьма добавила от себя. И исполнилось: "Послал Он тьму, и стало темно"». И, казалось бы, зачем тьма добавила от себя, ведь мы не видели этого в остальных казнях? Однако, согласно сказанному, поскольку тьма появилась из-за того, что они не приняли на себя власть Творца в 8 предыдущих казнях, и это та тьма, которую Он послал на них, и из-за того, что они не приняли власть Творца даже и во время казни тьмой и не послушались, что нужно отпустить сынов Исраэля, тьма добавила от себя за то, что они не приняли власть Творца во время казни тьмой. И это называется «добавила от себя», поскольку главная казнь тьмой была из-за того, что они не приняли власть Творца во время восьми предыдущих казней.

305. Рабейну Бахья. Шмот, 21

Смысл в казни тьмой и ее осуществление таковы, что не следует понимать, что солнце потемнело на своей орбите, ибо оно продолжало светить со всей своей силой в дни тьмы, как во все другие дни, и мир продолжал существовать своим чередом, но она проявилась в том, что воздух во всей земле египетской потемнел, ибо перекрылись пути его, и перекрыл его Творец, чтобы свет не проходил к ним, ведь, как известно, свет небесный входит и расщепляет воздух, так же как звук входит и расщепляет его, так же и солнечный свет, и вхождение солнечного света в воздух является причиной того, что мы видим солнечный свет, и Творец убрал эту причину для египтян во все дни тьмы и остановил вход солнечного света в воздух, и тогда воздух снова почернел, и не могли они видеть солнечного света и звезд, а после того как воздух вновь почернел, Творец сделал его настолько тяжелым, что он стал реальным и его можно было ощутить наощупь, и сидящий не мог ни встать, ни протянуть руки. Но был свет для Исраэля, поскольку для них не было перекрыты пути света.

Смерть первенцев

306. Тора. Шмот 11:4-6

И сказал Моше: «Так сказал Творец: около полуночи появлюсь я посреди Египта. И умрет всякий первенец в стране египетской - от первенца Фараона, который должен сидеть на троне его, и до первенца рабыни, который при жерновах, и все первенцы скота. И будет вопль великий во всей стране египетской, какого не было и какого более не будет.

307. Шем ми-Шмуэль. Глава «Бо»

Всё египетское изгнание было подготовкой к дарованию Торы, а основа Торы состоит в том, чтобы человек стал мудрым, видящим зарождающееся, ведь в противном случае, он подобен животному. А человеку необходима мудрость воображения, чтобы он представлял себе будущее, как живое и стоящее перед ним... и в Египте он был поражен и исцелен, поражен в отношении египтян и исцелен в отношении Исраэля, ибо была отнята сила у египтян и в противовес этому прибавилась сила Исраэля... И вот мы уже сказали, что в трех последних казнях была отнята у него сила разума, количество которой – три: хохма, бина и даат. И потому получается, что в казни первенцев, которая является главной, была забрано у него свойство мудрости, которая, как известно, называется «главной», и она является силой, позволяющей видеть зарождающееся... И постиг Исраэль силу представления и образ будущего с большой силой, и это в общем является тем большим достоянием, которое они вынесли из Египта.

308. Бааль Сулам. Шамати, 179. О трех линиях

Смысл египетского изгнания, когда Исраэль тоже привлекали Гар де-хохма. И в этом их изгнание – что привлекается свойство тьмы. А выход из Египта произошел благодаря казни первенцев, где «первенец» означает свойство Гар де-хохма, т.е. Творец поразил первенцев Египта. И это называется «кровь пасхальной жертвы» и «кровь обрезания». И это, как сказано в книге Зоар: «В час, когда Творец убивал первенцев Египта... – в этот час вступили Исраэль в союз знака святости, т.е. совершили обрезание и соединились в Собрание Исраэля».

309. Бааль Сулам. Шамати, 171. Зоар, Эмор - 1

Понятия «казнь первенцев» и «кровь пасхальной жертвы», и «кровь обрезания» есть одно свойство. Ведь известно, что божеством Египта был ягненок. Т.е. пасхальная жертва была направлена на их божество. А египетская клипа состояла в том, что они хотели привлечь из состояния Окончательного Исправления – подобно греху Древа Познания, когда хотели привлечь свет Гар сверху вниз. А заколов пасхальную жертву, они убили Гар де-хохма, и из-за этого произошла казнь первенцев. Ведь «первенец» означает свойство Гар, т.е. они отменили Гар. И это произошло благодаря экрану де-хирик, что является состоянием подъема ма́нулы 'замка́', а это приводит к отмене Гар.

310. Ялкут Амкири (Сборник Мидрашей), Теилим

Поскольку сказал [Творец]: «И поражу всякого первенца», были те [из египтян], что убоялись, и те, что не убоялись. Тот, кто убоялся, отослал своего первенца

Исраэлю и сказал: прошу тебя, возьми его, и переночует он с тобой. Когда пришла полночь, умертвил Творец всех первенцев, и тех, что были в домах Исраэля. Он прошел между Исраэлем и египтянином, и взял его [египтянина] душу, и оставил душу Исраэля. И проснулся йехуди, и нашел египтянина мертвым, как сказано, «и прошел Я по вам».

311. Ари. Врата намерений. Песах и выход из Египта

Фараон думал, что поскольку З"А снова исчез в Име в состоянии ибура, он не раскроется снова и не выйдет наружу из живота Имы Илаа (Высшей Имы). И из-за этого также и нижние сыны Исраэля, называемые «Исраэль» – по имени З"А, называемого «Исраэль», тоже останутся в изгнании в Египте, ведь высший Исраэль, который правит ими, отменился в своем существовании.

Поэтому Творец послал ему через Моше [известие]: «Так сказал Творец, сын мой, первенец, Исраэль» – указывая на высшего первенца, Исраэля, который существует и не отменился. И сообщил ему, что поскольку он усомнился в его существовании, он будет наказан, мера за меру, казнью первенцев, поскольку он усомнился в высшем первенце. И потому сказано: «А если противишься отпустить его, вот Я убью твоего сына, твоего первенца». И как сказано: «И будет, когда спросит тебя твой сын позднее, говоря» – ведь это высший первенец, происходящий от святого высшего первенца, именно он задаст тебе этот вопрос, т.е. его касается этот вопрос, ибо в нем хотел фараон усомниться, и задержать Исраэль в изгнании под своей властью.

Лаг ба-Омер

1. Рабаш. Письмо 52

Вот наступает праздник Шавуот, время дарования Торы. Известно, что Шавуот – это свойство малхут в мирах и в сердце человека. Как объяснял мой отец и учитель о освящающем седьмой день, где седьмой, швии – это 'ше-би У' (во мне Он).

Означает, что Творец облачается в сердце человека, и это время, когда можно объяснить, что Тора облачается в душу человека, поэтому называется Шавуот – и означает дарование Торы, то есть, что Тора облачается в сердце каждого из народа Израиля. И во время отсчёта – от Песаха до Шавуота – это исправление келим, и это исправление моха и либа. И когда заканчивается исправление келим, удостаиваются свойства Торы.

Поэтому до Песаха была подготовка к исправлению келим в свойстве веры, называемое заповедью, а благодаря выходу из Египта удостоились свойства веры, что означает – «Я – Творец твой, который вывел тебя из земли египетской». А после Песаха начинается работа по исправлению для подготовки к получению Торы. А когда Тора облачается в душу человека, это называется Шавуот, временем дарования Торы.

2. Рабаш. Письмо 59

По поводу счета омера [49 дней между первым днём Песах и праздником Шавуот]: известно, что основная работа человека – связать себя с Творцом. Слово «омер» происходит от слова «вязка снопов», а также «сделать немым» (комментарий Раши). Т.е., человек немеет и не раскрывает рта с претензиями против Творца; и у него «всё что делает Милосердный – делает к добру» (Брахот, 9) и говорит себе, что все его мысли и желания будут только во имя высшего, и тогда он «омер», то есть, тем самым он связывает прочной связью свои мысли и желания, чтобы была у них только одна цель – доставить удовольствие Создателю. И тогда человек называется «омер».

3. Рабаш. Письмо 59

Счёт омера – комментаторы говорят, что это от слов «И под ногами его – будто сапфировые кирпичи и будто небеса очищенные» – и объяснение таково: посредством того, что человек связывает себя с Творцом, заслуживает тогда раскрытия на себя света Творца. Получается, что тем самым человек становится, как «омер» («сноп»), связующий все желания в единую связь, то есть, с единой целью: во имя Творца. И тогда этот «омер» светит, и в этом смысл счёта омера – когда человек светит светом Творца.

4. Рабаш, 938. По поводу омера

«Сноп» 'омер' – от слов «вяжем снопы», что означает связь. Т.е. человек должен стараться, чтобы связь между ним и Творцом светила, – от слов «сапфир и алмаз». Поскольку мир называется шестью днями действия и субботой, т.е. семью сфирот, и существует взаимовключение сфирот, мы должны соединять себя с Творцом во все дни лет нашей жизни, которых 70 лет, что указывает на то, что каждая из семи сфирот состоит из десяти сфирот.

И благодаря тому, что мы исправляем эту связь, называемую свойством омера (снопа), мы можем удостоиться свойства Торы, т.е. свободы от ангела смерти, как сказали наши мудрецы: «читай не 'харут' (высечено), а 'херут' (свобода)» – т.е. благодаря Торе мы выходим из-под власти злого начала.

5. Бааль Сулам. Шамати, 190. Всякое действие оставляет след

И в этом смысл Песаха, когда Исраэль удостоились состояния свободы, т.е. мохин де-Аба ве-Има, являющегося свойством «полна земля славы Его», и, автоматически, нет места для злого начала, так как оно своими действиями не отдаляет от служения Творцу. А, наоборот, мы видим, как оно приблизило человека к работе Творца. Однако это свойство было лишь со стороны пробуждения свыше. Поэтому [мудрецы] сказали, что святая Шхина сказала: «Подобно капле красной розы видела я». Т.е. он видел, что есть место, которое всё еще нужно исправлять. Т.е. в этом месте Творец не может светить. Поэтому они должны были считать семь недель счета Омера, чтобы исправить места, чтобы он мог увидеть, что «полна земля славы Его».

И это подобно царю, у которого есть замок, полный всех благ, но у него нет гостей. Поэтому он создал людей, чтобы они пришли получить все Его блага. Но ведь мы не видим замка, полного всех благ, а, наоборот, [видим,] что весь мир полон страданий. И в этом объяснение, что «вина царского 'малхут' вдоволь», т.е. со стороны малхут нет никакого недостатка в вине. Т.е. в наслаждениях, уподобляемых вину. А недостаток есть только со стороны келим. Ведь у нас нет получающих келим, пригодных для получения высшего блага. Ибо именно в отдающие келим можно получать. И какова величина келим, такова и величина высшего блага. Таким образом, все изменения происходят только в келим, а не в светах.

6. Маор ва-Шемеш. Глава Эмор

Дни отсчета (омера) указывают на единство, как сказано в святых книгах, и поэтому умерли ученики раби Акивы между Песахом и Ацерет, потому что эти дни указывают на единство, а они не ценили друг друга, и поэтому произошло это событие, связанное с Бар Каппара (בר קפרא) - в середине счета омера, и рассердился не на Бар Каппару, а на то, что не пригласил его с товарищами. В дни отсчета омера человек должен исправить эту меру единства, и благодаря этому удостоится постижению Торы в праздник Шавуот

7. Сборник законов. Законы крови, закон 1

Основной порок учеников раби Акивы заключался в том, что не было между ними милосердной любви, которая является свойством стремления и страстного желания, что лежит в основе привлечения света Торы, который они должны были притянуть от раби Акивы, который находился в свойстве раскрытия Торы. И об этом сказал раби Шимон Бар Йохай: «У нас все зависит от любви», что означает, что нам необходима большая любовь между нами, и это главное. И то же указывалось об учениках Ари, который не раз предупреждал их о том, чтобы они придерживались крепкой любви. А как-то раз он сказал, что был бы готов прийти в Иерусалим, только чтобы пришло к ним избавление, однако это было разрушено раздором между товарищами, которому способствовали их жёны. Главное в привлечении света Торы – это любовь и милосердие, которые являются свойством страстного желания и стремления к святости, и благодаря этому удостаиваются получения Торы и всех благ.

8. Рамхаль. Адир бе-Маром, 24

И раскрывал рабби Шимон бар Йохай тайны Торы, и товарищи слушают его голос, и соединяются, чтобы быть с ним в этом труде, каждый своей частью. Так была создана Мишна при помощи Танаим, и наш великий Рав соединил объяснения всех и сделал из них книгу Мишна. Так хотел раби Шимон бар Йохай, чтобы книга включала в себя статьи всех членов его собрания (иешивы), и соединилась бы эта книга с Торой. Потому что прочие книги говорят о частных вещах, но книга Зоар создана по Торе, это называется великим входом во всю Тору в целом.

9. Бааль Сулам. Статья на окончание книги Зоар

Полное слияние и полное постижение разделяется на 125 общих ступеней. И потому до времени Машиаха невозможно удостоиться всех 125 ступеней.

И существует два различия между всеми поколениями и поколением Машиаха: (1) что только в поколении Машиаха можно постичь все 125 ступеней, а в остальных поколениях – нельзя; (2) что во всех поколениях взошедших и удостоившихся постижения и слияния мало, как сказали наши мудрецы о стихе: «Одного человек из тысячи нашел я», что «тысяча входит в комнату, и один выходит в преподавание», т.е. в слияние и постижение. Однако в поколении Машиаха каждый может удостоиться слияния и постижения, как сказано: «И будет земля полна знанием Творца», «И не будет больше каждый учить ближнего своего и каждый – брата своего, говоря: "познайте Творца", ибо все познают Меня, от мала до велика».

Кроме Рашби и его поколения, т.е. авторов книги Зоар, которые удостоились всех 125 ступеней в совершенном виде, хотя и жили до времени Машиаха. И о нем и учениках его сказано: «Мудрец предпочтительнее пророка». И потому в Зоаре много раз сказано, что не будет поколения подобного этому поколению Рашби вплоть до поколения царя Машиаха. И потому его великое сочинение оставило настолько сильное впечатление в мире, ведь заключенные в нем тайны Торы охватывают уровень всех 125 ступеней.

10. Бааль Сулам. Статья на окончание книги Зоар

Сказано в книге Зоар, что она раскроется только в конце дней, т.е. во времена Машиаха. Ведь мы сказали, что если ступени читателей не [распространяются] на всю меру ступеней автора, они не поймут его намеков, поскольку у них нет с ним общего постижения.

А поскольку ступень авторов Зоара [распространяется] на всю высоту 125 ступеней, невозможно постичь их до наступления времен Машиаха. Получается, что в поколениях, предшествующих временам Машиаха, общего постижения с авторами Зоара нет. И потому Зоар не мог раскрыться в поколениях, предшествовавших поколению Машиаха.

И отсюда вытекает ясное доказательство, что наше поколение уже пришло ко времени Машиаха. Ведь мы видим воочию, что все толкования на книгу Зоар, которые предшествовали нам, не выяснили даже десяти процентов трудных мест Зоара. И даже в том немногом, что они в самом деле выяснили, слова их неясны почти так же, как слова самого Зоара.

А в нашем нынешнем поколении мы удостоились комментария «Сулам», являющегося полным выяснением всех слов Зоара. И кроме того, что он не оставляет ни одной неясной вещи во всем Зоаре, не объяснив ее, кроме этого, все объяснения основаны на простом абстрактном мышлении, так чтобы любой неискушенный читатель мог понять их.

А то, что Зоар раскрылся в нашем нынешнем поколении, является ясным доказательством того, что мы уже находимся во времени Машиаха, в начале того поколения, о котором сказано: «И будет земля полна знанием Творца».

День Иерусалима

1. Хидушей Агадот, Гитин, 55:2

Благодаря Храму и Иерусалиму стали весь Исраэль как один человек, и не вправе был каждый строить алтарь для себя, пока благодаря Храму не превратились в один народ. А когда было разногласие между ними, было разрушено это место, где было достигнуто единство Исраэля, и в соответствии с этим из-за беспричинной ненависти были разрушены город и Храм.

2. Иерусалимский Талмуд

«Отстроенный Иерусалим подобен городу, соединенному воедино», – городу, который делает весь Исраэль товарищами

3. Зоар для всех. Пинхас. Статья «Почему Исраэль испытывает страдания больше остальных народов», п. 152

Исраэль сделал Творец сердцем всего мира. И так они, Исраэль, среди остальных народов – как сердце среди органов. И как органы тела не смогли бы существовать в мире даже мгновение без сердца, так и народы не могут существовать в мире без Исраэля. И также Йерушалаим, так он среди прочих земель, как сердце среди органов, и поэтому он в центре всего мира, как сердце, которое в центре этих органов.

4. Рабаш. Письмо 18

Иерусалим называют сердцем мира, и в душе называют «Иерусалим» сердцем человека, то есть желание человека называется Иерусалим. И там есть разногласие. Т.е там имеются желания народов мира, из которых состоит человек, и желания народа Исраэля, и одно желает властвовать над другим.

Получается, что внутри сердца, которое называется Иерусалим, желания ссорятся и противостоят друг другу, и тогда ни у одного нет власти. И, так или иначе, ни одно не способно достичь своего совершенства. [...]

Но «ради братьев моих и ближних моих», иными словами, поскольку цель творения была насладить творения, и вместо ненависти не может раскрыться свет Творца, называемый светом любви, поэтому скажу: «Мир тебе!». Где «тебе» означает, чтобы был мир в твоем сердце.

5. Бааль Сулам. Газета «Народ» (а-Ума)

«Иерусалим был разрушен лишь из-за беспричинной ненависти, царившей в том поколении». Ибо тогда заболевает народ и умирает, а органы его развеиваются по ветру. Поэтому обязательным условием для каждого народа является крепкая внутренняя сплоченность, когда все составляющие его одиночки спаяны друг с другом из инстинктивной любви. И мало того, что каждый индивидуум будет обуславливать свое личное счастье счастьем народа, а свой личный упадок его упадком – но будет готов также отдать всего себя на благо народа в момент необходимости. В противном же случае их право на существование в качестве одного из народов мира утрачено загодя.

6. Сфат Эмет (Язык Истины). Глава Ноах

Действительно, сила единства очень велика, чтобы пробудить силу корня с небес. Однако это должно быть «ради небес», и это находится лишь в сынах Исраэля. Ведь поколение раскола всё собралось, но это не было дано им в руки. И только сынам Исраэля, «да будет участь Творца с ними», дана сила единства, и в сынах Исраэля затем это осуществится в построении Храма. Ведь Храм не был лишь зданием из деревьев и камней. Только благодаря объединению сынов Исраэля, ведь в каждом человеке из Исраэля есть некая часть, как сказано: «Отстроенный Иерусалим подобен городу, соединенному воедино, – городу, который делает весь Исраэль товарищами». И сделано здание внизу с помощью душ сынов Исраэля, и благодаря построению Храма они поднимаются, чтобы быть слитыми с душами сынов Исраэля в высшем мире, как сказано «туда поднялись», ведь это действительно как в высказывании: «Выстроим город, и глава его в небесах», – только благодаря тому, что это было «ради небес», осуществится ими.

7. Нецах Исраэль. Глава 4

Храм был разрушен из-за беспричинной ненависти, которая разделила их сердца, и стали разделенными, и не были удостоены Храма, который находится в объединении Исраэля.

8. Решит хохма. Ор гадоль

Велико наказание беспричинной ненависти, разрушившей Иерусалим и Храм.

9. Рабаш. Статья 39 (1990). Что означает «каждый, кто скорбит о Иерусалиме, удостоится увидеть его в радости» в духовной работе

Известно, что малхут называется Иерусалимом. Поэтому, когда мы говорим о разрушении Иерусалима, речь идет о Храме, который был разрушен. То есть, это называется

«Шхина во прахе» или «Шхина в изгнании». Иными словами, человек должен принять на себя ярмо небесной малхут, и верить, что Творец управляет миром, как добрый и творящий добро. Но это скрыто от человека.

Малхут воздействует на души и на миры БЕА. Все воздействия, которые приходят со стороны малхут к творениям – это свойство малхут. Получается, согласно этому, что малхут не в почете у творений, потому что они не видят ее важности, что она дает нам. И это называется Иерусалим в своем разрушении. То есть вместо того, чтобы она давала благо и наслаждение творениям, когда все видели бы ее достоинство, мы видим, что у нее все разрушено и нечего дать.

10. Рабаш, 718. Тот, кто скорбит по Иерусалиму

Сказано: «Каждый скорбящий о Иерусалиме, удостоится увидеть Иерусалим в утешении», «каждый, переживающий страдания общества, удостаивается утешения за всё общество».

«Скорбит» означает наблюдать в себе, насколько разрушен храм, то есть насколько разрушено всё, что связано со святостью, и невозможно это восстановить. Иными словами, всё, что человек видит в себе ради собственной выгоды, он готов построить. Однако там, где он не видит выгоды для себя, а лишь ради отдачи, то он не в силах сделать ни единого движения для построения святости.

11. Рабаш. Статья 21 (1991). Что означает в духовной работе, что перед Пуримом читают недельную главу «Захор» («Помни»)

Сказали мудрецы: «Не будет построен оплот иначе, как на руинах Иерусалима, и так же наоборот, когда один встает, другой падает».

Поэтому, главное в работе человека – это молиться Творцу, чтобы дал желание отдавать, и это главная молитва, как сказано «пришедшему очиститься помогают». И это для того, чтобы Творец дал ему желание отдавать. И это главное чудо. И это называется «второй природой», и в руках Творца – дать ему вторую природу.

12. Бааль Сулам. Ор Баир. Скрытое

И на это указывает поэт, говоря «отстроенный Иерусалим» – как город соединенный воедино, ибо Конец Исправления называется «отстроенным Иерусалимом», т.е. прошедшие избавление не строят его, а поражаются в постижении своем, что уже отстроен он, и никогда не было в нем никакого изъяна. Ведь любое изменение места и изменение действия, и изменение имени, которые сами являются моментами времени в изгнании, все эти противоположности соединились воедино, и это абсолютная простота, подобно целому, которое раскрывается, когда в нем собираются все его части и детали.

13. Шивхей Ари

В один из вечеров вышел великий Ари со своими товарищами встречать субботу, как принято. Сказал товарищам: "Пойдёмте сейчас в Иерусалим и построим Храм, и принесем субботнее жертвоприношение, так как этот час видится мне подходящим для истинного завершения изгнания".

Некоторые товарищи сказали: "Как мы пойдём в Иерусалим в такой час, ведь это так далеко от нас – больше 30 парсаот?" А другие сказали: "Это хорошее дело, мы готовы пойти, только сначала сообщим об этом жёнам, чтобы не волновались, а потом пойдём".

И тогда закричал Рав и заплакал, и сказал товарищам: "Как же искусны доводы Сата́на в деле отмены избавления Исраэля! Я свидетельствую... что со времён рабби Шимона бар Йохая до сих пор не было часа, настолько подходящего для освобождения, как этот. И если бы вы признали это, у нас был бы Храм, и изгнанники Исраэля уже входили бы в Иерусалим. А теперь минул этот час, и Исраэль вновь ушёл в изгнание. И когда услышали товарищи об этом, очень сожалели о том, что сделали, но это не помогло.

14. Берешит Раба, 59:8

Иерусалим – он свет мира, как сказано: «И будут ходить народы во свете твоем». И кто он, свет Иерусалима? Творец. Как сказано: «Творец станет твоим вечным светом»

15. Ялкут Шимони. Йешаяу, 60

В будущем станет Иерусалим маяком для народов мира, и они устремятся к его свету, как сказано: "И пойдут народы на твой свет".

16. Авот де-Пиркей Натан, глава 35

В будущем Иерусалим будет собранием всех народов и всех царств.

17. Нет более цельного, чем разбитое сердце

Машиах сидит у ворот Иерусалима и ждет, когда люди будут достойны избавления. Он скован оковами и цельные люди ему нужны, чтобы освободиться от своих оков. Достаточно ему хасидов, достаточно ему широты, сейчас он требует глубины в людях истины.

Шавуот
Время дарования Торы

Праздник Шавуот

1. Рабаш. Письмо 52

И вот наступает праздник Шавуот, время дарования нашей Торы. Известно, что Шавуот – это свойство малхут в мирах и сердце в человеке. Как объяснял мой отец и учитель об освящающем седьмой день, где седьмой, швии – это шеби-у (во мне Он).

Означает, что Творец облачается в сердце человека, и это время, когда можно объяснить, что Тора облачается в душу (нефеш) человека, поэтому называется Шавуот – и означает дарование Торы, то есть, что Тора облачается в сердце каждого из народа Исраэля.

2. Рабаш. Письмо 52

Время отсчёта – от Песах до Шавуот – это исправление келим, и это исправление в сердце и в разуме (либа и моха). И когда заканчивается исправление келим, удостаиваются свойства Торы.

Поэтому до Песаха была подготовка к исправлению келим в свойстве веры, называемое заповедью, а благодаря выходу из Египта удостоились свойства веры, что означает – «Я – Творец твой, который вывел тебя из земли египетской». А после Песаха начинается работа по исправлению для подготовки к получению Торы. А когда Тора облачается в душу (нефеш) человека, это называется Шавуот, временем дарования Торы.

3. Маор ва-Шемеш. Скрытые указания Шавуота

Дни отсчета (омера) указывают на единство, как сказано в святых книгах. В дни отсчета омера человек должен исправить эту меру единства, и благодаря этому удостоится постижению Торы в праздник Шавуот, как сказано: «И двинулись они из Рефидима, и пришли в пустыню Синай, и встал там Исраэль против горы». Дело в том, что главное в том, что всё зависит от того, чтобы была любовь и братство среди сынов Исраэля (как сказали мудрецы, что от заповеди возлюбить ближнего как самого себя зависит вся Тора), когда есть мир среди Исраэль, Шхина присутствует меж ними.

4. Маор ва-Шемеш. Скрытые указания Шавуота

Во время дарования Торы, когда стали одним сердцем в любви и братстве, как объяснял Раши, потому что удостоились получения Торы и раскрытия Шхины Творца пред ними лицом к лицу (паним бе-паним)

И об этом сказано: «И двинулись они из Рефидима», где Рефидим – это буквы прудим (отделённые) – намекает на то, что двинулись от безразличия и разобщённости, и соединились вместе с любовью служить Творцу, и поэтому Творец дал Тору.

5. Рабаш. Письмо 59

Мы отсчитываем 49 дней до получения Торы, потому как сноп (омер) - он из ячменя 'сеорим', то есть, от уровней 'шиурим', на которые человек ставит в своём сердце величие Творца, как объясняет книга Зоар стих: «Известен во вратах 'шеарим' муж ее»: каждый поступает «по тому, как он оценивает 'мешаер' в сердце своем», – в этой мере светит свет Творца человеку.

И это называется верой. Когда человек удостаивается веры Творца, тогда называется свойством животного. Поэтому омером называлась мера для корма скотины, и имеется в виду, что ещё не удостоился знания Торы.

Тогда как в Шавуот, когда удостаиваются получить Тору, тогда получают знание Торы. Поэтому приносят жертву из пшеницы, т.е., пищу человека – ступени «говорящий».

Как один человек с одним сердцем

6. Рабаш. Статья 16 (1986). Ибо Яакова избрал Себе Творец

Как сказано: «Расположился там Исраэль станом напротив горы». А мудрецы объяснили: «как один человек с единым сердцем», потому что каждый из народа полностью отрешился от себялюбия и тем самым сплотились воедино все индивидуумы в народе, став как одно сердце и как один человек. И лишь тогда стали пригодны для получения Торы».

Отсюда мы видим: Творец сделал так, чтобы народ Исраэля достиг совершенства, дав им силы всем пребывать в подобии свойств – в устремлении доставить удовольствие своему Создателю.

7. Рабаш. Статья 16 (1986). Ибо Яакова избрал Себе Творец

«Расположился там Исраэль станом напротив горы». А Раши объяснил: «как один человек с единым сердцем». Поэтому и сказано «расположился» – в единственном числе. Однако все прочие остановки сопровождались недовольством и раздором, и потому сказано о них «расположились» – во множественном числе. Следовательно, под «единым» подразумевается подобие свойств.

Отсюда следует разъяснить, что хотя Творец сделал народ Исраэля в виде многих, о чем сказано: «как лица их не похожи друг на друга, так и суждения их не похожи друг на друга», все равно Он сделал их единым народом в мире. И это большое открытие: хотя они являются народом, т.е. многими, у них все же есть единая форма – благодаря подобию свойств.

8. Рабаш. Письмо 42

Сказано: «И расположился народ [против горы] как один человек в одном сердце», что означает, что у всех была одна цель – ради пользы Творца. И нужно понять, как можно быть «как один человек в одном сердце», ведь известно, что сказали мудрецы: «Как лица их не похожи одно на другое, так и мнения их не похожи одно на другое» - и как могут быть «как один человек в одном сердце»?

Ответ: если мы говорим, что каждый заботится о своей нужде, получается, что невозможно быть «как один человек», ведь «не похожи они». Однако, если все отменили свою собственную власть и все заботятся только о пользе Творца – тогда уже не существует их частных мнений, потому что всё частное отменилось, и все они вошли под власть Единого.

9. Зоар для всех. Кдошим, статья «Нельзя смотреть на место, отвратительное Творцу», п. 80

Со дня пребывания Исраэля в мире, они не пребывали перед Творцом в едином сердце и в едином желании так, как в тот день, когда стояли они на горе Синай.

10. Рабаш. Письмо 34

«И стали все единым союзом» – тогда будет легче «выполнить Твое желание всем сердцем». Потому что когда нет единого союза, трудно работать всем сердцем, и часть сердца остается для своей пользы, а не ради пользы Творца. Как сказано в Мидраш Танхума: «Вы предстаете сегодня – что сегодня светит дважды и затемняется дважды, так же вам тьма в будущем будет светить светом вечным, как сказано: «И будет тебе Творец светом вечным». Когда? Когда станете единым союзом, как сказано: «Живы все сегодня».

11. Рабаш. Письмо 34

Как известно в этом мире, если человек берет несколько веток вместе – разве может их сразу сломать? А когда берется одна ветка, то даже ребенок может ее сломать. И отсюда выходит, что не будет освобожден Исраэль, пока не станут единым союзом. Как сказано: «В эти дни в это время сказал Творец – придут сыны Израиля и сыны Йеуды вместе и т.д. А, когда соединятся, то будут приняты Шхиной».

И привел я высказывание Мидраша, дабы не думали, что понятие группы, любви товарищей – это вопрос хасидизма, это требование мудрецов, которые видели, насколько необходимо объединение сердец, чтобы стали единой группой, чтобы быть принятыми Шхиной.

И стали они у подножия горы

12. Рабаш. Статья 18 (1987). Что такое подготовка к получению Торы - 1

Сказано: «И стали они у подножия горы». И нужно понять, что такое «гора». Слово «гора» (ивр.: «hар») происходит от слова «сомнения» (ивр.: «hирhурим»), и это разум человека, а находящееся в разуме и называемое потенциальным может впоследствии распространиться в самом настоящем действии, и поэтому можно объяснить: «И сошёл Творец на гору Синай, на вершину горы», – что это мысль и разум человека, т.е. что Творец известил всему народу, чтобы знали они, что «желание сердца человека - зло с юности его», а после того как Творец сообщил им об этом в потенциале, т.е. на вершине горы, затем то, что было в потенциале, распространяется в действии.

И поэтому народ приходит к практическому ощущению, и все ощутили сейчас потребность в Торе, как сказано выше: «Я создал злое начало и создал Тору в приправу», – и сказали: «Сейчас!», – благодаря практическому ощущению, что они вынуждены принять Тору, т.е. выбора нет, потому что они видели, что если примут

Тору, будет у них благо и наслаждение, «а если нет, здесь будет погребение ваше».

13. Бааль Сулам. Шамати, 53. По поводу ограничения

Сказано: «И стали они у подножия горы» («гора» 'ар' означает «сомнения» 'ирурим'), т.е. Моше привел их к концу мысли, и понимания, и разума, и нет ступени ниже этой.

И только тогда, когда они согласились на такое состояние, – работать в нем без всяких колебаний и движений, и оставаться в таком состоянии, как будто бы у них был самый большой гадлут, и раскрывать в этом радость. Ведь это называется: «Служите Творцу в радости». Потому что во время гадлута нельзя сказать, что им дается такая работа, которая была бы в радости. Ведь во время гадлута радость возникает сама. Однако во время катнута им дается работа в радости. И тогда, во время катнута, у них должна быть радость, несмотря на то что они ощущают катнут. И это – большая работа.

И это называется «главным в рождении ступени» и является состоянием катнута. И это состояние должно быть постоянным. А гадлут – это лишь добавка. И нужно стремиться к главному, а не к добавкам.

14. Бааль Сулам. Шамати, 199. У каждого человека из Исраэля

У каждого человека из Исраэля есть внутренняя точка в сердце, и это свойство простой веры. И она относится к наследию наших предков, которые стояли на горе Синай. Только ее покрывает много оболочек 'клипот', т.е. много видов облачений «ло лишма». И нужно снять все эти клипот. И основа его будет чистой, ибо он будет в свойстве «одной лишь веры», без всякой поддержки и помощи со стороны.

Взаимное поручительство

15. Бааль Сулам. Поручительство, п. 17

И в этом суть поручительства, когда весь Исраэль стали поручителями друг за друга.

Ибо Тора не была дана им, пока не был спрошен каждый из Исраэля, согласен ли он принять на себя заповедь любви к ближнему в мере слов «Возлюби ближнего, как самого себя» в полном объеме ...

Иными словами, каждый человек из Исраэля должен принять на себя заботу и работу ради каждого человека из народа, чтобы наполнять все его нужды не меньше, чем заложено в человеке заботиться о своих собственных нуждах.

16. Бааль Сулам. Поручительство, п. 17

А после того, как весь народ единогласно согласился, сказав: «Сделаем и услышим», каждый человек из Исраэля стал поручителем за то, чтобы ни у кого из народа не было недостатка ни в чем, и тогда они стали достойны получения Торы, но не ранее.

Потому что в этом общем поручительстве избавляется каждый человек из народа от всех забот о нуждах своего собственного тела и может исполнять заповедь «Возлюби ближнего, как самого себя» в полном объеме и отдавать всё, что у него есть, всякому нуждающемуся, поскольку больше не боится за существование своего собственного тела. Ведь он знает и уверен, что 600 000 любящих и верных людей находятся вокруг, готовые позаботиться о нем.

17. Сборник законов (Хошен а-мишпат). Законы поручителя

Тору и заповеди можно исполнять только на основе поручительства, когда каждый становится поручителем за своего товарища. Ведь главное в исполнении Торы, т.е. свойства желания, достигается объединением. И поэтому тот, что желает принять на себя ярмо Торы и заповедей, […] должен включиться в общность Исраэля в великом единстве. И поэтому во время получения Торы они без сомнения сразу стали поручителями друг за друга, ведь когда хотят получить Тору, они тотчас же должны взаимовключиться вместе как один, чтобы включиться в желание, и тогда без сомнения каждый является поручителем за другого, ведь все они важны как один.

18. Бааль Сулам. Дарование Торы» п. 16

Когда 600 000 человек избавляются от всех занятий ради собственных нужд, и нет у них никаких дел в жизни, кроме как всё время следить, чтобы у товарищей их не было ни в чем недостатка. И мало того, они будут заниматься этим с великой любовью, всем своим сердцем и душой, во всем объеме заповеди «Возлюби ближнего, как самого себя».

И тогда понятно без тени сомнения, что у любого человека из этого народа пропадает всякая необходимость хоть в чем-то заботиться о собственном существовании. И поэтому он становится совершенно свободен от поддержания своего существования и легко может исполнять заповедь «Возлюби ближнего, как самого себя». Ибо как теперь на него может напасть какой-то страх за свое собственное существование, когда 600 000 любящих и надежных людей стоят на страже в полной готовности, зорко следя за тем, чтобы у него не было ни в чем недостатка?

И потому, после того как все представители народа согласились на это, им сейчас же была дана Тора, ибо теперь они стали способны исполнять ее.

19. Бааль Сулам. Поручительство, п. 17

Исраэль являются поручителями друг за друга, как в плане соблюдения, так и в плане несоблюдения.

Ведь в плане соблюдения, т.е. если они соблюдают поручительство, вплоть до того, что каждый заботится и наполняет все потребности товарища, – получается, что благодаря этому, они могут исполнять Тору и заповеди в совершенстве, т.е. доставляя наслаждение своему Создателю...

И также в плане несоблюдения – т.е. если часть народа не желает соблюдать поручительство, желая быть погрязшими в эгоистической любви, они заставляют остальной народ оставаться погрязшими в своей мерзости и низости, не находя никакого выхода, чтобы выйти из своего грязного состояния.

20. Бааль Сулам. Поручительство, п. 18

Мудрец объяснил суть поручительства притчей о двух людях, плывущих в лодке. Один из них начал сверлить под собой, делая в лодке отверстие. Сказал ему товарищ: «Зачем ты сверлишь?» Отвечал тот: «Какая тебе разница? Ведь я сверлю под собой, а не под тобой!» Сказал он ему: «Глупец! Ведь мы оба погибнем в этой лодке, вдвоем!»

21. Бааль Сулам. Поручительство, п. 17

И после получения Торы, если предадут их немногие из Исраэля и вернутся к грязи эгоистической любви, не считаясь с ближними, та доля потребностей, которая отдана в руки этих немногих, будет беспокоить каждого человека из Исраэля заботами о себе самом, ибо эти немногие ни в коей мере не пощадят его. И в любом случае, станет невозможным исполнение заповеди о любви к ближнему для всего Исраэля целиком, как сказано выше.

Так, что эти сбрасывающие с себя ярмо [Торы] заставят соблюдающих Тору оставаться в грязи своей эгоистической любви, ибо они не смогут заниматься заповедью «Возлюби ближнего, как самого себя» и достигать совершенства в любви к ближнему без их помощи.

22. Ноам Элимелех. Сборник Розы

Человек должен всегда молиться за своего товарища, ведь для себя он не может много сделать, так как не может узник вызволить себя из тюрьмы. Но для товарища он получает ответ быстро. И каждый должен молиться за товарища. И получается, что каждый работает для другого, пока все они не получат ответ. И об этом сказано, что Исраэль поручители 'аревим' друг за друга, что означает «сладость» 'аривин', потому что они подслащают друг другу своими молитвами, когда молятся – каждый за товарища, и благодаря этому они получают ответ. А главная молитва – в мысли, поскольку в мысли может быть с легкостью принята молитва.

23. При Эц Хаим. Врата раскаяния, часть 8

Нужно говорить во множественном числе: «Мы грешили и т.д.», а не я грешил. И смысл в том, что весь Исраэль – это единое целое, и каждый из Исраэля – это один частный орган, ведь это поручительство, когда человек ответственен за товарища, если тот согрешит. Поэтому несмотря на то, что нет в нем этого греха, все-таки ему необходимо признаться в нем, поскольку если его товарищ совершил его, это как будто он сам совершил его. Поэтому говорится во множественном числе. И даже если человек исповедуется в своем доме, – один, что он согрешил, считается, будто мы сделали это – я и он согрешили вместе со стороны поручительства душ.

Сделаем и услышим

24. Рабаш, 942. Мозг управляет сердцем

Во время дарования Торы сказали: «Сделаем и услышим». Другими словами, сначала сделаем без разума, а потом удостоимся свойства слышания, т.е. сможем услышать, что то, что мы делаем, хорошо для нас. Тогда как если сначала хотим понять, что нам стоит заниматься отдачей Творцу, а потом «сделаем», никогда не придем к этому.

25. Рабаш. Статья 11 (1990). Что означает в духовной работе, что ханукальный светильник ставится слева от входа

Нам дана работа в Торе и заповедях в свойстве «сделаем и услышим». Т.е. благодаря тому, что мы сделаем и исполним Тору и заповеди в отношении действия, мы удостоимся также прийти к свойству «услышим».

Другими словами, человек должен исполнять Тору и заповеди пусть даже по принуждению. И нет необходимости ждать, когда у него будет желания и стремление исполнять Тору и заповеди, – тогда он будет исполнять. Но человек должен преодолеть [себя] и исполнять лишь в плане действия. Однако действие принесет ему впоследствии свойство слышания, т.е. потом он услышит о важности, которая заключена в Торе и заповедях. Т.е. он удостоится блага и наслаждения, заключенных в Торе и заповедях. И потому сказали Исраэль: «Сделаем и услышим».

26. Бааль Сулам. Поручительство, п. 19

Сказали наши мудрецы: «Праотцы соблюдали всю Тору еще до того, как она была дана». Что означает, что благодаря возвышенности их душ у них была способность постичь и пройти всеми путями Творца в смысле духовности Торы, вытекающей из слияния с Творцом, без предварительной лестницы практических действий в Торе, которые у них не было никакой возможности исполнить. [...]

И без сомнения, как очищение тела, так и возвышенность души наших святых праотцов очень подействовали на их сыновей и этих сыновей сыновей. И эти их заслуги были приняты в расчет для того поколения, в котором каждый из народа принял на себя эту высокую работу и каждый сказал в полный голос: «Сделаем и услышим!» И по этой причине мы поневоле были избраны особым народом из всех народов.

27. Рабаш, 294. Сделаем и услышим - 1

Когда человек принимает на себя действие, он уже не касается предмета, ибо принимает на себя то, что говорят ему делать. И тогда у него нет «взятки», которая бы ослепила его.

Поэтому он может прийти к свойству «услышим», т.е. он услышит, что справедливость находится на стороне заповеди. И это называется «услышим», т.е. он понимает его. Ведь услышанием называется свойство понимания в разуме и чувстве. Ибо именно после того, как у него нет обращения к самому себе, он может понять, что справедливость – в том, что командир заповедует ему делать.

В то же время, до того, как он принял на себя действие, – а тогда он всё еще получает «взятку», поэтому он понимает, что командир говорит не по делу. И это – «сделаем», а потом «услышим».

28. Рабаш 821. Сделаем и услышим - 2

Отмена называется действием, а не слышанием. Ведь слышание называется свойством понимания, а действие – это только свойство силы без знания. И это называется «сделаем и услышим», т.е. если у него есть сила свойства действия, он сможет получить свойство слышания, поскольку его основа есть свойство веры, а не знания.

29. Рабаш 940. Точка в сердце

И это называется «сделаем и услышим», потому что благодаря делу рук своих мы удостоимся свойства слышания, как сказано: «И весь народ видит голоса», т.е. они слышат голос Творца.

И видением называется видение в ощущении, что является ощущением в сердце, ибо каждый во время стояния у горы Синай почувствовал в сердце своем, что голос Творца говорит с ним, и не было у них никаких сомнений в этом. И это называется «видение». Подобно тому, как если человек видит нечто, он не сомневается, в то время как если он слышит, он, может быть, не расслышал. Поэтому при даче свидетельства не полагаются на слышание, а полагаются только на видение. Поэтому при даровании Торы, когда у них не было никакого сомнения, что это голос Творца, это называется «видением».

30. Рабаш. Письмо 18

Когда мы слышим голос Творца, который обращен к сердцу, как сказано: «Пришедшему очиститься помогают» – и объясняется в книге Зоар, что ему помогают святой душой, т.е. когда сердце слышит голос Творца, тогда получает власть над всеми желаниями именно голос святости, т.е. желание отдавать. И, автоматически, они больше не вернутся к своей глупости, т.е. он не будет больше грешить, так как все желания получать подчинились желанию отдавать.

И тогда раскрывается сердцу вся нега и благо, ибо тогда в сердце уже есть место для пребывания Шхины, и наслаждение, и удовольствие, и дружба распространяются, наполняя все органы человека. И это происходит именно, когда слышат голос Творца, – тогда всё тело подчиняется и порабощает себя святости.

Подготовка к получению Торы

31. Рабаш. Статья 29 (1989). Что такое подготовка к получению Торы - 2

Чтобы получить Тору, человек должен подготовить себя так, чтобы был у него хисарон, называющийся «кли» (сосуд), и чтобы Тора наполнила это кли. А это происходит именно тогда, когда он желает работать ради Творца, но тело противится этому, крича ему «Что вам эта работа». Но человек верит верой мудрецов, говорящих, что только Тора может вывести его из-под власти злого начала. Но это относится только к тем, кто хочет пребывать в свойстве «Исраэль», означающем яшар-кэль (прямо к Творцу). И видят они, что злое начало не даёт им выйти из своей власти, и тогда возникает у них потребность в получении Торы, чтобы свет Торы вернул их к Источнику.

32. Рабаш. Статья 21 (1988). Что означает, что Тора была дана из тьмы, в духовной работе

Тора дана именно тому, у кого есть хисарон, недостаток. И этот хисарон называется тьмой. И об этом написано: «Тора дана из тьмы». Т.е. тот, кто ощущает тьму в своей жизни, в том, что нет у него отдающих келим, пригоден к получению Торы, чтобы с помощью Торы «свет, кроющийся в ней, вернул его к Источнику», и тогда он получает келим отдачи и с их помощью будет готов получить добро и наслаждение.

33. Рабаш. Статья 21 (1988). Что означает, что Тора была дана из тьмы, в духовной работе

Тора дана именно тем, кто находится в состоянии, когда ощущает, что желание получать властвует над ним. И они кричат из тьмы, что им необходима Тора, которая вытащит их из этой тьмы – из власти келим получения, на которые было сокращение и скрытие, чтобы не светил бы в этом месте никакой свет, и это является причиной и необходимостью получения Торы.

34. Рабаш. Статья 29 (1989). Что такое подготовка к получению Торы - 2

Сказали мудрецы: «Только в том пребывает Тора, кто умерщвляет себя ради неё». И необходимо понять слово «пребывает», каков его смысл. А объяснить это нужно согласно сказанному мудрецами, когда сказал Творец: «Я создал злое начало, Я создал Тору приправу». То есть Тора является приправой. В ком это происходит? Ведь «нет света без кли, нет наполнения без хисарона».

Поэтому сказали мудрецы, что те люди, которые желают умертвить себя, то есть умертвить желание получать ради собственной выгоды, и которые хотят совершать все ради небес, – они видят, что не в состоянии сделать это сами, и им сказал Творец: «Я создал злое начало, Я создал Тору приправу».

35. Рабаш. Письмо 42

Сказано: «Мнение обывателей противоположно мнению Торы», потому что мнение Торы – это отмена власти, как сказали мудрецы: «Если человек умрет в шатре, то Торы не существует, а только в том (пребывает Тора), кто умерщвляет себя ради неё», что означает уничтожение личного, то есть собственной выгоды, а всё, что делает – только ради небес. И это называется подготовкой к получению Торы.

36. Рабаш, 943. Три свойства Торы

Существуют три свойства Торы:

1) первое называется «тушия» (изнурение), так как ослабляет силы человека,

2) второе называется «Тора - приправа»,

3) свет Торы.

Первые два свойства являются подготовкой к получению Торы. И лишь третье свойство называется «Торой», являющейся сутью, то есть свойством «насладить Свои творения». А два первых свойства – это исправления творения.

- Шавуот -

Дарование Торы

37. Бааль Сулам. Шамати, 66. По поводу дарования Торы - 1

По поводу дарования Торы, которое произошло во время стояния у горы Синай. Это не означает, что Тора была дарована тогда [лишь] один раз, а после этого дарование прекратилось. Ведь в духовном нет исчезновения, поскольку духовность есть явление вечное, которое не прекращается. И только из-за того, что со стороны Дающего мы не готовы принять Тору, мы говорим, что прекращение имеет место со стороны Высшего.

Однако тогда, во время стояния у горы Синай, Исраэль как целое были готовы к принятию Торы, как сказано: «И встал народ под горой» «как один человек с одним сердцем». Т.е. тогда была подготовка со стороны всего общества 'кляль', ведь у них было только одно намерение, т.е. была одна мысль о получении Торы. Однако со стороны Дающего нет изменений, и Он всегда дает, как сказано от имени Бааль Шем Това, что человек обязан каждый день слушать десять заповедей на горе Синай.

38. Бааль Сулам. Шамати, 66. По поводу дарования Торы - 1

Если человек пока еще не удостоился получения Торы, он надеется, что удостоится получения Торы в следующем году. Однако, после того как он удостоился свойства совершенства «лишма», ему уже больше нечего делать в этом мире, поскольку он исправил всё, чтобы оно было в совершенстве «лишма».

И поэтому каждый год есть время получения Торы, так как это время благоприятно для пробуждения снизу, ибо тогда возбуждается время, когда нижним был раскрыт свет дарования Торы. Поэтому наверху есть пробуждение, которое дает нижним силы, позволяющие им выполнять действие по подготовке для получения Торы – как были они тогда готовы к получению Торы.

39. Рабаш, 468. Сегодня Творец, Всесильный твой, повелевает тебе

«Сегодня Творец, Всесильный твой, повелевает тебе исполнять эти законы и правопорядки; и соблюдай и исполняй их всем сердцем твоим и всею душою твоей». И объясняет Раши: «Каждый день должны быть они в твоих глазах новыми, как будто в этот день заповедовали тебе их».

И следует понять, как может человек сделать так, чтобы они были «новыми, как будто в этот день заповедовали тебе их», ведь он «дал клятву и держит ее со времени горы Синай». И для того, чтобы понять это, нужно вначале знать правило, что любая вещь меряется значением заповедующего. Т.е. какова будет мера величия и важности Дающего Тору, такова будет и мера величия Торы.

Поэтому каждый день, когда человек принимает на себя высшую малхут, в мере величины веры в Творца растет и величие Торы. Поэтому насколько человек постигает величие Творца, настолько обновляется у него и Тора. Отсюда выходит, что всякий раз у него есть новая Тора, т.е. всякий раз у него есть другой Дающий и автоматически Тора, исходящая от Творца, считается новой Торой.

40. Рабаш, 895. Ханука

В книге «Дарование Торы» (п. 26) [Бааль Сулам] приводит [стих]: «И будете Мне избранным из всех народов, ибо Мне [принадлежит] вся земля». И он спрашивает, как связана избранность 'сгула' с «Мне принадлежит вся земля». И он объясняет там, что «Вы будете Мне «особым средством» 'сгула', ибо через вас перейдут искры осветления и очищения тела ко всем народам», так как особое средство 'сгула' – имеется в виду желание отдавать.

Девятое ава

Разбиение как возможность для исправления

- Девятое ава -

Разбиение келим

1. Бааль Сулам. Ор а-Баhир. Разбиение келим

Разбиение келим: суть исправления, приходящего посредством ускорения этого разбиения в том, что само разбиение и есть большое исправление. И есть объясняющие, что эта неисправленность ради исправления, но на самом деле выражение не верно, ведь есть затруднение в нем: зачем Ему портить, а затем исправлять – если бы Он не портил, то не понадобилось затем исправлять. Но суть в том, что главное исправление и большое благо, которые задумал Творец в начале сотворения – все это не пришло в мир иначе, как путем порчи келим таким образом, когда все их исправления... (что выяснилось изначально), что они никогда и не были испорчены.

2. Рабаш. Статья 19 (1985). Пойдем к Фараону - 1

«Разбиение» в духовном подобно тому, как разбивают сосуд в материальном: если в разбитый материальный сосуд налить какой-нибудь напиток, то он прольется. Так же и в духовном: если в сосуд попадает мысль, относящаяся к эгоистическому желанию, то изобилие исходит к внешним силам, которые вне духовного.

«Духовным» называется намерение «ради отдачи». А то, что вне этого намерения, называется «Си́тра Ахра́» – иными словами, обратная сторона духовного. Поэтому мы говорим, что духовное – это «отдача», а скверна – это «получение». И поскольку мы, родившиеся после разбиения, в любом случае, желаем только получать, постольку нам не могут дать изобилие – ведь всё, конечно же, уйдет к другой стороне.

3. Рабаш. Статья 13 (1990). Что означает, что благодаря единению Творца и Его Шхины искупятся все грехи, в духовной работе

Разбиение сосудов. Произошло смешение желания получать ради себя со святостью, и вследствие этого сосуды разбились. Был совершён также грех Древа познания, который привел к тому, что искры святости упали в клипот. Следовательно, этому способствовало разбиение сосудов и грех Древа познания, а творения, пришедшие после этого, в желании получать черпают жизненную силу от АБЕА де-клипа (от нечистых сил).

4. Рабаш. Статья 6 (1984). Важность молитвы многих

Мы должны верить в слова мудрецов о том, что все услады, кроющиеся в материальных удовольствиях, – это лишь тонкое свечение в сравнении с духовными наслаждениями, как сказано: «Это было также причиной разбиения келим, произошедшего до сотворения мира. Ведь вследствие разбиения келим и их падения в разобщенные миры БЕА вместе с ними упали в клипот и искры отдачи. Из-за них под власть клипот попали удовольствие и любовь всевозможных видов, потому что они передают эти искры человеку для получения и самонаслаждения». Таким образом, основные наслаждения находятся в духовном.

5. Рабаш, 179. Ибур - 1

Творения после греха Адама Ришона считаются разбитыми и неживыми келим, то есть – это келим получения ради себя, отделившиеся от источника жизни. В них есть только искра – решимо отражённого света, которое осталось и спустилось для оживления келим, чтобы они смогли ожить. А искра происходит от святости, оставшейся от отражённого света. И нужно поднять её, то есть, получить её ради отдачи, это называется «подъём», что означает подъём Ман. И за счёт этого образуется масах и авиют, отсюда происходит наполнение, когда отражённый свет наполняет келим по мере того, как облачает света (прямой свет).

6. Бааль Сулам. Шамати, 81. По поводу подъема Мана

Известно, что из-за разбиения искры святости упали в [миры] БЕА. А там, в БЕА, они исправиться не могут. Поэтому следует поднимать их в Ацилут. И благодаря тому, что мы совершаем заповеди и добрые дела с намерением доставить наслаждение своему Создателю, а не себе, эти искры поднимаются в Ацилут.

7. Бааль Сулам. Письмо 19

В процессе разбиения келим перешли все буквы на земное управление и на земных людей, – так что когда человек совершенствуется и достигает своего корня, обязан он сам собрать все буквы, одну к одной, и перенести их к их корню в духовном, что называется: «перевешивает себя и весь мир на чашу заслуг».

8. Рабаш, 867. Мир во всём мире

Человек способен работать и прилагать усилия, если от этого не будет исправления. Однако в малой вещи, т.е. такой, которая не требует большого усилия, но если она находится на пути исправления, сил нет. Потому что неисправленности происходят от разбиения келим и от греха Древа Познания.

А поскольку это пока еще не исправлено, в неисправленностях всё еще автоматически продолжается эта власть. Эта власть дает силы. Иначе – на пути исправления, для этого требуется другая власть, называемая «мир».

9. Рабаш. Статья 26 (1989). Что означает «того, кто оскверняет себя, оскверняют свыше» в духовной работе

Это кли, называемое получением ради отдачи, абсолютно противоположно кли, называемому желанием получать ради себя. Ведь кли и желание получать ради себя мы относим к Творцу, который создал его, как сущее из ничего. Поэтому, если мы хотим работать только ради пользы Творца, а не ради собственной выгоды, это тяжелая работа, ведь мы должны воевать против кли, созданного Творцом. И из этой работы у нас происходят все хисароны, о которых мы учим, например, исторжение светов, разбиение келим, святость и скверна, и Ситра Ахра и клипот, и разные имена, объясняемые в книге Зоар и каббалистических книгах. Все происходит только лишь от исправления творения. И это по той причине, что келим исправления мы относим к творениям, как сказано в начале «Древа жизни» и как выясняется в ТЭС, что первое желание получать, называемое малхут Бесконечности, сказало, что оно не желает получать ради получения, а [желает получать только] ради отдачи.

10. Рабаш. Статья 2 (1991). Что означает: «Вернись, Исраэль, до Творца твоего Всесильного» в духовной работе

Главное у человека – это сердце. [...] А сердце – это кли, получающее святость свыше. И, как мы изучаем из разбиения келим, если сосуд разбит, то всё, что в него попадает, выходит наружу.

И также с разбитым сердцем, то есть когда желание получать властвует над сердцем, получается, что в него не может войти благо, поскольку всё, что получает желание получать, уходит в клипот. И это называется «разбиение сердца». Поэтому когда человек молится Творцу, говоря: «Ты обязан помочь мне, ведь я хуже всех, так как чувствую, что желание получать управляет моим сердцем, и поэтому ничего из святости не может проникнуть в мое сердце. И мне не нужны никакие излишества, а только бы я смог сделать хоть что-то ради Творца, но у меня нет никакой возможности. Поэтому только Ты можешь меня спасти».

И этим нужно пояснить сказанное (Теилим, 34) «Близок Творец к сокрушённым сердцем». Значит, к тем людям, которые просят Творца о помощи, чтобы сердце их не было разбитым, а было бы цельным.

11. Работа Исраэля. Глава Шлах

Сказано мудрецами: «Отдаление - полезно для грешников, и собрание - хорошо для праведников». И это согласно сказанному АРИ о мирах игулим (кругов), что нет круга, касающегося другого, и там было разбиение, пока не было исправлено в олам йошер (в мире прямоты). И объяснение сути и смысла этого в том, что разум игулим подобен тому, кто крутится и вращается, и отделяется от Создателя, и кажется ему, что управляет сам собой по своему желанию, и важничает, говоря, «я буду править», и было разбиение. И каждый грешник важничает в своём сердце – «я буду править», – и поэтому они разделены в мире, и не могут соединиться, как круги, как кажется, потому что не смогут сидеть вместе, и для них полезно отдаление. А праведники, хотя и каждый по-своему работает на Творца, всё равно все имеют одно намерение – к Отцу небесному, и они сплачиваются и собираются вместе, как один человек с одним сердцем, когда каждый уменьшает себя и прославляет работу Творца, который дал ему силу и разум в его работе, и поэтому не возносится над товарищем, и они находятся в мире прямоты и соединяются друг с другом.

Исправление разбиения

12. Шем ми-Шмуэль. Глава Аазину

Замысел творения был в том, чтобы все стали одним целым, чтобы выполнить желание Творца, как сказали мудрецы в Зоаре, что был Адам Ришон, который сказал всем творениям: «Давайте поклоняться и преклоняться, благословлять Творца, который сотворил нас», но из-за грехопадения (Адама Ришона) этого не получилось, и даже у лучших в поколении не было возможности объединиться вместе для работы Творца, а были только единицы. И исправление этого началось в поколении раздора, когда произошло разделение в роде человеческом, то есть, чтобы началось исправление, люди должны были собраться в союз для работы Творца, и это началось с Авраама и его потомства, когда организовалось сообщество людей для работы Творца. Авраам ходил и призывал именем Творца, пока не собралось вокруг него большое общество – люди дома Авраама. И это продолжалось и ширилось, пока не образовался народ Израиля... и Окончательное Исправление произойдет в будущем, когда все станут одним целым, чтобы исполнить Его желание.

13. Бааль Сулам. Шестьсот тысяч душ

В мире нет больше одной души, как сказано: «И вдохнул в ноздри его душу жизни». И эта душа присутствует во всех сынах Исраэля, в каждом – целиком, как у Адама Ришона. Ведь духовное не рассекается и не разделяется, что свойственно как раз материальным [объектам]. А то, что сказано, что есть шестьсот тысяч душ и искр душ, очевидно, что это разделение происходит из-за тела каждого [человека]. Другими словами, сначала тело ставит преграду и полностью отнимает у него сияние души, но благодаря Торе и заповедям тело очищается, и в той мере, в которой оно очистилось, общая душа светит ему.

14. Бааль Сулам. Шестьсот тысяч душ

В отношении материального тела возникает два состояния. Первое состояние – когда он ощущает свою душу отдельной частью и не понимает, что это общность Исраэля. ...

Второе состояние – свет души Исраэля, действительно, не светит ему общей силой своего свечения, [светя] только своей частью, что означает: согласно мере и объему, в котором он очистил себя в отношении возвращения к общему.

А признаком того, что тело совершенно исправилось, является [состояние], когда он ощущает, что душа его пребывает во всей общности Исраэля, в каждом из них, и потому он и себя не ощущает отдельной частью, ведь одно зависит от другого, и тогда он «совершенен, без изъяна», и на него, действительно, во всей своей силе изливается душа, как это проявлялось в Адаме Ришоне.

15. Сборник законов. Благословения свидетеля и частные благословения, закон 4

Главная жизненная сила, и существование, и исправление всего мироздания – благодаря тому, что люди разных взглядов взаимовключаются вместе в любви, единстве и мире.

16. Бааль Сулам. ТЭС, ч. 8, Внутренний свет, п.88

Все наши занятия молитвами и практическими заповедями служат для того, чтобы вернуться, отобрать и поднять все те души, которые выпали из Адама Ришона и упали в клипот, пока мы не приведем их к их изначальному корню, как они были в нем до того, как он совершил грех Древа Познания.

17. Бааль Сулам. Письмо 4

И нет у тебя недостатка ни в чем, а [осталось лишь] выйти в «поле, которое благословил Творец», собрать все те отпавшие части, которые отпали от твоей души, и соединить их в одно тело. И в это совершенное тело Творец поместит свою Шхину навечно без всякого перерыва. И родник великой мудрости (твуны) и высшие реки света будут как неиссякаемый источник. И куда бы ты ни посмотрел, место это будет благословенно. И все будут благословенны благодаря тебе, так как будут они благословлять тебя постоянно.

18. Бааль Сулам. Мир в мире

Всё, что есть в мироздании, – как хорошее, так и плохое, и даже самое плохое и вредное в мире – имеет право на существование, и нельзя уничтожать его и совершенно истреблять с лица земли, ведь на нас возложена лишь задача по его исправлению и возвращению к добру.

Ведь любого взгляда на работу по сотворению [мира] достаточно, чтобы мы поняли величину совершенства Вершащего и Создающего его. И потому мы должны научиться остерегаться очернения любого элемента творения, говоря, что он является лишним и в нем нет никакой необходимости. Ведь этим мы клевещем, страшно сказать, на Создающего его.

19. Бааль Сулам. Мир в мире

Есть две власти, действующие на путях развития: первая – «власть небес», которая гарантирует возврат всего плохого и вредного к хорошему и полезному. Однако она действует в свой срок, соответственно своей природе – тяжело и долго. ...

А когда «развивающийся объект» является живым и ощущающим, выходит, что он переживает ужасные боли и страдания, находясь под действием «катка развития» – катка, прокладывающего свой путь с великой жестокостью.

Этому противостоит «власть земли», т.е. люди, которые взяли законы упомянутого развития под свое собственное управление и у которых есть право полностью освободиться от оков времени. И они очень ускоряют конец [развития], иными словами созревание и исправление объекта, что и является концом его развития.

20. Бааль Сулам. Предисловие к книге Зоар, п. 19

Заключенное в теле желание получать для себя было создано, только чтобы его уничтожили и искоренили из мира, изменив на желание отдавать. А страдания, которые мы испытываем, – это лишь раскрытия, которые показывают [всю] ничтожность и вред, довлеющие над ним.

Приди и увидь: в тот момент, когда все живущие в мире, единогласно согласились бы отменить и уничтожить свое желание получать для себя, и у них не было бы никакого желания, кроме отдачи ближним, все заботы и все вредители исчезли бы с лица земли, и каждый был бы уверен в здоровой и счастливой жизни, ведь у каждого из нас был бы огромный мир, который заботился бы о нем и наполнял его нужды.

Однако, когда у каждого есть не более чем желание получать для себя, из этого вытекают все заботы, страдания, и войны, и резня, от которых у нас нет спасения и которые ослабляют наше тело разными болезнями и страданиями.

И вот ты видишь, что все страдания, существующие в нашем мире, – это лишь явления, предлагаемые нашему взору, чтобы подтолкнуть нас к отмене дурной клипы тела и принятию совершенной формы желания отдавать. И это то, что мы сказали, что сам путь страданий способен привести нас к желаемой форме.

21. Бааль Сулам. Предисловие к книге «Паним меирот у-масбирот», п. 22

Человек живет не ради себя самого, а ради всей цепочки целиком, таким образом, что каждое звено в цепочке не получает свет жизни в себя, а лишь передает свет жизни во всю цепочку в целом.

22. Дегель махане Эфраим (Знамя стана Эфраима). Глава Шлах

Человек, который хочет действительно работать на Творца, должен включиться во все творения, и должен присоединить себя ко всем душам и включить себя в них, а они – в него. То есть, оставить себе только то, что необходимо для соединения со Шхиной, поскольку для этого необходимо сближение множества людей, потому что чем больше количество людей, больше работающих на Творца, тем более раскрывается им свет Шхины. И для этого необходимо соединить себя со всеми людьми, со всеми творениями, и всё поднять к их корню для исправления Шхины.

23. Рабаш. Статья 15 (1986). Молитва многих

Сказано: «Среди народа своего я живу», а Зоар говорит: «Поэтому человек никогда не должен отрываться от народа – ведь милосердие Творца всегда пребывает над всем народом вместе». Это значит, что если человек просит, чтобы Творец дал ему сосуды отдачи, о чем сказано: «Как Он милосерден, так и ты милосерден», тогда человек должен молиться за всю общность, поскольку в таком случае очевидно его намерение – чтобы Творец дал ему сосуды чистой отдачи. Ведь сказано, что «милосердие Творца всегда пребывает над всем народом вместе». И, как известно, «свыше не дают половину» – иными словами, когда свыше дают изобилие вниз, оно предназначено для всей общности.

24. Зоар для всех. Глава Ваехи. Статья «Пусть соберутся, и я поведаю вам», пп. 515-516

Человек должен обращаться со своей молитвой, находясь в обществе, поскольку «не презрел Он молитвы их», несмотря на то, что они не находятся все в правильном намерении и желании сердца». И сказанное: «Обратился Он к молитве одинокого» означает, что лишь к молитве одинокого Он обращается, всматриваясь в нее. Но в отношении молитвы многих – «не презрел Он молитвы их», хотя они и не желаемы.

«Обратился Он к молитве одинокого» – т.е. Он принимает его молитву, но «это тот одинокий, который включен во многих» – поэтому молитва его, как молитва многих.

25. Зоар для всех. Предисловие книги Зоар. Статья «Тора и молитва», п. 183

Молитва, которую мы возносим, является исправлением святой Шхины, чтобы притянуть к ней наполнение благом, избавляющим ее от всех недостатков. Именно поэтому все просьбы – во множественном числе, такие как: «И одари нас знанием Твоим», «и верни нас, Отец наш, к Торе Твоей».

Ведь молитва возносится за общность Исраэля, и всё, что есть в святой Шхине, есть у всего Исраэля, и всё, что ей недостает, недостает всему Исраэлю. Таким образом, когда мы молимся за весь Исраэль, мы молимся за святую Шхину, потому что это – то же самое.

26. Рабаш, 217. Беги, друг мой

Мы не способны получить ничего без подобия, и всегда нужно находиться в состоянии подобия. Поэтому, когда он пробуждает на себя милосердие, считается, что получает ради себя, и чем больше молится, тем самым не только не готовит келим отдачи, а наоборот, появляются в нём искры получения. Выходит, что он идет по обратному пути, то есть, должен был бы подготовить кли отдачи, а он подготовил кли получения. И «слиться с Его свойствами», и стать «как Он милосерден, так и ты милосерден». Поэтому, когда он молится за общество, считается, что посредством молитвы работает со свойством отдачи. И по мере того, как молится, в нем появляется кли отдачи, в котором может раскрыться свет отдачи.

27. Марху. Врата кругооборотов. Предисловие, п.38

Предупреждал мой учитель (Ари) меня и всех моих товарищей, с которыми мы были в одной группе, чтобы мы приняли на себя выполнение заповеди «возлюбить ближнего как самого себя», и каждый вознамерился (в своем сердце) любить каждого из Исраэля, как свою душу. И благодаря этому поднимется его молитва вместе со всем обществом Исраэля, и сможет подняться и выполнить исправление наверху. А относительно любви наших товарищей, каждый из них должен включиться, как будто он является одним органом этих товарищей. И очень предостерегал меня мой учитель в этом отношении.

28. Зоар для всех. Глава Толдот. Статья «Вот родословная Ицхака», п. 3

Нет органа в человеке, которому не соответствовало бы какое-либо создание в мире. И так же, как человеческое тело делится на органы, созданные в постепенном возвышении друг над другом и расположенные один над другим и составляющие вместе одно тело, так же и мир: все создания в мире – это органы, находящиеся друг над другом. И когда все они исправятся, то на самом деле станут единым организмом. И всё подобно Торе, как человек, так и мир, потому что вся Тора – это элементы и части, установленные один на другом. И когда все они исправятся, то образуют единый организм.

29. Сборник законов. Благословение на еду и омовение рук после трапезы, закон 3

Все прегрешения покроет любовь – это любовь, относящаяся к святости, которая находится в точке, покрывающей все прегрешения, и все разбиения сердца отменяются.

Страдания Шхины

30. Бааль Сулам. Шамати, 2. По поводу Шхины в изгнании

Все эти свойства, начиная от малхут, – которая является корнем сотворения миров, – вплоть до творений, называются именем «Шхина». А общее исправление [произойдет], когда высший свет будет светить в них в полном совершенстве. И свет, который светит в келим, называется именем «Шохен». А келим, в общем, называются именем «Шхина». Другими словами, свет пребывает 'шохен' внутри Шхины. Т.е. свет называется «Шохен», поскольку он пребывает 'шохен' внутри келим. Иначе говоря, келим в общем называются словом «Шхина».

А до того, как свет светит в них в полном совершенстве – это время называется временем исправления. Т.е. мы совершаем исправления, чтобы свет светил в них в совершенстве. А до того это состояние называется «Шхина в изгнании». Иными словами, в высших мирах пока еще нет совершенства.

31. Бааль Сулам. Шамати, 2. По поводу Шхины в изгнании

Внизу, в этом мире, – это состояние, в котором высший свет должен пребывать внутри желания получать, и это исправление есть получение ради отдачи. А пока что это желание получать наполнено низкими и глупыми вещами, которые не оставляют места, в котором он раскрылся бы вместе со славой небес. Т.е. вместо того, чтобы сердце должно было стать обителью для света Творца, сердце стало местом для мусора и грязи. Т.е. низость захватила всё сердце. И это называется «Шхина во прахе».

Другими словами, она унижена до самого праха. И каждому отвратительно то, что находится в святости, и нет никакого желания и стремления поднять ее из праха, ибо они выбирают вещи низкие, что приводит к страданию Шхины от того, что ей не предоставляют места в сердце, которое стало бы обителью для света Творца.

32. Рабаш. Статья 14 (1991). Что означает, что благословение человека – это благословение сыновей, в духовной работе

То время, когда Творец не может давать нижним по причине разницы свойств между ними называется «страдание Шхины». Т.е., со стороны получающего, она [Шхина] не может получить высшее наслаждение, поскольку, если получит высшее наслаждение ради нижних, все уйдет к клипот, называемым «получающим ради получения». И также называется «страданием» со стороны Дающего, поскольку Замысел Творения - дать добро сотворенным, а сейчас Он не может дать им добро и наслаждение, поскольку все, что попадет в руки творениям, уйдет к клипот.

Поэтому есть страдания у Дающего, который не может давать. Подобно матери, которая хочет дать еду младенцу, а младенец болен и не может есть. Тогда есть страдания со стороны Дающего.

33. Рабаш. Статья 19 (1988). Что такое серебро и золото, Исраэль и другие народы в духовной работе

Страдание Шхины в том, что она должна скрывать благо и наслаждение, которое она хочет дать душам, но не может, потому что это будет им во зло. Потому что из-за света, который она даст им, когда они находятся в келим получения для себя, они будут более удалены от святости, потому что святость уйдёт в клипот. Выходит – что называется страданием высшего? – то, что не может отдавать нижним, и это называется страдание Шхины...

Поэтому мы просим у Творца, чтобы дал нам силу преодолеть келим получения ради себя, и чтобы мы могли работать только ради отдачи. И тогда Шхина сможет показать драгоценность и великолепие, заключенные в ней, - в том, что будет возможность получить то, что она желает дать. И есть правило: «больше, чем теленок хочет есть, корова хочет его накормить». Но все зависит от получающих.

34. Рабаш. Статья 5 (1988). Что значит в духовной работе: «Исраэль в изгнании - Шхина вместе с ними»

Человек должен сожалеть о страданиях Шхины, что есть, якобы, страдания у Творца от того, что он не может дать добро и наслаждение творениям, как говорится в примере из трактата, что это подобно царю, у которого есть башня полная всякого добра, но нет у него гостей.

И чтобы понять пример трактата, можно привести еще пример, что это похоже на человека, который сделал свадьбу для сына и заказал в какой-то зал пятьсот порций, и никто не пришел, каждый по какой-то причине. И с трудом он собрал миньян для хупы. Какое огорчение чувствует человек от того, что есть у него пятьсот порций для гостей, а гости не пришли. И по этой причине должен человек работать, чтобы удостоиться доставить наслаждение Творцу тем, что он получает от Него добро и наслаждение. И человек, достигший этой ступени, – самый счастливый человек на свете.

35. Рабаш. Статья 29 (1986). Лишма и ло-лишма

Когда человек приступает к работе, чтобы стать праведником, т.е. не получать никакой оплаты для себя и всё делать только для того, чтобы доставлять удовольствие Творцу, тогда тело не согласно и строит ему помехи. Оно делает всё, что в его силах, чтобы помешать человеку в его работе. В таком случае человек этот постоянно испытывает страдания, и нет ему покоя от состояния, в котором он пребывает. Ведь он видит, что еще не достиг отдачи Творцу и не в силах совершать все свои дела с намерением на отдачу.

И потому человек постоянно страдает – из-за страданий Шхины, которая пребывает в изгнании. Ему больно: почему он в силах работать эгоистически, а если не видит никакой выгоды для своего эгоистического желания, то небрежен в своей работе?

36. Рабаш. Статья 27 (1989). Что такое страдания в духовной работе

Когда человек сожалеет о том, что он далек от Творца, т.е. он пребывает в желании получать только для себя, подобно животным, что не подобает уровню «человек», – он должен направить свои мучения, чтобы они были не из-за того, что он хочет быть человеком, в чем и состоят его мучения, – а из-за страданий Шхины.

И он приводит по этому поводу пример о человеке, испытывающем боль в определенном частном органе, и боль эта ощущается, главным образом, в сердце и разуме, являющимися общностью человека. Аналогично, отдельный человек является частью Шхины, которая называется «Собранием Исраэля». И главная боль находится у нее. И об этом следует сожалеть. И это называется «страданиями в работе».

37. Бааль Сулам. Шамати, 1. Нет никого, кроме Него

Когда он сожалеет о том, что Творец не приближает его, следует тоже остерегаться, чтобы это не было за его собственный счет, т.е. из-за того, что он далек от Творца, ибо так он становится получающим ради собственной выгоды. А получающий – отделен [от Творца]. А он должен сожалеть об изгнании Шхины, т.е. что он вызывает страдание Шхины.

И человек должен представлять себе: подобно тому, как если у человека болит какой-нибудь маленький орган, боль всё равно ощущается, главным образом, в мозге и сердце, ибо сердце и мозг являются средоточием человека. И, безусловно, невозможно сравнивать ощущение частного органа со средоточием всего человека, где, главным образом, и ощущается боль.

Аналогично и с болью, которую человек ощущает от того, что он далек от Творца.

38. Рабаш. Статья 5 (1988). Что значит в духовной работе: «Исраэль в изгнании - Шхина вместе с ними»

Поскольку человек рождается в кли получения для себя, то как можно изменить природу и сказать, что он не беспокоится ни о чем для себя? Но вот что болит у человека, о чем он сожалеет – это только огорчение Шхины. Что это значит? А смысл такой, как уже говорилось выше, что есть, якобы, огорчение вверху из-за того, что нельзя наполнить Его желание.

Иными словами, поскольку желание Творца дать наслаждение, и невозможно на деле выполнить это, ибо нет у творений подготовленных келим, которые смогли бы получить это наслаждение, если бы благодаря выполнению Торы и Заповедей, смогли бы сделать келим пригодными, как сказали мудрецы: «Я создал злое начало, Я создал Тору в приправу». Это причина, по которой человек работает изо всех сил, выполняя Тору и заповеди, и благодаря этому выполнению он выйдет из любви к себе и удостоится келим отдачи. И тогда сможет доставить радость Творцу, от которого он получает добро и наслаждение.

39. Рабаш, 890. Страдание Шхины - 2

«За грех, который мы совершили пред Тобой во злом начале».

И следует спросить: но ведь все прегрешения приходят из-за злого начала? И следует объяснить, что грех состоит в том, что он говорит, что есть злое начало. Ведь «нет никого кроме Него». Ибо если человек недостоин, его сбрасывают сверху. И это происходит посредством облачения в желание получать, называемое злым началом.

Как сказано: «Ведь желание сердца человеческого зло с юности его», другими словами, Творец создал его таким, ибо желание получать есть главное кли, однако нужно исправить его. И отсюда следует объяснить слова: «И опечалился Он в сердце Своем». Ибо человек чувствует, что от того, что он идет за желанием, он обретает печаль. И это называется страданием Шхины.

40. Рабаш, 71. Суть изгнания

«Когда Израиль в изгнании, Шхина – с ними». Это значит, что если человек приходит к падению, то для него духовное находится в падении. Но ведь есть правило – «заповедь влечет за собой заповедь». Почему же он пришел к падению? Ответ: сверху дают ему падение, чтобы он почувствовал, что находится в изгнании, и чтобы просил милосердия, и тогда его вытащили бы из изгнания, что и означает спасение. Но невозможно спасение, если прежде не было изгнания.

Что такое изгнание? Это когда человек находится под властью эгоистической любви и не может работать ради Творца. А когда любовь к себе называется изгнанием? Только когда он хочет выйти из-под этой власти и страдает от того, что не может ничего сделать ради Творца.

41. Рабаш. Статья 5 (1988). Что значит в духовной работе: «Исраэль в изгнании - Шхина вместе с ними»

Человек в то время, когда он чувствует, что находится в изгнании, т.е. чувствует в работе вкус изгнания и хочет убежать из изгнания, это значит, что человек должен верить, что в любом месте изгнания «Шхина с ними». Значит, Шхина дала ему попробовать вкус изгнания. «С ними» означает, что Шхина слита с ними, и они, ни в коем случае, не находятся в состоянии отделения от Шхины так, что должны сказать, что это свойство «падение». А наоборот, Шхина дает ему сейчас толчок, чтобы поднялся по ступеням святости, и Она облачается сама в одеяние падения.

И если человек осозна́ет это и поверит, что это так, это даст ему стимул, чтобы не убегать с «поля боя», и не скажет он, что работа по отдаче не для него, потому что видит всегда, что он всегда находится в состоянии подъемов и падений, и не видит конца этим состояниям, и падает в состояние отчаяния.

Однако, если он пойдет путями веры и будет верить словам мудрецов, то он должен сказать наоборот.

42. Рабаш, 777. Молитва об изгнании Шхины

В чем суть молитвы, которой необходимо молиться о Шхине в изгнании.

Значение ситры ахры, являющейся свойством знания и получения, в том, что она властвует над святой Шхиной, которая является верой и отдачей. А Творец создал мир, чтобы наслаждать творения, и не могут низшие получить наслаждение, кроме как в сосудах (келим) отдачи, которые считаются вечными сосудами, и не может высший свет, будучи вечным, облачиться во временные келим.

А низшие, находящиеся во власти ситры ахры, желающие именно получения и знаний, способствуют отделению от единения с высшим, и это означает, что есть орла (крайняя плоть) на Малхут, и эта орла прерывает связь между Зеир Анпином и Малхут, что является свойством единения Творца и Его Шхины.

И получается, что есть страдания Шхины от того, что не может она соединиться со свойством Творца по причине этой орлы, которую держат низшие и не отпускают её, чтобы она отделилась от Малхут.

Поэтому необходимо молиться, дабы Творец послал свечение свыше, чтобы низшие захотели отменить орлу и исключить её из Малхут. И это действует как в общем, так и в частном.

43. Рабаш. Статья 5 (1988). Что значит в духовной работе: «Исраэль в изгнании - Шхина вместе с ними»

«Страдание Шхины» означает, что Творец страдает от того, что Он не может раскрыть благо и наслаждение, из-за того, что творения не предоставляют [Ему] места, способного получать. Ведь если Он даст им благо и наслаждение, всё уйдет к Ситре Ахре. Поэтому получается, что Он не может давать благо, как Он того желает.

И отсюда поймем, что человек должен сожалеть о страданиях Шхины. И мы спросили, почему Творец не поднимает ее из праха, а Он нуждается в том, чтобы нижние построили намерение на свои действия, т.е. всё, что они делают, обязано быть с намерением «Поднять Шхину из праха».

А ответ состоит в том, что всё, что Творец дает, всё это благо и наслаждение, и в этом заключается Его цель – насладить Свои страдания. В то же время «поднять Шхину из праха», т.е. чтобы у Творца была возможность давать высшее благо, и высшее благо не ушло бы к Ситре Ахре, – это может быть только когда нижние не желают получать ради собственной выгоды, получая только для отдачи.

Поднять Шхину из праха

44. Рабаш. Статья 24 (1991). Что означает, что человек должен родить сына и дочь в духовной работе

Если человек решает, что он хочет работать в состоянии «прах», т.е. даже если ощущает вкус праха в работе, он говорит, что это очень важно для него, если он может сделать что-то ради Творца, а для себя - не важно ему, какой вкус он ощущает, и он говорит, что эта работа в то время, когда ощущается вкус праха, т.е. тело насмехается над этой работой, он говорит телу, что, по его мнению, называется эта работа «подъем Шхины из праха». Т.е. хотя тело ощущает в этой работе вкус праха, человек говорит, что это святость, и не измеряет, каков вкус, что он ощущает в работе, но он верит, что Творец наслаждается этой работой, т.к. нет здесь никакой примеси желания получать, ведь ему нечего получать, ведь нет никакого вкуса и смысла в этой работе, потому что лишь вкус праха есть здесь. А поэтому он верит, что такова духовная работа, и, так или иначе, он рад и весел.

45. Рабаш. Статья 40 (1990). Что означает: «Ибо вы малочисленнее всех народов» в духовной работе

Как человек может получить силу преодолеть свое тело, когда ощущает Шхину во прахе? Какую радость он может получить от этой работы? И еще сложнее, как человеку можно обрести желание и потребность работать, когда он не ощущает в этом вкуса. Это еще можно понять, когда у него нет выбора. Можно понять, что человек работает вынужденно, но желать такой работы, в которой нет вкуса, невозможно. А поскольку у него нет сил преодоления, и чтобы у него была радость от этой работы, то, как можно служить царю в таком низком состоянии, то есть, когда он ощущает вкус праха, служа царю?

Поэтому он не просит Творца раскрыть свое величие, чтобы ощутить в этом вкус. А он просит Творца дать силу, чтобы смог превозмочь тело и работать в радости от того, что сейчас он может работать только ради Творца, ведь желание получать не наслаждается от этого, и у него есть только вкус праха.

46. Рабаш, 34. Таамим, некудот, тагин, отиёт

«Таамим» (вкусы, интонации) – это тот, кто хочет ощутить вкус жизни, тогда он должен обратить внимание на свою точку в сердце.

Ведь у каждого человека есть точка в сердце, но она не светит, т.е. она подобна черной точке. Поскольку точка в сердце является свойством святой души (нефеш), а ее природа есть отдающее кли.

Но она пребывает в свойстве Шхины во прахе, ибо человек ни во что не ставит ее, и для него по важности она подобна праху. И это называется «некудот» (точки, огласовки).

Совет [для него] – поднять ее важность, и сравнять ее важность с «тагин» (коронками), т.е. как «венец на голове его». Т.е. вместо того, чтобы раньше она была, как прах, он должен поднять ее важность, как у короны на голове его.

И тогда святая душа-нефеш распространяется в «отийот» (буквы), т.е. в тело, ибо тело называется буквами, как известно. Т.е. святость из потенциальной распространяется в практическое проявление, которое называется буквами и телом.

47. Рабаш. Статья 13 (1988). Что означает, что предводитель народа – это и есть народ, в духовной работе

В том месте, где надо сделать что-то ради небес, а не ради собственной выгоды, тотчас же является тело и задает вопрос: «Что это за работа у вас?» и не желает дать ему силы для работы, что называется «Шхина во прахе», т.е. в том, что он хочет сделать ради Шхины, он ощущает вкус праха, и у него нет сил преодолеть свои мысли и желания.

И тогда человек приходит к осознанию, что нет у него недостатка ни в чем, чтобы у него была сила для работы, если только Творец даст ему силу веры, как сказано выше (в молитве рабби Элимелеха), что нужно молиться: «И установи веру Свою в сердце нашем навечно без перерыва», так как в этом состоянии он приходит к осознанию, что «если Творец не поможет ему, он не выдержит».

48. Бааль Сулам. Шамати, 113. Молитва «Восемнадцать [благословений]»

Молитва называется путем Торы. Поэтому молитва более эффективна для подслащения тела от страданий, и потому есть заповедь молиться о страданиях, поскольку благодаря этому появляется существенная добавка – как для отдельного человека, так и для всего общества в целом.

И поэтому противоположность вызывает у человека тяжесть и перерывы в работе Творца. И он не может продолжать свою работу и чувствует себя плохо. И ему кажется, что он недостоин принять на себя ярмо высшей малхут, «как бык под ярмом и осел под поклажей». И получается, что в это время он называется «нежеланным». Однако поскольку всё намерение его в том, что он хочет привлечь свойство веры, называемое свойством малхут, – т.е. «поднять Шхину из праха», – т.е. намерение его, чтобы возвеличилось имя Творца в мире, и чтобы святая Шхина не выглядела бедной и нищей, тогда «Творец слышит молитву всех уст». Т.е. даже от человека, который не слишком желанен, т.е. он чувствует сам, что он пока еще далек от работы Творца.

49. Рабаш, 557. По поводу отраженного света

Нижний прежде всего должен верить, что высший существует в реальности, но он не ощущает его из-за того, что не видит величия (гадлута) высшего. И это называется «Шхина в изгнании», т.е. святая Шхина находится у него во прахе, и он не чувствует, что в высшем есть вкус, больший вкуса праха.

Поэтому, когда человек начинает наблюдать величие высшего, что называется, что Ахап высшего поднялся, нижний тоже поднимается и начинает постигать величие духовного.

А это зависит от меры его боли от того, что он видит недостатки в высшем. Так же, в той же мере, высший поднимается для него. Получается, что это исправление, произведенное ради нижнего.

50. Рабаш. Письмо 77

Вся основа – в том, что человек должен просить, чтобы все его мысли и желания были только на пользу Творцу. И тогда сразу представляется ему картина его низменности, называемая «Шхина во прахе», и поэтому не нужно удивляться падениям, ибо «грош к грошу – скапливаются в большой счёт».

И это – как мы учили, что нет пустоты в духовном, а удалился [Он] временно, чтобы была возможность идти вперёд, потому что каждый момент, который выяснен, проанализирован [и присоединен] к святости, входит во владение святости. И человек падает только для того, чтобы выбрать дополнительные искры святости.

51. Рабаш, 106. Разрушение святости

Человек должен молиться о разрушении Храма – о том, что святость [находится] в состоянии разрушения и пребывает в самом низу, и никто не обращает внимания на эту низость, на то, что святость лежит на земле, и нужно поднять ее из ее низости. Другими словами, каждый осознает собственную выгоду и знает, что это очень важная вещь, и для этого стоит работать, тогда как отдавать – не выгодно. И это называется, что святость лежит на земле, «как камень, который некому перевернуть».

Но человек не должен просить у Творца, чтобы Он приблизил его к Себе, ибо это наглость со стороны человека – ведь чем он важнее других? Тогда как, когда он молится за всё общество, представляющее собой малхут, называемую Кнесет Исраэль, общность всех душ, о том, что Шхина во прахе, и он молится о том, чтобы она восстала, т.е. чтобы Творец осветил ей ее тьму, весь Исраэль автоматически поднимется по своему уровню, и также и просящий [поднимется,] ибо он тоже внутри общества.

52. Рабаш. Статья 39 (1990). Что означает «каждый, кто скорбит о Иерусалиме, удостоится увидеть его в радости» в духовной работе

Когда человек молится об изгнании Шхины, пусть не молится о том, что только для него Она во прахе. А человек должен молиться, почему Она в таком низменном положении у всего мира, до такой степени, что весь мир не думает о духовном. И он молится обо всем мире, как мы молимся «и построит Иерусалим скоро в наши дни». И это будет для всего мира [...] А поскольку массы не ощущают недостатка, как они могут молиться?

Но этот человек, который все-таки удостоился достичь недостатка, то есть, что он достиг изгнания, поэтому он может просить об освобождении. А те люди, которые не ощущают изгнания, как они могут просить, чтобы их вытащили из изгнания? Получается, то, что человек ощущает, что находится в изгнании, это уже называется «подъем на ступень». И на него возложено просить наполнение за все общество.

53. Бааль Сулам. Письмо 25

Удостоившемуся ответа раскрывается святая Шхина, как мягкосердечная мать, которая не видела сына своего долгие дни, и производили они большие и многие действия, чтобы увидеть друг друга, и оба подвергались из-за этого великим опасностям и т.д. и в итоге пришла к ним эта свобода, которую ждали они с нетерпением, и удостоились они увидеть друг друга, и тогда мать падает в его объятия и целует его и утешает и увещевает весь день и всю ночь, и рассказывает ему о тоске и опасностях в пути, которые испытывала она до сего дня, и как была она с ним всегда, и не двигалась Шхина, а страдала она с ним повсюду, только он не мог видеть этого.

И так говорит Зоар, что говорит она ему: здесь ночевали мы, здесь напали на нас разбойники. И спаслись мы от них, здесь прятались мы в яме глубокой и т.д. И какой глупец не поймет великую любовь и приятность, и наслаждение, которая вырывается и исходит из этих утешительных рассказов.

54. Рабаш, 36. Слышит молитву

«Слышит молитву». Весь мир задает вопрос, почему написано «молитва» в единственном числе, ведь Творец слышит молитвы, как сказано «Ты слышишь молитву каждого из народа Израиля в милосердии». И нужно объяснить, что нет у нас других молитв, кроме одной: поднять Шхину из праха, посредством чего придет избавление.

Меж теснин

55. При Цадик. Глава Пинхас, п. 9

В эти три недели, 17-го Тамуза были разбиты скрижали, и 9-го Ава был сперва разрушен Храм, а затем изгнаны Исраэль. Но в действительности все это было подготовкой, чтобы впоследствии таким путем были удостоены большого света. О разбиении скрижалей сказано: (Шабат, п. 87) «Браво Тебе, что Ты разбил», ведь путем этого разбиения скрижалей удостоились света Торы, и 9-го Ава тотчас родился Машиах, как сказано: (В Мидраш Эйха): «И будет разрушение Храма подготовкой к строительству Третьего Храма, чтобы был он, и тогда наступит полное избавление, после которого не будет изгнания.

56. Рабаш. Статья 5 (1988). Что значит в духовной работе: «Исраэль в изгнании - Шхина вместе с ними»

Народ Исраэля вышел из страны Исраэль и был разрушен Храм. И с точки зрения духовной работы нужно объяснить, что народ Исраэля вышел наружу и не чувствуют вкус в Торе и заповедях, и их сердце, которое было местом ощущения святости, называемым Храмом, это место разрушилось.

57. Предисловие Хаима Виталя к Вратам предисловий

Сказал самый молодой человек в городе, и самый малый из всех них, Хаим Виталь. Будучи тридцатилетним, я был ослаблен, сидел опустошенным, и мои мысли путались. Ведь прошла жатва, конец лета, а избавление не пришло к нам. Не пришло излечение наших болезней. Нет лекарства для нашей плоти. Нет лекарства для нашей раны, от разрушения нашего Храма. Разрушению этому сегодня 1504 года. Горе нам, ведь закончился день, один день Творца, равный 1000 лет, и склонились вечерние тени, что это 504 года более половины второго дня. И иссякла надежда, сын Давида до сих пор не пришел. И известно, что сказали наши учителя, благословенна их память: каждое поколение, которое не строит Храм в его дни, как будто он разрушен в их дни. И решил я изучить и узнать, что это, и почему затянулось наше наказание и наше изгнание, и почему не пришел сын Ишая.

58. Бааль Сулам. Письмо 60

Было определенное условие в начале получения Торы. Однако потом, после создания тельца, разрушилось единство, потому что начались войны, и сыны Леви убили за слово Творца три тысячи людей, и потом – жалобы на Моше, Аарона и разведчиков, и конечно же все это не добавило любви и единства – а потом, по приходу в страну, также не утихло это, и поэтому не было даже возможности требовать от кого-либо исполнить эту главную заповедь. Однако, чтобы не забылась Тора Израиля, начали заниматься другими заповедями, хотя и оставили главную, потому что не было у них иного выбора. И возможно поэтому были озадачены мудрецы разрушением Второго Храма, ведь не было там идолопоклонства и были усердными в Торе, и почему же он был разрушен? И сказали – из-за беспричинной ненависти. Возможно смысл в том, что не могли заниматься главным в Торе – возлюбить ближнего, как себя.

59. Рабаш. Статья 24 (1987). Что такое беспричинная ненависть в духовной работе

Поскольку во Втором Храме была ненависть без причины, т.е. они ненавидели свойство «без причины», что означает работать просто так без какой-либо оплаты, а не для получения вознаграждения, поэтому, даже несмотря на то что они занимались Торой и заповедями, и благотворительностью, всё же, поскольку у них не было намерения ради отдачи, это не является местом для святости, в котором она могла бы пребывать, как сказано выше, из-за противоположности формы между ними. И потому Храм должен был быть разрушен.

А дело в том, что порядок работы таков, что нам нужны Тора и заповеди, и благотворительность, чтобы это дало нам силы работать бескорыстно, что является лишь средством для достижения цели. А цель – прийти к слиянию с Творцом, т.е. подобию по форме, как сказано: «И слиться с Ним», как объясняют мудрецы: «Как Он милосерден, так и ты милосерден».

60. Рав Хаим Виталь. Шаарей Кдуша (Врата Святости), часть 2, Шаар 4

Сказали мудрецы: «Ненависть к творениям удаляет человека из этого мира». И вот он как будто ненавидит

Творца за то, что создал его. Сказано (Йома стр. 9, 72): «Во Втором Храме были праведники и большие мудрецы, и был он разрушен из-за греха беспричинной ненависти, и не приходит конец, и не исчезает, а лишь по причине беспричинной ненависти, и хотя остальные прегрешения проходят над ними лишь в час их, но беспричинная ненависть в сердце всегда. И каждое мгновение преступает заповедь: не ненавидь, и отменяет заповедь делай: «Возлюби ближнего, как самого себя». И еще об этой заповеди сказано, что это главное правило Торы, которая целиком зависит от него.

61. Сборник законов. Законы крови, закон 1

Главный порок учеников рабби Акивы был в том, что между ними не было милосердной любви, ведь благодаря этому происходит главное привлечение Торы, которую они должны были привлечь от рабби Акивы, учителя своего, являющегося свойством раскрытия Торы. И потому сказал рабби Шимон бар Йохай: «У нас всё зависит от любви», т.е. нам нужно, чтобы между нами царила великая любовь, ибо это главное. И как рассказано об учениках Ари, что Ари предупреждал их много раз, что между ними должна царить великая любовь. А однажды он сказал, что был готов пойти в Иерусалим, и что благодаря им наступило бы Избавление, но это расстроилось из-за небольшой ссоры, возникшей между товарищами из-за их жен (как объясняется в «Шивхей Ари»). Ведь главное привлечение Торы происходит посредством любви и милосердия, благодаря которым удостаиваются получения Торы и всего блага.

62. Вавилонский талмуд. Трактат Макот, стр. 24а

Как-то раббан Гамлиэль, рабби Элазар бен Азария, рабби Иегошуа и рабби Акива отправились в Иерусалим и, дойдя до горы Скопус, в знак траура разорвали одежды, а когда дошли до Храмовой горы и увидели лисицу, выбегавшую из Святая Святых, то начали плакать – все, кроме рабби Акивы, который засмеялся. Его спросили: «Почему ты смеёшься?» «А вы почему плачете?» – спросил он. «Написано, – ответили ему, – "посторонний, который приблизится (к Святая Святых), да будет предан смерти" (Бемидбар, 1:51), – а теперь лисы туда входят! Как же нам не плакать?» Сказал им рабби Акива: «Именно поэтому я смеялся. Ибо написано: "И Я взял Себе верных свидетелей – Урию-священника и Захарию сына Йеверехайагу" (Ишайягу, 8:2). [...] Пока не исполнилось пророчество Урии, я боялся, что не исполнится пророчество Захарии. Теперь же, когда первое сбылось, я уверен, что сбудется и второе». И сказали ему: «Акива утешил нас, Акива утешил нас».

63. Шла а-Кадош. Шней лухот а-брит (Две скрижали завета), Бемидбар, Дварим, глава Балак

Скудость – это беды, и они являются причинами возвышения и вызывают преимущество света от того, что было. И преимущество света исходит из тьмы, поскольку «Он поместил меня во тьму» (Эйха 3:6), чтобы появился великий свет из тьмы. Точно так же Творец превратит проклятие в благословение, так как проклятие само по себе станет благословением. И разрушение Храма - это построение его.

64. Тиферет Шломо аль Моадим. Римзей Пурим

Благодаря посту и скорби появляется радость, и из самой беды появляется благоденствие. Ведь из свойства трепета появляется любовь, как сказано (Йирмияу 30:7): «Это час бедствия для Яакова, и в нем же его избавление». Имеется в виду, что в тот день, когда наступит очень трудный час, только тогда быстро и легко из него произрастет избавление, приводящее к единению. И потому сказано: «Ибо в день 9-го ава родился Машиах», ибо лишь в день, когда был разрушен Храм, когда сыны Исраэля были на самом дне, именно тогда наступает время, позволяющее взрастить рог избавления нашего праведного Машиаха, который придет скоро в наши дни.

65. Рабаш. Статья 19 (1986). По поводу радости

В месяце ав нужно скорбеть о разрушении Храма, т.е. работать в левой линии, то есть подвергнуть анализу действия, которые должны выполняться в духовном с целью отдачи и понять, насколько человек отдален от сути отдачи.

И во время, когда человек думает об этом, он находится в состоянии отдаления от духовного и погружен в любовь к самому себе таким образом, что вся основа его занятий Торой и заповедями - все ради того, чтобы наполнить свое желание получить любым способом, которым только можно наполнить его.

Из этого вытекает, что во время, когда занят анализом своего падения, тогда есть у него возможность пробудить боль от разрушения Храма, которое есть внутри каждого. И тогда свершится: «каждый скорбящий о Иерусалиме, удостоится увидеть Иерусалим в утешении».

66. Рабаш. Статья 39 (1990). Что означает «каждый, кто скорбит о Иерусалиме, удостоится увидеть его в радости» в духовной работе

Известно, что малхут называется Иерусалимом. Поэтому, когда мы говорим о разрушении Иерусалима, речь идет о Храме, который был разрушен. То есть, это называется «Шхина во прахе» или «Шхина в изгнании». Иными словами, человек должен принять на себя ярмо небесной малхут, и верить, что Творец управляет миром, как добрый и творящий добро. Но это скрыто от человека. […]

Потому каждый человек укрепляется и принимает на себя ярмо малхут, несмотря на то, что не видит никакой ее важности, и скорбит о том, почему это так, то есть, почему настолько от нас скрыта важность Иерусалима. И молится о том, почему у нас нет ощущения важности малхут, и просит Творца поднять Иерусалим из праха, в котором он пребывает. И в той мере, в которой человек сожалеет о разрушении, он удостаивается того, чтобы Творец услышал его молитву.

И человек удостаивается увидеть ее в радости, то есть, что она дает ему благо и наслаждение.

67. Бааль Сулам. Из рукописей

И это то, на что указывает поэт (Псалмы, 122:3): «Отстроенный Иерусалим подобен городу, соединенному воедино», ведь Окончательное Исправление называется «отстроенный Иерусалим», т.е. прошедшие Избавление не отстраивают его, а удивляются в своем постижении, что он уже отстроен, и никогда не было в нем никакого изъяна, ибо всякое изменение места и изменение действия, и изменение имени, которые сами являются моментами времени в изгнании, все эти противоположности соединились вместе, и это абсолютная простота, подобно закону, раскрывающемуся, когда в нем собираются все его части и элементы.

68. Бааль Сулам. А это для Йеуды

Все буквы слова «избавление» 'геула' присутствуют в слове «изгнание» 'гола', кроме буквы «алеф», которая указывает на Властелина мира, как сказали мудрецы. И это показывает нам, что форма отсутствия есть не что иное, как отрицание существования.

И вот форма существования, т.е. Избавление, передана нам словами: «И не будет больше каждый учить ближнего своего … ибо все познают Меня, от мала до велика», а в таком случае, предшествующая ему форма отсутствия, т.е. форма изгнания, будет лишь отрицанием знания Творца, что является отсутствием буквы «алеф», недостающей нам в слове «изгнание» 'гола' и ожидаемой нами в Избавлении, представляющем собой слияние с Властелином мира, как сказано выше.

И в этом как раз и состоит всё освобождение души нашей, не более и не менее. И потому мы сказали, что все буквы слова «избавление» 'геула' присутствуют в слове «изгнание» 'гола', кроме «алефа», символизирующего Властелина мира. И пойми это как следует.

69. Бааль Сулам. Предисловие к книге Зоар, п. 71

И в таком поколении все разрушители среди народов мира поднимают голову и хотят, главным образом, уничтожить и убить сынов Исраэля, иными словами, как сказали мудрецы: «Все бедствия приходят в мир только для Исраэля». Т.е. как сказано выше в цитате из

Девятое ава

Тикуним, они приводят к нищете и разрухе, и грабежу и убийствам, и уничтожениям во всем мире.

А после того как, в грехах наших великих, мы стали свидетелями всего сказанного в Тикуним, и мало того, свойство суда поразило именно лучших из нас, как сказали мудрецы: «И они [т.е. бедствия] начинаются с праведников», и из всего великолепия, которое было у народа Исраэля в землях Литвы и Польши и т.д., у нас остались лишь осколки, [уцелевшие] в нашей святой земле.

И с этого момента лишь на нас, тех, кто выжил, лежит задача исправить это ужасное искривление. И каждый из нас, тех, кто уцелел, должен всей душой своей и существом своим принять на себя [задачу,] начиная с этого момента, усиливать внутреннюю часть Торы, предоставив ей место, достойное ее по ее важности, превосходящей значение внешней части Торы.

И тогда каждый из нас удостоится усилить значение своей собственной внутренней части, т.е. свойства «Исраэль» в себе, или потребностей души, над своей собственной внешней частью, т.е. свойством «народов мира» в себе, или потребностями тела.

И сила эта придет также и ко всему народу Исраэля в целом, до такой степени, что «народы всех земель» в нас признают и узнают превосходство и значение великих [мудрецов] Исраэля над ними, и станут слушать их и подчинятся им.

И также внутренняя часть народов мира, т.е. праведники народов мира, одолеют и принизят свою внешнюю часть, **т.е. разрушителей.**

И также внутренняя часть народов мира, т.е. Исраэль, усилится во всем своем превосходстве и значении над внешней частью мира, т.е. над народами [мира].

И тогда все народы мира признают и узнают превосходство Исраэля над собой, и исполнят слова Писания: «И возьмут их народы, и приведут их в место их; и дом Исраэля примет их в наследие на земле Творца...», а также: «И они принесут сыновей твоих в поле́, и дочери твои несомы будут на плечах». Как сказано в книге Зоар: «[сказал верный пастырь р. Шимону:] Благодаря этому твоему сочинению, т.е. книге Зоар, выйдут они из изгнания в милосердии».

70. Бааль Сулам. Статья на окончание книги Зоар

Наше нынешнее поколение – это поколение времен Машиаха. И потому мы удостоились избавления нашей святой земли из рук чужаков. И кроме этого, мы удостоились раскрытия книги Зоар, что является началом исполнения слов: «И будет земля полна знанием Творца», «И не будет больше каждый учить [ближнего своего и каждый – брата своего, говоря: «познайте Творца»,] ибо все познают Меня, от мала до велика».

Однако двух этих вещей мы удостоились только в виде дара от Творца. Но мы в свои руки еще не приняли ничего, и этим нам дана возможность начать работу Творца, чтобы заниматься Торой и заповедями лишма и тогда удостоиться великого успеха, насколько это обещано поколению Машиаха, чего не знали все поколения до нас. И тогда мы удостоимся времени получения двух этих вещей: «совершенства постижения» и «полного избавления».

71. Рав Кук. Орот кодеш - 3

Глубина зла и высота её корня – это глубина добра, получается, что глубина ненависти равна глубине любви.

- Девятое ава -

И если мы разрушимся, то с нами будет разрушен весь мир из-за беспричинной ненависти, а начнём строить себя, то с нами будет отстроен и мир – благодаря любви беспричинной.

Ту бе-Ав (15-го ава)
День любви

Ту бе-ав (15-го ава): день любви

1. «Тиферет Шломо» на Тору, гл. Дварим

Сказано в Гмаре (Таанит, 4:8): «Сказал рабан Шимон бен Гамлиэль: Не было дней лучших для Исраэля, чем 15 ава и Йом Кипур». Когда приходит 15-й день, на нас пробуждается великое милосердие, и начинаются дни благоволения. Поэтому таких хороших дней не было раньше. И всё действительно обратится на благо, и во спасение, и на утешение.

2. Сборник законов, законы о разводе, закон 3.

15-е ава – это состояние исправления и подслащения 9-го ава, как сказали наши мудрецы, что 9-го ава был вынесен приговор умершим в пустыне, и тогда они умирали каждый год в пустыне, а 15-го ава прекратили умирать в пустыне. Получается, что 15-е ава – это состояние исправления и подслащения 9-го ава.

3. «Тиферет Шломо» на Тору, гл. Дварим

В день 15-го ава, когда начинают светиться дни благоволения, чтобы подготовиться к воле Творца, которая приходит нам во благо, желание каждого человека тоже должно быть включено в его товарища – чтобы он стоял и ожидал увидеть его благо. И на это есть указание в Гмаре – день, когда коленам было разрешено приходить друг к другу. Другими словами, каждый из сынов Израиля передаст часть своего благословения и своего блага также и своему товарищу.

4. Бааль Сулам. Письмо 2

Самой важной из всех важных вещей, называемой «любовь», которая представляет собой духовную связь Исраэля с Отцом их небесным, как сказано: «И приблизил Ты нас, Царь наш, к имени Своему великому навечно воистину в любви», – и как сказано: «Избравший народ Свой, Исраэль, в любви». И это начало избавления и Конца Исправления, когда Творец являет Своим творениям, Им созданным, всю любовь, скрытую до того в Его сердце.

5. Рабаш, 410. Любовь к себе и любовь к Творцу

Есть любовь к себе, и есть любовь к Творцу. А есть среднее между ними, и это любовь к ближнему, и благодаря любви к ближнему можно прийти к любви к Творцу. И это как сказал рабби Акива: ««Возлюби ближнего как самого себя» есть великое правило Торы».

И, как сказал Гиллель геру, который попросил: «Обучи меня всей Торе [, пока я стою] на одной ноге». Он сказал ему: «То, что ненавистно тебе, не делай своему товарищу, а остальное – иди и учись». Потому что благодаря любви к ближнему можно прийти к любви к Творцу. И тогда вся Тора и вся мудрость будут у него в сердце.

6. Бааль Сулам. Любовь к Творцу и любовь к творениям

Р. Гиллель полагал, что именно «Возлюби ближнего как самого себя» является конечной целью практических заповедей. Ибо это стиль и форма, которые более ясны человеку. И нельзя ошибиться в практических действиях, ибо они предстают перед его взором, и он знает, что если он ставит потребности товарища перед своими потребностями, он находится в свойстве отдачи, и потому он не определяет цель: «Возлюби Творца Всесильного твоего всем сердцем своим, и всей душой, и всем существом» . Ведь, на самом деле, это одно и то же, ибо и товарища он тоже должен любить всем сердцем своим, и всей душой, и всем существом. Так, как это выражено в словах «как самого себя», ведь себя самого он, разумеется, любит всем сердцем своим, и душой, и существом. И с Творцом он может обмануться, а с товарищем это всегда открыто перед его глазами.

7. Рабаш. Статья 30 (1988). Чего требовать от собрания товарищей

Любовь товарищей, построенная на фундаменте любви к ближнему, - благодаря чему мы можем достичь любви Творца, - вещь противоположная тому, что принято между товарищами. Это означает, что вопрос любви ближнего не в том, что товарищи будут любить меня, а это я должен любить товарищей.

8. Рабаш. Письмо 40

Есть молитва, то есть, чтобы Творец помог ему в том, чтобы почувствовал любовь товарища, и чтобы товарищ стал близок его сердцу.

9. Рабаш. Статья 2 (1984). По поводу любви к товарищам

Следует помнить, что группа была основана на любви к ближним. Иными словами, каждый должен получать от нее любовь к ближним и ненависть к собственной природе. При виде того, как товарищ прилагает старания ради самоотмены и любви к ближним, каждый проникнется намерениями товарищей.

Таким образом, если группа базируется, к примеру, на десяти товарищах, то в каждом интегрируются десять сил, работающих над самоотменой, ненавистью к своей природе и любовью к ближним.

10. Рабаш. Письмо 40

Благодаря трению сердец, даже если это были бы сердца богатырей, каждый излучает тепло из стенок своего сердца, а тепло создает искры любви, пока из них не образуется облачение любви, и тогда оба они укрываются одним покрывалом, то есть одна любовь окутает и покроет их обоих, ибо известно, что слияние соединяет два объекта в один.

И когда начинает ощущать любовь товарища, в нём незамедлительно пробуждается радость и наслаждение. Поскольку то, что товарищ любит его — это нечто новое для него, потому что всегда он знал, что только он один заботился о своем здоровье и благе. Но в то мгновение, когда он обнаруживает, что товарищ заботится о нем, это пробуждает в нем неописуемую радость, и он уже не способен заботиться о себе.

11. Рабаш. Письмо 40

Каждый подарок, который он дает товарищу [...] это как пуля, которая пробивает полость в камне, и, хотя первая пуля оставляет на камне лишь невидимую царапину, но вторая, которая бьет в то же место, уже выбивает зазубрину, а третья пробивает отверстие.

И с помощью пуль, которые он посылает в цель, отверстие увеличивается и образуется полость в каменном сердце товарища, где собираются все подарки, и каждый подарок дает искры любви, пока не соберутся все искры любви в полости каменного сердца и из них не образуется пламя. А разница между искрой и пламенем в том, что в том месте, где есть любовь, она прорывается наружу, то есть раскрытие всем народам, что огонь любви пылает в нем. И огонь любви сжигает все преступления, которые встречаются на пути.

12. Бааль Сулам. Письмо 2

Я дам тебе совет пробуждать в себе страх, что любовь между нами может остыть, несмотря на то что разум и отрицает такую картину. Все же дай себе труд: если есть способ умножить любовь, а человек не умножает, это тоже считается упущением. Это подобно человеку, который дарит другу большой подарок: любовь, раскрывающаяся в его сердце в самый момент действия, отличается от любви, остающейся в его сердце после этого действия. Она постепенно охладевает изо дня в день, так что дело вообще может дойти до забвения благословения любви, и получатель подарка должен день изо дня изыскивать способы, чтобы [всё] выглядело в его глазах, как новое.

И в этом вся наша работа – буквально день изо дня раскрывать в себе любовь между нами, точно так же, как в самый момент получения, т.е. плодить и размножать разум многочисленными добавками к первооснове, пока добавки сегодняшнего благословения не коснутся наших чувств, так же как первоначальный подарок в первый раз. И для этого нужны большие ухищрения, приготовленные на случай необходимости.

13. Рабаш. Письмо 8

После того, как я уже обрел облачение любви, тотчас во мне начинают светить искры любви, и сердце тоскует и стремится к товарищам, и кажется мне, что глаза мои видят товарищей, уши слышат их голоса, уста говорят с ними, руки обнимают их, а ноги пляшут в любви и радости вместе с ними в кругу. И я выхожу из своих материальных границ, и забываю, что существует огромное расстояние между мною и товарищами, и что многие километры земной поверхности разделяют нас. И товарищи словно стоят в моём сердце и видят всё, что там происходит, и я начинаю стыдиться своих мелочных действий в отношении товарищей. И я просто выхожу из материальных желаний, и кажется мне, что нет ничего в мире, кроме меня и товарищей. А потом и «я» отменяется и растворяется в моих товарищах, и я провозглашаю, что нет ничего в мире, кроме товарищей.

14. Маор ва-Шемеш. Глава Дварим

Известно, что главное - это объединение... Это ведёт к спасению и ослаблению судов. И когда объединитесь вместе в любви, радости и братстве, благодаря этому аннулируются все суды и ослабляются милосердием, и в мире раскрывается совершенное милосердие и хасадим мегулим (открытая милость) благодаря объединению.

15. Рабби Исраэль Меир а-Коэн «Хафец-Хаим». Зхор ле-Мирьям, глава 11

Когда Творцу нравится творение? Когда общество Исраэля объединено и нет между ними никакой зависти, ненависти и соперничества, и каждый думает об исправлении и благе товарища, и тогда Творец рад

Своему творению, и об этом сказано: "Будет доволен Творец своими деяниями". И тогда сможем объяснить этим сказанное «и возлюби ближнего своего, как самого себя – Я, Творец» – то есть, если будет любить ближнего как самого себя, то Я, Творец, буду пребывать внутри вас и любить вас обоих.

Четыре степени любви

16. Бааль Сулам. Предисловие к Учению десяти сфирот (ТЭС)», пп. 69-74

Вглядевшись в свойства любви между человеком и его ближним, мы найдем в них четыре степени любви, одна над другой. То есть две, которые суть четыре.

Первая степень – это «зависимая любовь». Она означает, что вследствие большого блага, наслаждения и пользы, которые человек получил от своего товарища, он душою слился с товарищем в чудесной любви. И здесь возможны две степени. Первая состоит в том, что прежде чем познакомились и полюбили друг друга, причиняли один другому зло, однако не желают помнить его, так как все преступления покроет любовь (Мишлэй, 10:12). А вторая в том, что всегда приносили друг другу лишь добро и пользу, и даже воспоминания о вреде и каком-либо зле не было меж ними никогда.

Вторая степень – это «независимая любовь». Она означает, что человек узнал добродетель своего товарища, великолепную и намного превышающую всё мыслимое и воображаемое, и вследствие этого душою слился с товарищем в бесконечно большой любви. Здесь также возможны две степени. Первая имеет место до того как человек узнаёт обо всех обыкновениях и делах своего товарища с другими людьми; и тогда эта любовь определяется как «неабсолютная любовь».

Ведь его товарищ ведет такие дела с другими людьми, что при поверхностном взгляде кажется, будто он по небрежности причиняет им беды и ущерб. И если бы любящий его увидел это, то пострадала бы вся добродетель, которую он приписывал товарищу, и нарушилась бы любовь меж ними. Однако человек еще не познакомился с этой частью дел своего товарища. И потому их любовь все еще совершенна и удивительно велика.

Вторая степень независимой любви – это четвертая степень любви вообще, и она также вытекает из признания добродетели товарища. Но вдобавок к этому теперь любящий знает все обыкновения и дела своего товарища с каждым человеком, без исключения. Он проверил и нашел, что не только нет в них ни малейшего порока, но доброта товарища превосходит их бесконечно и превышает всё мыслимое и воображаемое. И теперь это «вечная и абсолютная любовь».

Все эти четыре степени любви, действующие в отношениях между человеком и его ближним, действуют также в отношениях между человеком и Творцом.

- Ту бе-Ав (15-го ава) -

Книга Зоар о любви

17. Зоар для всех. Глава Бешалах. Статья «Моя сила и ликование – Всевышний», п. 245

Насколько же человек должен любить Творца – ведь нет иной работы пред Творцом, кроме любви. И каждого, кто любит Его и выполняет работу с любовью, Творец называет любящим.

18. Зоар для всех. Глава Насо. Статья «Почему, когда пришел Я, не было никого?», п. 105

Сказано: «Почему, когда пришел Я, не было никого?». Насколько же любимы Исраэль Творцом, и в любом месте, где они находятся, Творец пребывает среди них, потому что Он никогда не оставляет их в Своей любви. Как сказано: «Пусть возведут Мне Храм, и Я буду пребывать среди них».

19. Зоар для всех. Глава Ки-Тиса. Статья «А теперь, оставь Меня», п. 54

«Все товарищи, которые не любят друг друга, преждевременно уходят из мира. Все товарищи в дни рабби Шимона – между всеми товарищами была любовь душевная (нефеш) и духовная (руах). И поэтому в поколении рабби Шимона были раскрыты» тайны Торы. «И говорил рабби Шимон, что все товарищи, которые не любят друг друга, сами приводят» себя «к тому, что не идут прямым путем. И, кроме того, они еще умаляют достоинства ее», Торы.

«Ведь Тора заключает в себе любовь и братские чувства, и истину. Авраам любил Ицхака, Ицхак – Авраама, заключая друг друга в объятия. Яакова оба они поддерживали в любви и согласии, и воодушевляли друг друга. Товарищи должны быть подобны им, и не принижать их достоинства». Ибо если им будет недоставать любви, они принижают свои достоинства наверху – (достоинства) Авраама, Ицхака, Яакова, т.е. ХАГАТ.

20. Зоар для всех. Глава Кдошим. Статья «Уговорами увещевай ближнего своего», п. 100

«Не питай ненависти к брату твоему в сердце твоем, увещая увещевай ближнего своего, и не понесешь за него греха». Эта заповедь – увещевать того, кто грешит, показывая великую любовь к нему, которой любит он его, чтобы «увещевающему» не быть наказанному. Ведь о Творце написано: «Кого любит Творец, того увещевает». И как поступает Творец, увещевая того, кого любит, так пусть и человек научится из этого Его обращения и будет увещевать ближнего, которого он любит. Чем Творец увещевает человека? Он увещевает его с любовью, тайно. Если тот принимает увещевания Его – хорошо, а если нет – Он увещевает его среди любящих Его. Если он принимает – хорошо, а если нет – Он увещевает его открыто перед всеми. Если он принимает – хорошо, а если нет – Он оставляет его и не увещевает больше, ибо оставляет его, чтобы шел себе и поступал по желанию своему».

21. Зоар для всех. Предисловие книги Зоар. Статья «Заповедь вторая», п. 201

Совершенная любовь – это любовь с обеих сторон, как суда, так и милосердия и удачи на путях его. И если он будет любить Творца, даже когда Он заберет душу его, это называется совершенной любовью, присутствующей в двух сторонах, как суда, так и милосердия. Поэтому свет начала творения сначала вышел, а потом был укрыт. И когда укрылся он, проявился суровый суд. И соединились вместе обе стороны, милосердие и суд, чтобы раскрыть совершенство – т.е. было предоставлено место, где две противоположности могут соединиться как одно целое.

Ибо теперь представилась возможность раскрыть совершенство его любви даже в тот час, когда Творец забирает его душу, и дается место для совершенства любви. А если бы свет не был укрыт и не проявился суровый суд, лишились бы этой большой любви праведники, и она уже никогда не смогла бы раскрыться.

22. Зоар для всех. Глава Веэтханан. Статья «И возлюби Творца Всесильного твоего», пп. 145-146

Сколько пределов, одних над другими, есть у праведников в том мире, и самый высший из пределов принадлежит тем, кто связан с любовью Господина своего, потому что их предел связан с чертогом, превознесенным более всех. Потому что благодаря этому Творец украшается любовью.

Этот чертог, превознесенный более всех, называется «любовь». И на любви держится всё. Как сказано: «Воды великие не смогут погасить этой любви». И всё держится на любви.

www.ingramcontent.com/pod-product-compliance
Lightning Source LLC
Chambersburg PA
CBHW071213080526
44587CB00013BA/1358